Renate Walthes

Einführung in die Pädagogik bei Blindheit und Sehbeeinträchtigung

Mit 31 Abbildungen, 11 Tabellen und 22 Übungsaufgaben

3., überarbeitete Auflage

Ernst Reinhardt Verlag München Basel

Prof. Dr. Renate Walthes ist Professorin für Rehabilitation und Pädagogik bei Blindheit und Sehbehinderung an der Fakultät für Rehabilitationswissenschaften der Technischen Universität Dortmund.

Dieses Buch erschien bis zur 2. Auflage unter dem Titel „Einführung in die Blinden- und Sehbehindertenpädagogik".

Dieses Buch ist auch als vorlesefähiges PDF (mittels Screenreader JAWS oder Window Eyes) für sehbeeinträchtigte und blinde Menschen lieferbar (ISBN 978-3-8463-0101-2). Informationen dazu finden Sie auf unserer Homepage www.reinhardt-verlag.de.

Bibliografische Information der Deutschen Nationalbibliothek

Die Deutsche Nationalbibliothek verzeichnet diese Publikation in der Deutschen Nationalbibliografie; detaillierte bibliografische Daten sind im Internet über <http://dnb.d-nb.de> abrufbar.

UTB-Band-Nr.: 2399
ISBN 978-3-8252-3929-9

3., überarbeitete Auflage

© 2014 by Ernst Reinhardt, GmbH & Co KG, Verlag, München

Printed in Germany
Einbandgestaltung: Atelier Reichert, Stuttgart
Satz: m2p medienfabrik & Co KG, Nürnberg

Ernst Reinhardt Verlag, Kemnatenstr. 46, D-80639 München
Net: www.reinhardt-verlag.de E-Mail: info@reinhardt-verlag.de

Eine Arbeitsgemeinschaft der Verlage

Böhlau Verlag · Wien · Köln · Weimar
Verlag Barbara Budrich · Opladen · Toronto
facultas.wuv · Wien
Wilhelm Fink · Paderborn
A. Francke Verlag · Tübingen
Haupt Verlag · Bern
Verlag Julius Klinkhardt · Bad Heilbrunn
Mohr Siebeck · Tübingen
Nomos Verlagsgesellschaft · Baden-Baden
Ernst Reinhardt Verlag · München · Basel
Ferdinand Schöningh · Paderborn
Eugen Ulmer Verlag · Stuttgart
UVK Verlagsgesellschaft · Konstanz, mit UVK / Lucius · München
Vandenhoeck & Ruprecht · Göttingen · Bristol
vdf Hochschulverlag AG an der ETH Zürich

Inhalt

Hinweise zur Benutzung dieses Lehrbuches

Das vorliegende Buch will Studienanfängern der Rehabilitationspädagogik und Pädagogik bei Beeinträchtigungen sowie interessierten Studierenden verwandter Studienfächer (Pädagogik, Psychologie, Sozialpädagogik und Sozialarbeit) einen Einblick in die vielfältigen Aufgaben- und Handlungsfelder der Pädagogik bei Blindheit und Sehbeeinträchtigung geben. Der beabsichtigte Überblickscharakter des Buches macht inhaltliche Verkürzungen unvermeidbar, will aber gerade hierdurch zu weiterführender Auseinandersetzung mit Einzelfragen des Faches motivieren. Die formale Gestaltung des Buches soll das Selbststudium erleichtern. Die in den Randspalten gegebenen Hinweise und Piktogramme dienen der schnellen Orientierung und gezielte Fragen am Ende eines Kapitels der Reflexion des Gelesenen. (Alltags-)Beobachtungen, Diskussionsvorschläge und spezifische Literaturhinweise sollen zur weiterführenden Vertiefung von Einzelaspekten anregen. Das Glossar am Ende des Buches klärt zentrale Fachbegriffe.

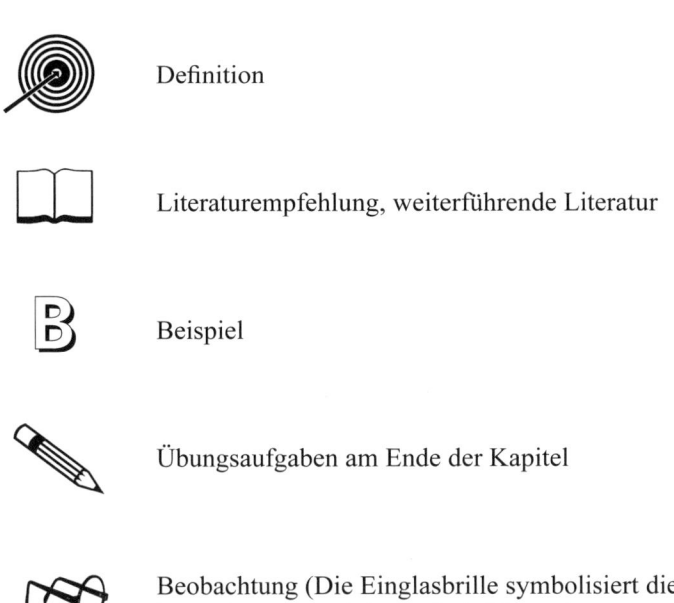

Definition

Literaturempfehlung, weiterführende Literatur

Beispiel

Übungsaufgaben am Ende der Kapitel

Beobachtung (Die Einglasbrille symbolisiert die besondere Perspektive auf ein Thema.)

Frage, Aufgabe, Denkanstoß

Auf der Homepage des Ernst Reinhardt Verlages und der UTB GmbH finden Sie bei der Darstellung dieses Titels Musterlösungen zu den im Buch enthaltenen Übungsaufgaben zum Herunterladen.

www.reinhardt-verlag.de, www.utb.de

Vorwort zur ersten Auflage

Dieses Buch ist gewidmet:

*Den Mitarbeiterinnen und Mitarbeitern von
Bewegung im Dialog – Zentrum für Systemische
Bewegungstherapie und Kommunikation e.V.*

*Dem Kollegen und kritischen Vordenker
Hans-Peter Spittler-Massolle (1957–2002)*

Zwei unterschiedliche Themenbereiche in einem Buch zu einer Reihe von Einführungen in spezielle Pädagogiken unterzubringen ist aus
mehreren Gründen eine große Herausforderung. Fragen einer Pädagogik bei Sehbeeinträchtigung unterscheiden sich fundamental von
Fragen einer Pädagogik bei Blindheit. Geht es im ersten Fall darum,
das vorhandene Sehvermögen und seine spezielle Diagnostik als Ausgangspunkt für Unterstützungsmaßnahmen zu wählen, so gilt es im
zweiten Fall, Wahrnehmungsbedingungen bei Abwesenheit von Sehen zu finden und zu gestalten. Ähnlichkeiten bestehen lediglich in
den Reaktionen einer vermeintlich alles gleich sehenden Welt der
Sehenden. Diese Welt vermutet Gemeinsamkeiten in der Gruppe von
Menschen mit einer Sehbeeinträchtigung, die bei näherer Betrachtung
irreführend sind. Spezifische Sehbedingungen zu haben oder auf die
visuelle Wahrnehmung nicht angewiesen zu sein schafft zwar in manchen Situationen ähnliche Umgangsweisen mit den Herausforderungen der Umwelt, die Menschen mit ihren jeweiligen Wahrnehmungsbedingungen sind jedoch so individuell wie alle und benötigen daher
auch eine individuelle Unterstützung.

Bei näherer Betrachtung der Menschen mit Blindheit und Sehbeeinträchtigungen wird deutlich, dass neben der Gruppe, die traditi-
onellerweise als blind, sehbehindert, hörsehgeschädigt gilt, weitere
Personen von einer wahrnehmungsorientierten Pädagogik profitieren
können, da Seh- und visuelle Wahrnehmungsprobleme in großem
Umfang auftreten bei geistiger Behinderung, Körperbehinderung,

Mehrfachbehinderung, gleichermaßen aber auch bei Lernbehinderung, Wahrnehmungs- und Verhaltensauffälligkeiten oder bei Lese-Rechtschreibproblemen. Immer dort, wo kognitive Probleme vermutet werden, könnte auch ein visuelles Problem vorliegen, das nur mit einer funktionalen Differenzialdiagnostik abgeklärt werden kann. In Deutschland sind wir leider noch weit von einer Standarddiagnostik im Kindesalter entfernt. Sie wäre dringend erforderlich und könnte manche Karriere im System der Sonderpädagogik anders gestalten. Dieses Buch ist daher nicht nur für das Feld der traditionellen Pädagogik bei Blindheit, Sehbehinderung und Mehrfachbehinderung geschrieben, sondern soll einen breiten interdisziplinären Diskurs über die Bedeutung des Sehens für Wahrnehmung und Lernen initiieren.

Sich mit Wahrnehmung, visueller Wahrnehmung und Sehen zu beschäftigen und mit Menschen zu tun zu haben, die über andere Wahrnehmungsbedingungen verfügen, ist eine außerordentlich spannende und faszinierende Herausforderung. Sollte Sie dieser „Virus" einmal erfasst haben, werden Sie staunend vor der Vielfalt und Schönheit menschlicher Wahrnehmungsweisen stehen und von einer weiteren Beschäftigung mit diesen Themen nicht mehr lassen können. Ich hoffe, Sie werden wie ich froh darüber sein, dass diese Vielfalt existiert und gegen Tendenzen der Ausgrenzung von Vielfalt vehement eintreten.

Humberto Maturana, ein bekannter chilenischer Neurobiologe, pflegte seine Vorträge häufig mit folgendem Satz zu beginnen: „Ich bin verantwortlich für das, was ich sage. Sie sind verantwortlich für das, was Sie hören!" Dies gilt auch für dieses Buch. Ich habe mich bemüht, eine Einführung in die Pädagogik bei Blindheit und Sehbeeinträchtigung verantwortlich zu schreiben. Was Sie lesen und verstehen, kann ich damit nicht steuern, ich hoffe dennoch, dass Sie es mit Vergnügen tun.

Wer heute ein Buch komplett alleine schreibt, Grafiken erstellt, korrigiert, Literatur sucht, mit sich alleine den Diskurs über Inhalte führt, hat entweder unglaublich viel Zeit oder ist ein Genie. Auf mich trifft beides nicht zu und das ist gut so, denn auf diese Weise bin ich auf Zusammenarbeit und Unterstützung angewiesen. Für beides, gute Zusammenarbeit und viele Unterstützungsleistungen, möchte ich danken: Astrid Aach, Frank Laemers, Juliane Leuders, Richard Piatkowski, Mitarbeiterinnen und Mitarbeiter im Projekt IsaR, meinen Kolleginnen in der Fachrichtung Pädagogik bei Blindheit und Sehbehinderung Emmy Csocsán und Birgit Drolshagen, Birgit Rothenberg und Ralph Klein vom Zentrum Behinderung und Studium (DoBuS),

Petra Gehrmann und Barbara Ortland, Kolleginnen an der Fakultät Rehabilitationswissenschaften, Henner Frebel und Anja Steinmeier, Silke Roderfeld und Kirsten Wahren-Krüger, wissenschaftliche Hilfskräfte. Sie alle haben meine Anfragen und Bitten um Korrekturen, inhaltliche Auseinandersetzung, formale Gestaltung stets unterstützt und meinen Änderungswünschen mit Geduld entsprochen. Henner Frebel, Frank Laemers, Juliane Leuders und Anja Steinmeier haben darüber hinaus in der Endphase der Arbeit großes Durchhaltevermögen auch bei Nachtarbeit bewiesen. Lea Hyvärinen sei gedankt für ihre konstruktiv kritischen Kommentare und die Erlaubnis, einige Grafiken und Bilder in diesem Buch zu verwenden.

Mit den Mitarbeiterinnen und Mitarbeitern von Bewegung im Dialog e.V., Gudrun Badde, Christiane Freitag, Karl Friton, Renate Heule, Regina Klaes, Ina Maag, Ellen Oßwald, Dorothee Schilling, Marion Schnurnberger und Erika Walthes-Friton habe ich in den letzten 15 Jahren ein pädagogisches Theorie-Praxis-Konzept entwickeln und gestalten dürfen, das in dieser Form einzigartig ist. Ohne diese Zusammenarbeit und Konzeptentwicklung wäre auch dieses Buch nicht denkbar. Christiane Freitag und Marion Schnurnberger sei besonders gedankt für die kritischen Kommentare und ihre konzeptionellen Überlegungen in den letzten Wochen. Alle so selbstverständlich gewährten Unterstützungen sind ein Beleg für ein ausgesprochen gutes Arbeitsklima sowohl an der Universität als auch bei Bewegung im Dialog. Der Verlag und insbesondere Ulrike Landersdorfer und Hildegard Wehler haben mit Geduld und Wohlwollen den hindernisreichen Prozess der Entstehung dieses Buches begleitet. Dass es nun vorliegt, ist wesentlich auch ihnen zu verdanken.

Dortmund, im Oktober 2002
Renate Walthes

Vorwort zur dritten Auflage

Zehn Jahre nach Erscheinen der ersten Auflage dieses Buches haben der Verlag und ich beschlossen, den Aufwand einer Aktualisierung und Überarbeitung für eine dritte Auflage zu wagen. Auch wenn sich bei einer Einführung in einen Gegenstandsbereich Veränderungen in der Wissenskultur und Wissenschaftslandschaft nicht unmittelbar niederschlagen müssen, so gibt es doch Entwicklungen, die eine Überarbeitung veranlassen.

Für dieses Buch sind im Wesentlichen zwei Bereiche betroffen. Die Behindertenrechtskonvention der Vereinten Nationen (dt.: VN-BRK, engl.: UN-CRPD) hat nicht nur die sozial- und bildungspolitische Situation in den Unterzeichnerländern verändert, sondern auch Auswirkungen auf pädagogische Fragestellungen von der Frühförderung bis zur beruflichen Bildung. Die Erkenntnisse über das visuelle System und die Funktionsweise des menschlichen Gehirns haben sich in den letzten Jahren nicht im Grundsatz, aber im Detail weiterentwickelt und verändert. Zugleich hat die Weltgesundheitsorganisation mit der International Classification of Functioning, Disability and Health (Children and Youth; ICF-CY) Möglichkeiten der interdisziplinären Zusammenarbeit unter Berücksichtigung des Entwicklungsaspektes eröffnet. Die Konsequenzen für Diagnostik und das Verständnis der kindlichen Themen erfordern eine entsprechende Neubearbeitung. Kleinere Korrekturen und Anpassungen wurden in allen Kapiteln vorgenommen.

Der Dank für viel Engagement gilt vor allem Friederike Hogrebe, die mit unglaublicher Geschwindigkeit und Präzision die Überarbeitungen gegengelesen und die erforderlichen Korrekturen vorgenommen hat. Das Team an meinem Lehrstuhl Rehabilitation und Pädagogik bei Blindheit und Beeinträchtigungen des Sehens hat mich in bewährter Weise uneigennützig unterstützt. Ein herzliches Dankeschön geht an Carsten Bender, Dr. Birgit Drolshagen, Christiane Freitag, Dr. Verena Kerkmann, Katharina Rode und Marion Schnurnberger für direkte und indirekte Unterstützung. Cordula Cavaleiro hat die Überarbeitung verlagsseitig geduldig und kompetent begleitet.

Dortmund, im September 2013

1 Einführung

1.1 „Ich will die Luft fotografieren …"

Besser und eindrucksvoller als langatmige Erklärungen können Geschichten komplexe Sachverhalte anschaulich vermitteln. Geschichten wie die folgende können Sie von Eltern blinder und sehbeeinträchtigter Kinder, von aufmerksamen Pädagoginnen und Pädagogen und von den Menschen mit Blindheit oder Sehbeeinträchtigung selbst immer wieder hören. An der folgenden Geschichte war ich vor etwa 30 Jahren selbst beteiligt.

 Bei einer der ersten Eltern-Kind-Aktivitäten, die ich mit einer Gruppe Studierender durchgeführt habe, waren wir mit Eltern und Kindern im Grundschulalter zu einer Winterfreizeit unterwegs. Themen wie elementare Erfahrungen mit Schnee, Schlitten fahren und Eislaufen standen dort ebenso auf dem Programm wie Skilanglauf und alpiner Skilauf. Zur Dokumentation und zum Videofeedback für die Studierenden hatte ich eine Videokamera dabei. Die Videokamera hatte eine hohe Attraktivität für alle Kinder, sehende wie sehgeschädigte. Ein blinder Junge, sechs Jahre alt, wich nur selten von meiner Seite, wenn ich dieses Gerät in Betrieb hatte. Öfter hatte ich auch einen Fotoapparat dabei, der ihn ebenfalls sehr faszinierte. Es kam zu folgendem Gespräch:

Er: Ach weißt du, es ist so schade, dass ich nicht fotografieren kann. Ich würde so gerne mal fotografieren.

Ich: Warum sollte das nicht gehen, das könnten wir doch mal ausprobieren?

Er: Und wie?

Ich: Na ja, ich stell mir das so vor. Wenn du irgendetwas fotografieren möchtest, dann schaust du dir's vorher genau an – mit den Händen meinte ich – dann nimmst du den Fotoapparat und hältst ihn in die Nähe des Gegenstandes und dann machst du ein Foto. Und wenn das Bild dann entwickelt ist, kann dir deine Mutter oder ich oder deine Freundin erzählen, was auf dem Foto drauf ist.

Er: Ja, das müsste gehen. Oh ja, dann will ich als erstes die Luft fotografieren.

Ich: Du, das geht nicht, die Luft kann man nicht fotografieren, die Luft kann man auch nicht sehen, man kann – glaube ich – nur das fotografieren, was man auch anfassen und fühlen kann.

Er: Dann will ich den Wind fotografieren.

Meine Erklärungsversuche gingen weiter, irgendwann endete dann das Gespräch zu seiner Zufriedenheit, zu meiner nicht. Zu Weihnachten schenkte ich dem Jungen eine Sofortbildkamera, seine Freude war groß; die Verwunderung seiner Eltern auch, alle anderen waren entsetzt. Wie kann man einem Kind, das nicht sehen kann, einen Fotoapparat schenken? Für viele war dies Zynismus pur. Für mich nicht, ich war fasziniert von seiner Neugier, konnte aber damals nicht sagen, ob der Fotoapparat nicht bereits nach einem Tag völlig uninteressant geworden wäre.

An dieser Stelle unterbreche ich die Geschichte und möchte Sie bitten, sie weiter zu schreiben. Was glauben Sie, ist geschehen? Hat er die Kamera länger als einen Tag benutzt? Hat er so viele Sofortbilder gemacht, dass seine Eltern mit der Lieferung der Kassetten nicht nachkamen? War er enttäuscht, dass die Bilder nicht das Ergebnis brachten, das er sich wünschte? Schreiben Sie Ihre Version der Geschichte auf.

Ein zweites Beispiel, dieses Mal aus der Literatur.

Von Tolstoi stammt folgender kleiner Dialog. Er heißt „Der Blinde und die Milch" und lautet wie folgt:

„Milch hat die gleiche Farbe wie leeres Schreibpapier. Der Blinde fragte: ‚Ach so, ist das Weiße, daß es unter den Händen knistert wie Papier?' Der Sehende sagte: ‚Nein, Milch ist weiß wie Mehl weiß ist.' Der Blinde fragte: ‚Ach so, das Weiß stäubt wie Mehl?' Der Sehende sagte: ‚Nein, es ist weiß wie ein Schneehase weiß ist.' Der Blinde fragte: ‚Also flaumig und ebenso weich wie ein Hasenfell ist das Weiße?' Der Sehende sagte: ‚Nein, nein nur einfach weiß ist das Weiße – wie Schnee.' Der Blinde fragte: ‚Aha, also kalt wie Schnee?' Und so viele Beispiele der Sehende auch vorbrachte, der Blinde konnte nicht fassen, was das Weiße der Milch ist" (Tolstoi 1987, 59).

1.2   Die Welt des Sehens – die Welt der Blindheit – die Welt des Anders-Sehens

Zwischen Blindheit und Sicht scheint es Bereiche zu geben, die nicht vermittelbar sind. Doch dies gilt nicht nur für Blindheit oder Sicht, es gilt für alle internen Prozesse der Wahrnehmung und der Empfindung. Wittgenstein veranschaulicht diesen Sachverhalt in dem folgenden Aphorismus:

„Ich kann sagen: Siehst du, dieses Kind ist nicht blind; es sieht. Schau, wie es der Kerzenflamme folgt. Aber kann ich mich sozusagen davon überzeugen, daß *Menschen sehen? ‚Menschen sehen.'* – Im Gegensatz *wozu*? Dazu etwa, daß alle blind sind?" (Macho 1996, 309).

Fragen über Fragen, die eine Beschäftigung mit Sehen, Blindheit oder Anders-Sehen – so möchte ich hier andere Sehbedingungen beschreiben – begleiten. Die Bereiche Pädagogik bei Blindheit und Pädagogik bei Sehbeeinträchtigung sind zwar Felder mit einer langen pädagogischen Tradition, dennoch existieren mehr Fragen als Antworten, und hat man einmal eine vorläufige Antwort gefunden, tauchen sofort neue Fragen auf. Es sind Bereiche, die uns immer wieder auffordern, über Fragen der Wahrnehmung von Welt, von richtig und angemessen, über Möglichkeiten und Grenzen der Sprache und Kommunikation nachzudenken und die einen davor bewahren, sich mit Gewissheiten vorschnell zu begnügen. Die Pädagogik bei Blindheit und bei Sehbeeinträchtigung braucht Menschen, die neugierig sind, die sich gerne überraschen lassen und die nicht aufhören wollen zu fragen. Menschen, die glauben, alles zu wissen, werden nicht das Interessante und Spannende einer Auseinandersetzung begreifen, die immer wieder an unlösbare, weil intransparent bleibende Probleme stößt. Das will ich Ihnen zeigen, indem ich die Geschichte mit der Fotokamera weiter erzähle.

Es geschah etwas, womit wir alle nicht gerechnet hatten. Ulrich, so heißt der Junge, war völlig begeistert davon, mit seinem Fotoapparat Bilder zu machen. Zugleich waren seine Mutter oder sein Vater als Beschreibende ausgesprochen gefragt.

 Er hielt den Fotoapparat direkt an eine Wand:

- Wenn ich das hier fotografiere, sieht man dann da durch?
- Nein, durch eine Wand kann man nicht hindurch fotografieren.

- Und wenn ich das hier hinhalte, was sieht man dann?
- Da ist ein Fenster, da kann man draußen den Garten sehen.

Wenn er an der Tür stand und seine Freunde auf der Schaukel hörte, die hinter der Längsseite des Hauses war, fragte er:

- Kann ich die jetzt fotografieren?
- Nein, da ist die Ecke mit der Wassertonne davor, das geht nicht.

Zusammenhänge, von denen die Eltern längst geglaubt hatten, sie seien ihm klar geworden, standen nun noch einmal in Frage. Wieso kann man durch ein Fenster schauen und durch die Wand nicht, beides ist doch gleich hart und fest? Wo kann ich bei einem Gitter durchsehen und wo nicht, wie ist das mit dem Hören und dem Sehen? Können die Sehenden alles sehen, was ich höre und noch viel mehr? Es stellte sich z. B. heraus, dass er dachte, wenn er in seinem Zimmer sei, könnten ihn die Sehenden auch durch die Wand und durch die geschlossene Tür sehen.

Was zeigt dieses Beispiel? Es zeigt, dass wir nicht im Voraus wissen können, ob und was etwas für einen Menschen bedeutet. Es zeigt zugleich, dass und wie unser Vorverständnis von einer Sache oder von einer Person unsere Wahrnehmung, Vorstellung und unsere Handlung steuert. Wir halten einen Fotoapparat für etwas völlig Ungeeignetes für ein blindgeborenes Kind, daher bieten wir ihn nicht an. So können wir jedoch nicht die Erfahrung machen, dass er zum Beispiel in dem Verwendungskontext von Ulrich eine völlig andere Funktion erhalten kann, als er für Sehende hat. Er diente nicht als Abbild der Wirklichkeit, sondern war das Medium, über die Wahrnehmung der anderen, der Sehenden, mehr zu erfahren.

Mit Hilfe des Fotoapparates hat Ulrich sich dem, was Sehen bedeutet, ein Stück angenähert. Die Erfahrungen mit diesem Medium haben seine Vorstellungen einer visuellen Welt angereichert und modifiziert. So wenig er damit erfahren kann, wie Sehende wirklich sehen, so wenig kann ich erfahren, wie er wirklich wahrnimmt. Mit diesem Beispiel möchte ich Ihnen exemplarisch ein Stück des Gegenstandes der Pädagogik bei Blindheit und Sehbeeinträchtigung näher bringen.

Pädagogik bei Blindheit und Sehbeeinträchtigung beschäftigt sich mit Themen im Kern und Umfeld von Wahrnehmung, besonders mit visueller, mit akustischer, mit taktiler Wahrnehmung und mit den Menschen, denen die visuelle Wahrnehmung nicht zur Verfügung steht oder die mit anderen visuellen Wahrnehmungsbedingungen umgehen können. Hierbei muss es bei Fragestellungen im Zusammenhang mit *Blindheit* um einen Zugang gehen, der von der Bewegung, der Taktilität und dem Auditiven her kommt; bei *Sehbeeinträchtigung* geht es um Fragestellungen, die vom Sehen her motiviert sind – zwei völlig unterschiedliche Zugangsweisen.

1.3   Notwendige Unterscheidungen

Sehschädigung wird zwar noch als Oberbegriff für Blindheit, Sehbehinderung, Sehbeeinträchtigung, hochgradige Sehbehinderung verwendet. Dieser Begriff hat jedoch nur Gültigkeit, sofern er die Schädigungsformen, deren Ursachen und Erscheinungsformen beschreibt. Geht es um pädagogische Anforderungen, um sogenannte „special needs", ist Sehschädigung ein irreführender Oberbegriff, weil er suggeriert, blinde, seh- oder komplexbeeinträchtigte, blindgeborene oder erblindete Menschen, Menschen mit angeborenen oder erworbenen Sehbeeinträchtigungen würden ähnliche Anforderungen an ihre Umwelt stellen. Dies ist nicht der Fall. Die spezifischen Bedürfnisse von blindgeborenen Kindern sind z. B. völlig andere als die bei Erblindung im späteren Kindesalter. Ob ein Kind sein Sehvermögen für die motorische Entwicklung nutzen konnte oder nicht, ob es eine Vorstellung von räumlichen Dimensionen, Farben, von Himmel oder Landschaft hatte oder nicht, ob ein Kind zwar Objekte, aber keine Gesichter sehen kann, ob eine Hell-Dunkel-Wahrnehmung vorhanden ist oder es sich mit Gesichtsfeldausfällen zu arrangieren hat, diese Aspekte haben unterschiedliche Auswirkungen auf die Aneignung von und Auseinandersetzung mit der Umwelt und bedürfen sehr spezifischer pädagogischer Antworten. Auch gilt es, Sehbeeinträchtigungen, die stabil bleiben, von progredienten Schädigungen des visuellen Systems zu unterscheiden, denn Kinder mit einem sich langsam oder rapide verschlechternden Sehvermögen benötigen wiederum eine spezifisch andere Unterstützung. In diesem Buch werden daher folgende Unterscheidungen getroffen:

Unterscheidungen   *Blindheit* als diejenige Bedingung, die in der Auseinandersetzung mit der materialen und sozialen Umwelt nicht auf Visualität Bezug nehmen kann, wird unterschieden von Sehbeeinträchtigung als

derjenigen Bedingung, deren Auseinandersetzung mit der materialen und sozialen Umwelt auf eine wie auch immer geartete Visualität
bezogen ist.

Erworbene Blindheit und *erworbene Sehbeeinträchtigung* sind von
kongenitaler Blindheit bzw. Sehbeeinträchtigung zu unterscheiden,
stabile Formen von Blindheit bzw. Sehbeeinträchtigung von *progredienten* Verlaufsformen, sogenannte *singuläre* Beeinträchtigungen
von *komplexen* Beeinträchtigungen in Verbindung mit einer Sehbeeinträchtigung.

Bei der Beschreibung der Situation und der Bedürfnisse der betroffenen Menschen wird in diesem Buch überwiegend die sogenannte
„Person-first"-Sprache verwendet, um zu kennzeichnen, dass die spezifische Schädigung oder funktionale Beeinträchtigung ein Aspekt, eine
Bedingung ist, die keinesfalls den ganzen Menschen charakterisiert
(z.B. „Menschen mit Beeinträchtigungen" statt „Behinderte"). Der bisher verwendete Begriff Sehbehinderung wird in diesem Buch nur noch
dort genutzt, wo die Verwendung in den jeweiligen Fachdiskursen üb-
lich ist. Der Begriff der Sehbeeinträchtigung entspricht sehr viel eher
der Nomenklatur der ICF und ist gerade für den pädagogischen Diskurs
der weiterführende Begriff. Eine letzte Unterscheidung: Frauen und
Männer, Kinder und Erwachsene und alte Menschen werden als solche gekennzeichnet; da die im Feld einer Pädagogik bei Blindheit und
Sehbeeinträchtigung arbeitenden Menschen überwiegend Frauen sind,
wird in diesem Zusammenhang die weibliche Schreibweise bevorzugt.

2 Wahrnehmen, für wahr halten, sehen, blinden

Grundfragen zur Wahrnehmung Wie Lebewesen wahrnehmen und was erforderlich ist, um wahrnehmen und erkennen zu können, interessiert Menschen seit Jahrhunderten. Eine Beschäftigung mit diesem Thema hat – wie der Begriff Wahrnehmung insgesamt – mehrere Dimensionen. Drei Aspekte werden in dem folgenden Kapitel eine Rolle spielen:

- Wahrnehmung als „für wahr und richtig halten", also Wahrnehmung als Bewertungsmaßstab für Realität,
- Wahrnehmung als Sinneswahrnehmung und
- Wahrnehmung als soziale Wahrnehmung.

Die Überlegungen sind zwar je nach theoretischem oder wissenschaftlichem Standpunkt verschieden, sie betreffen jedoch jeweils bestimmte Grundfragen:

a) Wie wird das Verhältnis von Außenwelt und Innenwelt, d.h. von Wirklichkeit und Wahrgenommenem gesehen?
b) Welchen Anteil haben die einzelnen Sinne an der Wahrnehmung?
c) Welche Rolle spielt die Erfahrung für die Wahrnehmung?
d) Ist die Wahrnehmung kulturabhängig, und wenn ja, inwieweit?

Diese Fragen beschäftigen Neurowissenschaftler, Psychologinnen und Kognitionswissenschaftler, aber auch Philosophinnen, Pädagogen und Kulturwissenschaftlerinnen. Das Thema Wahrnehmung ist heute ein interdisziplinäres Forschungsfeld, das sich bevorzugt mit der visuellen Wahrnehmung beschäftigt.

visuelle Wahrnehmung Die visuelle Wahrnehmung gilt in der Wahrnehmungsforschung als das bisher am besten erforschte Sinnessystem. Dies bedeutet jedoch nicht, dass es in seiner Funktionsweise weitgehend bekannt ist. Im Gegenteil, je mehr die Forscherinnen und Forscher über die Funktionsweise dieses Systems kennen lernen, umso mehr steigt ihr Respekt, ja ihre Bewunderung für die Leistungsfähigkeit der visuellen Wahrnehmung und umso deutlicher treten die Bereiche zutage, über deren Funktionsweise wenig oder nichts bekannt ist (Goldstein

2008; Lauwereyns 2012; O`Regan/Noë 2001; Roth 1994 und 2001). Das System der visuellen Wahrnehmung erweist sich als wesentlich komplexer, vernetzter und vielschichtiger als die Theorien, die seine Funktionsweise zu beschreiben versuchen.

Nun könnte man vermuten, dass diese Erkenntnisse über das visuelle System entweder aus den Forschungen der traditionellen Blinden- und Sehbehindertenpädagogik stammen oder zumindest von ihr mitbestimmt wurden. Das ist jedoch nicht so. Die Erkenntnisse der Wahrnehmungsforschung wurden und werden nicht immer und nicht von allen Vertreterinnen dieser Fachrichtungen wahrgenommen. Das hat verschiedene Gründe, die im Folgenden kurz dargestellt werden sollen. Hierbei ist es wichtig, die verschiedenen Aspekte von Wahrnehmung zu berücksichtigen. Es ist dazu erforderlich, drei verschiedene Argumentationsstränge zu verfolgen:

Wahrnehmungsforschung und Pädagogik bei Blindheit und Sehbeeinträchtigung

1. Das Verhältnis von Sehen und Erkennen in den westlichen Kulturen und im Christentum
2. Traditionelle Blinden- und Sehbehindertenpädagogik als Pädagogik des Auges
3. Sehen und Wahrnehmen.

Wie blinde und sehbeeinträchtigte Menschen in unserer Kultur wahrgenommen werden, hat wesentlich mit dem Verhältnis von Sehen als Sinneswahrnehmung und Erkennen als Bewusstseinsakt zu tun. Die Rolle, die Sehen, Licht und Erleuchtung in unserer Kultur spielen, hat nicht nur Einfluss auf die Vorstellungen von Blindheit, sondern gleichermaßen Auswirkungen auf das Selbstverständnis einer Pädagogik, die Blindheit und Sehbeeinträchtigung zum Gegenstand hat. Es wird daher zunächst versucht, die verschiedenen Konnotationen, die sich mit Blindheit verbinden, zu erläutern, bevor die Auffassungen der traditionellen Blinden- und Sehbehindertenpädagogik und deren Verhältnis zu Sehen und Wahrnehmung erörtert werden.

Kulturabhängigkeit von Sehen

Das Verhältnis von Sehen und Erkennen: Das ausgesprochen Schwierige und Interessante an einem solchen Zugang zu Blindheit und Sehbeeinträchtigung liegt darin, dass die Begriffe, die hier verwendet werden – Sehen, Blick, Perspektive, Erkennen – sowohl für die Beschreibung sinnesphysiologischer als auch erkenntnistheoretischer Prozesse herangezogen werden.

„Die Nähe des Sehsinns zum Mentalen, nämlich zu Prozessen des Verstehens, Denkens und Auslegens, bedingt einen dichten und praktisch untrennbaren Konnex von Sehen und Sichtweisen bzw. von Sicht und Einsicht" (Schürmann 2008, 20f.).

Die Vieldeutigkeit dieser Begriffe ist kennzeichnend für die Verwirrungen, die auch unseren alltäglichen Sprachgebrauch beherrschen.

Sehen in den westlichen Kulturen Nicht nur in den Überlieferungen des Christentums, auch in der Literatur oder in unseren Redeweisen und Vorstellungen finden wir Verbindungen von Sehen und Erkennen, Sehen und Licht bzw. Erleuchtet-Sein. Die Heilung des Blinden im Neuen Testament stellt diese Verbindung her, und in vielen ikonografischen Darstellungen symbolisiert die Blindenheilung die innere, christliche Erleuchtung, die wahre Erkenntnis (**Abb. 1 und 2**).

Abb. 1 (links) Sehen bei peripheren Gesichtsfeldausfällen (Blindenanstalt Nürnberg 1980, 53)

Abb. 2 (rechts) Blindenheilung, Codex Aureus, Echternach 990 (Detail; Sudhoff 1981, 299)

Das sogenannte Blenden, also die Zerstörung der Augen, als eine der schlimmsten Strafen antiker Kulturen, die sich bis in das Mittelalter hinein gehalten hat, stellt die andere Seite dieser Auffassungen dar. Es zeigt sich, dass Sehen als wichtigste Voraussetzung für das Erkennen der Welt gehalten wird. Als Spiegel der Seele werden die Augen auch als das Organ betrachtet, das einen Blick in das Innere eines Menschen gestattet, und gleichzeitig ermöglicht das Auge das Erkennen der Welt. Die Augen werden daher als wichtige Vermittlung von Innen (Seele) und Außen (Welt) erachtet. Parallel zu diesen Auffassungen finden wir die Symbolfigur des „blinden Sehers" vor allem als Orakelhüter der griechischen Antike, der unabgelenkt vom äußeren Schein das Wahre zu erkennen oder vorherzusehen vermag. Wie Spittler-Massolle am Beispiel des berühmten blinden Sehers Teiresias deutlich macht, geht die Blendung als Strafe voraus, und die Erteilung der Seherfähigkeit ist eine anschließende Gabe der Götter (2001, 16). Ähnliche Stellen finden wir auch im Alten Testament: … „der herr wird dich schlahen mit Wahnsinn, blindheit und rasen des herzen. 5 Mos. 28, 28" (Grimm/Grimm 1860).

„Das Motiv der Blendung (Blindheit) als Strafe infolge von Neid in einem Machtverhältnis wird über die Verleihung prophetischer Gaben als ‚inneres Sehen' zum Trost für Blinde und zum Nutzen für Sehende ausbalanciert. Als Kern dieser Problematik zeichnet sich das Licht und das Sehen ab, was in Verbindung mit dem Seher-Motiv nur Blinden möglich zu sein scheint" (Spittler-Massolle, 2001, 25).

Die Weiterexistenz von Mythen in Vorstellungen und Begriffen ist vielfach belegt. Spittler-Massolle arbeitet mit dem Wörterbuch der Gebrüder Grimm neunzehn verschiedene Bedeutungsebenen des Wortes blind heraus, auf die hier lediglich verwiesen werden kann (2001, 50ff.).

„Bist du blind?" meint in unserem Sprachgebrauch weniger: „Hast du das nicht gesehen?", sondern eher: „Hast du das nicht mitbekommen, bist du blöd oder unsensibel oder dumm?" Blind im Sinne von unerwartet im „blinden Glück", von naiv und gutgläubig oder unvorsichtig findet sich ebenso in unserem Sprachgebrauch wie blinder Gehorsam, blinde Liebe.

Sehen und Blindheit in der Alltagssprache

Blindheit gilt als das Unvorstellbare schlechthin, wenn angenommen wird, dass blinde Menschen keine innere Repräsentation des Wahrgenommenen im Sinne des Vorstellens haben. Blindheit wird assoziiert mit Dunkelheit und Passivität, die Welt wird nicht aktiv erkundet, sondern muss zu dem Nicht-Sehenden gebracht werden. Bezeichnenderweise existiert in unserem Sprachgebrauch kein Verb *blinden*. Blinden als Aktivität gibt es nicht, sehen sehr wohl, obwohl wir bei beiden Prozessen nicht wissen, wie sie im Einzelnen funktionieren. Sehen gilt als Aktivität, Blind-Sein als Eigenschaft. Das Suffix „-heit", ein Mittel der Abstraktionsbildung, wird eingesetzt, um Zustandsbeschreibungen und Eigenschaftsbezeichnungen zu bilden. *Sehheit* als Eigenschaft oder Zustand existiert ebenfalls nicht in unserem Sprachgebrauch. Auch als Gegenbegriff zu Blindheit gibt es Sehheit nicht, vielmehr gelten eher Licht und Erleuchtet-Sein als Gegenbegriffe. Diese Konnotationen schwingen in unserem kulturellen Verständnis von Blindheit mit und finden ihren Niederschlag in unserem alltäglichen Sprachgebrauch wie in unseren Vorurteilen. So wird zum Beispiel im Jahr 2002 ein Film über eine Blindenschule in Tibet mit folgenden Worten angekündigt: „Und nun kommt Licht in das Leben blinder Kinder" (ARTE 8.10.2002). Ob und inwiefern diese allgemeinen Vorstellungen auch die Auseinandersetzungen der Pädagogik bei Blindheit bestimmen, wird zu prüfen sein.

Assoziationen bei Anders-Sehen

Wie verhält es sich mit dem Anders-Sehen? Jemandem nicht in die Augen schauen, jemanden nicht ansehen können oder an jemandem vorbeischauen wird im alltäglichen Umgang nicht als notwendige Strategie bei anderen Sehbedingungen gesehen, sondern in den Bereich des merkwürdigen Verhaltens gerückt. Assoziationen wie „der hat ein schlechtes Gewissen", „die ist nicht ehrlich", „der hat etwas zu verbergen", „der kann einem nicht in die Augen sehen" zeigen, wie vielen Deutungen ein anderes Sehverhalten ausgesetzt ist.

Sehen ist vor allem Performanz (Schürmann 2008), ist Kommunikation. Das Sprichwort: „ein Blick sagt mehr als tausend Worte" verweist auf die Bedeutung schaffende Wirkung von Blicken. Das Fehlen des Blickes, die Abwesenheit des sehenden Ausdrucks verdeutlicht dessen elementare Funktion für das alltägliche Miteinander.

Pädagogik des Auges: Mit Blindheit und Sicht stehen sich in unserer Kultur offensichtlich zwei einander ausschließende Seinsweisen gegenüber. Sehe ich, dann bin ich nicht blind und bin ich blind, dann sehe ich nicht. Was Blindheit für denjenigen, der nie gesehen hat, bedeutet, werden Sehende ebenso wenig nachvollziehen können, wie dies umgekehrt der Fall ist.

Dilemma der Pädagogik bei Blindheit und Sehbeeinträchtigung

Mit diesem Dilemma hat sich eine Pädagogik bei Blindheit und Sehbeeinträchtigung auseinanderzusetzen. Sie soll Hilfestellungen, Konzepte und Angebote für einen Umgang mit ‚Welt' zur Verfügung stellen, ohne ein gesichertes Wissen darüber erlangen zu können, wie die Wahrnehmung der Welt bei anderen Sehbedingungen bzw. bei Blindheit beschaffen ist. Sie kann nicht wissen, was es bedeutet, sich nicht-sehend in einer auf Visualität ausgerichteten Welt zu bewegen und sie ist dennoch täglich aufgefordert, für diesen Umgang Hilfestellungen zu bieten. Letztlich beschäftigen sich Professionelle im System der Pädagogik bei Blindheit und Sehbeeinträchtigung mit ihrer eigenen Phantasie, d.h. mit ihrer Vorstellung von Blindheit oder Sehbeeinträchtigung. Sie versuchen, diese Vorstellung passend und konsensfähig zu machen, um darauf aufbauend ihre pädagogischen Handlungsweisen zu entwickeln. Diesem Prozess ist im Grunde jede Pädagogik unterworfen, er wird am Beispiel der Sinnesbeeinträchtigungen lediglich deutlicher.

Die traditionelle Blinden- und Sehbehindertenpädagogik hat sich in 200 Jahren institutionalisierter Blindenbildung und etwa 80 Jahren institutionalisierter Sehbehindertenpädagogik mit dieser Problematik auseinandergesetzt. Sie hat im Laufe dieser Zeit Vorstellungen vom Blind-Sein stärker als vom Anders-Sehen entwickelt und versucht, diese Vorstellungen und Modelle durch Theorien zu fundieren. Die traditionelle Argumentationsfigur, die sich teilweise auch heute noch in der Literatur findet, lautet etwa:

- Über das Auge würden etwa 80% aller Informationen (die Prozentangaben variieren) aufgenommen. Das Auge wird als der wesentliche informationsgewinnende Sinn gesehen. Es liefere, so wird übereinstimmend behauptet, ein Abbild der Welt (Gruber/Hammer 2000). **traditionelle Sichtweise von Blindheit**
- Ist diese Informationsaufnahme eingeschränkt, modifiziert oder gar nicht vorhanden, fehle die wichtigste Möglichkeit der Welterkenntnis.
- Die Einschränkungen der visuellen Wahrnehmungsfähigkeit seien im Prinzip nicht zu kompensieren. Allenfalls könnten Kognition, Intelligenz und Gedächtnis einen gewissen Ausgleich schaffen.
- Der Tastsinn als der wichtigste Sinn bei Blindheit liefere Informationen in einem anderen Zeit-Raum-Verhältnis. Dies habe Konsequenzen für Vorstellung, Begriffsbildung und Phantasie.
- Da ein wesentlicher Teil der Aneignung von Welt fehle, müsse diese durch eine spezielle Pädagogik vermittelt werden. Blinde und sehbehinderte Menschen benötigten eine Vermittlung der Welt, daher müssten ihnen Strategien der Auseinandersetzung mit dieser Welt gezeigt werden, die Welt der Sehenden müsse ihnen erklärt werden.

Eine solche Argumentationsfigur versteht Sehen vor allem als Repräsentation, als Abbild. Sie hat nicht nur Auswirkungen auf die pädagogische Diskussion, sondern auch auf die Perspektive, unter der das Thema Wahrnehmung in den Blick gerät. Diesem Aspekt gilt zunächst die Aufmerksamkeit, bevor eine Alternative zur traditionellen Sichtweise dargestellt wird.

Sehen und Wahrnehmen: Sehen wird vielfach als die zentrale, die wichtigste Wahrnehmungsweise begriffen, indem betont wird, dass der größte Teil der Information über das Auge aufgenommen wird. **Sehen als zentrale Wahrnehmungsweise** Der Vorgang des Sehens ist formal beschrieben relativ einfach (**Abb. 3**). Licht wird von 125 Millionen Rezeptoren der Netzhaut jeden Auges gebündelt. Die Rezeptoren, das sind Stäbchen und Zapfen, geben elektrische Signale ab, wenn Licht auf sie trifft. Aufgabe weiterer Schichten der Netzhaut und des Gehirns ist es, diese Signale umzuwandeln und nützliche Informationen herauszufiltern. Doch was wissen wir über diesen Vorgang und was sagt uns eine solche Beschreibung?

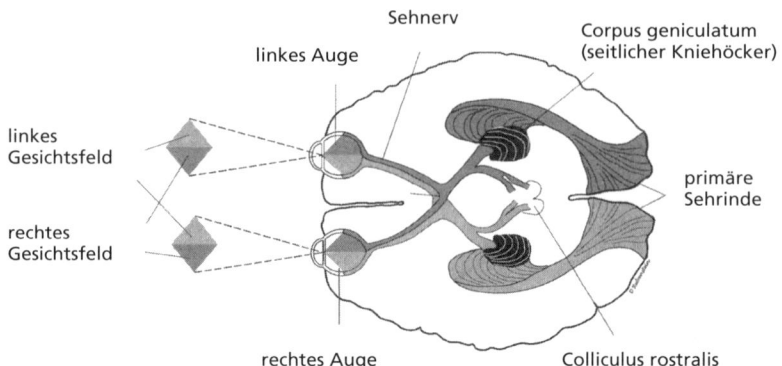

linkes Auge

Sehnerv

Corpus geniculatum
(seitlicher Kniehöcker)

linkes
Gesichtsfeld

primäre
Sehrinde

rechtes
Gesichtsfeld

Abb. 3: Der Seh-
und Verarbeitungs-
prozess (Eliot 2001,
284)

rechtes Auge

Colliculus rostralis

 Angesichts der enormen quantitativen Zunahme der visuellen Informationen in den letzten 100 Jahren – etwa um das 700-fache – scheint Sehen im Zeitalter der Informationsgesellschaft offenbar die zentrale Wahrnehmungsweise zu sein (Kamper 1995). Gleichzeitig wird in den Medien, aber auch in der pädagogischen, psychologischen und pädiatrischen Fachdiskussion eine enorme Zunahme von Wahrnehmungs- und Aufmerksamkeitsstörungen konstatiert. Lässt sich hier ein Zusammenhang herstellen? Ist möglicherweise die Auftretenshäufigkeit von Wahrnehmungsstörungen ein Indiz für eine Überforderung des visuellen Systems? Ein solcher Zusammenhang ist meines Wissens bisher noch nicht untersucht worden, daher sollen die folgenden Überlegungen vorsichtig als Fragen und Anregung zum Weiterdenken formuliert werden.

 Können die Anforderungen an die visuelle Wahrnehmung, die heute bestehen, überhaupt mit denen verglichen werden, die die heute erwachsene Generation geprägt haben?

 Beispiel 1: Die Zeitdauer der Bildschnitte bei Filmen hat sich rapide beschleunigt. In den 1960er und beginnenden 1970er Jahren gibt es Bildeinstellungen von mindestens 30 Sekunden oft, bis zu 1 Minute. Heute finden wir im Fernsehen Bildschnitte etwa alle 3–5 Sekunden, in Musikvideos und experimentellen Filmen in Zehntelsekunden. Welche Anforderungen werden hier an visuelle Wahrnehmung und Aufmerksamkeit gestellt?

Beispiel 2: Das Zappen durch Fernsehprogramme, das Verfolgen von zwei und mehreren Filmen durch Hin- und Herschalten erfordern wie das Surfen im Internet oder das erfolgreiche Spielen von Computerspielen eine Art von visueller Reaktionsbereitschaft und eher dezentrierter, nämlich auf viele Vorgänge gleichzeitig gerichteter Aufmerksamkeit. Verträgt sich dieses hier geforderte Wahrnehmungsverhalten

noch mit dem Lesen eines Textes, einer konzentrierten, weil auf einen Aspekt gerichteten Aufmerksamkeit? Erwachsene, die sozusagen der älteren konzentrierten Wahrnehmungsgeneration angehören, zeigen oft Schwierigkeiten mit der von den neuen Medien geforderten Geschwindigkeit und Gleichzeitigkeit. Kinder, deren Adaptionsleistungen an dezentrierte Wahrnehmungsleistungen enorm sind, zeigen Schwierigkeiten mit den „alten" Wahrnehmungsanforderungen. Ist das verwunderlich? Vor allem aber, wenn es hier einen Zusammenhang geben sollte, besteht die Lösung in der Pathologisierung ihres Verhaltens (als hyperaktiv, aufmerksamkeits- oder wahrnehmungsgestört)?

Unabhängig von diesen Fragen und Hypothesen ist festzustellen, dass die Fachleute zum Thema Wahrnehmungsstörungen und die Fachleute der Pädagogik bei Blindheit und Sehbeeinträchtigung weder ihre Erkenntnisse austauschen noch gar intensiver voneinander Notiz nehmen. Dies hat zur Folge, dass bei der Diagnose Aufmerksamkeits- oder Wahrnehmungsstörung eine differenzierte Diagnostik des visuellen Systems oft vernachlässigt wird, obwohl neuroophthalmologische Forschungen eine Reihe von spezifischen Funktionsveränderungen der visuellen Wahrnehmung herausgefunden haben **(Kap. 3.3)**. Auf der anderen Seite beschäftigen sich Fachleute der Pädagogik bei Blindheit und Sehbeeinträchtigung bevorzugt mit dem Auge und seinen Schädigungen und vernachlässigen hierbei oftmals die Wahrnehmungsthematik (Walthes 2013, 132f.). Mit den neueren Forschungsergebnissen wird noch zu belegen sein, dass Sehen mehr ist als die Aufnahme und Weiterleitung von Lichtwellen über das Auge und die Netzhaut an das Gehirn, Wahrnehmung wiederum nicht isoliert und ausschließlich mit Kognition in Verbindung zu bringen ist. Heutige Vorurteile und Vorstellungen sind durch kulturelle, historische, soziale Wahrnehmungen bestimmt. Blindheit und Sehbeeinträchtigung sind in unserem Sprachgebrauch nicht auf existierende blinde und sehbeeinträchtigte Menschen beschränkt, sondern markieren die andere Seite des Sehens, gehören daher zum Begriff „Sehen" dazu.

Zusammenarbeit von Wahrnehmungsforschung und Pädagogik bei Sehbeeinträchtigung

2.1   Annahmen zur Wahrnehmung bei anderen Sehbedingungen

2.1.1   Blindheit – eine andere Art der Wahrnehmung?

Wie stellen Sie sich die Wahrnehmung eines blindgeborenen Menschen vor? Was ist dort, wo es für Sehende Bilder, Farben, Formen und Bewegung gibt? Fehlt blinden Menschen einfach ein Sinn oder

Vorstellungen von Blindheit

ändert sich hierdurch das gesamte Wahrnehmungsgefüge? Ist die Welt schwarz oder dunkel oder fehlt dort, wo im Wahrnehmungsgefüge der Sehenden Sehen ist, etwas? Ist es so, dass bei Blindheit subjektiv nichts vermisst wird, so wie wir das Nicht-Riechen-Können bei einem Schnupfen auch nicht oder nur manchmal bemerken? Was bedeuten Farben für blinde Menschen, wie träumen sie und wie sehen ihre Vorstellungen z.B. von einem Himmel mit Wolken, von Mond und Sternen aus? Was bedeutet Raum bei Blindheit, und wie erlebt ein blinder Mensch Distanzen?

Dies sind Fragen, die sich nicht nur jede einzelne Person stellen kann, sondern die auch Psychologen und Pädagoginnen gestellt haben. Ihre Antworten sind höchst verschieden und geben darüber Auskunft, wie sich Fachleute, überwiegend Sehende, die Wahrnehmungsweise blinder Menschen vorgestellt haben. Dies soll eine kleine Reise durch die Fachliteratur der letzten 200 Jahre zeigen.

Vorstellungen in der Fachliteratur Der geburtsblinde Mensch entbehrt „außer dem Begriff der Farben auch die Kenntnis jener Gegenstände, welche wegen ihrer Feinheit nicht durchs Gefühl oder einen anderen Sinn erkannt werden können; die sichtbare Wirkung von Schatten und Licht, sowohl in der Natur, als bey Zeichnungen; die durch entfernte Bewegung entstehenden Abwechslungen; dann das anderer Gegenstände und ihren verhältnismäßigen Beziehungen gegeneinander schöpft, die schöne Mannigfaltigkeit", schreibt J.W. Klein 1819 in seinem „Lehrbuch zum Unterrichte der Blinden, um ihnen ihren Zustand zu erleichtern, sie nützlich zu beschäftigen und sie zur bürgerlichen Brauchbarkeit zu bilden" (Klein 1819/1991, 21f.).

Phantasie Dieser Mangel des Gesichtssinns muss Klein zufolge einen wichtigen Einfluss auf die Phantasie des Blinden haben:

„Auf der einen Seite scheint ihm der Stoff zu fehlen, der dieser wichtigen und fruchtbaren Seelenkraft gleichsam zur Nahrung dient; auf der anderen Seite aber ist es einleuchtend, daß das Bedürfnis, sich durch Phantasie abwesende Gegenstände zu vergegenwärtigen, öfter eintreten müsse, als bey Sehenden. Der Körper, den der Blinde nicht berührt, sey er ihm auch ganz nahe, ist für ihn schon Gegenstand der Phantasie" (Klein 1819/1991, 22).

Raumwahrnehmung Auch hinsichtlich der Raumwahrnehmung blinder Menschen finden wir Erklärungsmodelle, die von den beobachteten Auseinandersetzungsmöglichkeiten auf die Erfahrungs- und Bewusstseinsqualität schließen.

„Das Bewußtsein des Blinden ist ein unsymmetrisches, da es sich nur nach der Richtung der Zeitverhältnisse uneingeschränkt bewegt, während es im Raume bloss auf die Ausdehnungen im Bereiche der ausgestreckten tastenden Hand eingeengt ist. Aber selbst die Raumgebiete, welche der Blinde sinnlich wahrzunehmen imstande ist und welche die concreten Bildungselemente in sich schließen, entbehren des Zusammenhanges und somit mangelt auch jenes grosse und bedeutungsvolle Bildungsmittel, durch welches wir imstande sind, aus kleinen Anfängen heraus immer größere Ganze zu bilden und so die Höhe der sich stetig erweiternden Weltanschauung hinanzusteigen. Aber nicht allein dieser Entgang ist eine Consequenz der Blindheit, welcher zu den Erwerbungen des Sehenden einen Gegensatz bildet, sondern auch das Uebergewicht des zeiterweckenden Sinnes im Bewusstsein gibt dem geistigen Leben des Blinden ein besonderes Gepräge, weil der Blinde dort, wo entweder das eigene Bedürfniss, oder die Anregung aus dem Verkehr mit dem Sehenden heraus ihm die Bildung von zusammenhängenden Raumgebieten nothwendig erscheinen lässt, unwillkürlich ein Phantasiegebilde setzt, in welchem die Räume, die er sinnlich wahrgenommen nach der Anordnung des zeiterweckenden Sinnes Zusammenhang und Ausdehnung erlangen" (Heller 1888, 111).

Die Notwendigkeit anderer Repräsentationsformen ist für Klein wie für Heller auf der einen Seite Erklärungsmuster für die Gedächtnisleistungen blinder Menschen, auf der anderen Seite betont Klein, man müsse diese leicht überwuchernde Phantasie an das Konkrete binden. Diese Annahme hat sich durch die gesamte Blindenpädagogik bis in unsere Zeit gehalten, wie das folgende Zitat zeigt:

„Während beim sehenden Kind die Abgrenzung von gemeinsamer Realität und Nebenrealitäten keine besonderen Probleme bereitet, ist diese Trennung für manche blinde Kinder keine Selbstverständlichkeit. [...] Nicht selten haben bei blinden Schulkindern die Nebenrealitäten ein unaltersgemäßes Übergewicht. Man stellt fest, daß typischerweise vorwiegend geburtsblinde Kinder sich häufig in einem charakteristischen Übergangsbereich zwischen gemeinsamer Realität und Nebenrealität aufhalten, aus dem sie sich nur schwer lösen können" (Liechti 1988, 271f.).

Die Idee, das Auge sei Garant dafür, die Welt so wahrzunehmen, wie **das Auge als** sie wirklich ist, ist verantwortlich dafür, dass der Erfahrung durch **objektiver Sinn** die anderen Sinne nur ein Bruchteil dieser Abbildqualität zugeordnet wird. Gedächtnis, richtig eingesetzte Phantasie und vor allem eine Sensibilisierung des Hörens sind daher lediglich Kompensationsmittel, die an die Abbildqualitäten des Auges nicht heranreichen können. Ob das Auge diese Abbildqualität überhaupt besitzt, wurde kontrovers diskutiert. Bis heute ist nicht geklärt, welche Funktion das Sehen und die anderen Sinne zum Beispiel für die Entwicklung eines Raumverständnisses spielen.

„But suppose we take the opposite view, that we do not take the role of vision for granted, and do consider movement, touch and sound as sources of spatial information?" (Millar 1994, 1).

die Molyneux'sche Frage Die Frage, was Menschen, die von Geburt oder früher Kindheit an blind waren, erkennen können, wenn sie durch eine Operation wieder intakte ophthalmologische Bedingungen haben, d.h. sehen können, ist eine Frage, die in der Literatur zuerst bei John Locke auftaucht. Der Naturwissenschaftler William Molyneux hatte ihm 1688 folgende Frage gestellt:

„A Man, being born blind, and having a Globe and a Cube, nigh of the same bignes [mittelengl.: Größe], Committed into his Hands, and being taught or Told, which is Called the Globe, and which the Cube, so as easily to distinguish them by his Touch or Feeling; Then both being taken from Him; and Laid on a Table, let us suppose his Sight Restored to Him; Wether he Could know by his sight, and before he touch them, know which is the Globe and which the Cube? Or Wether he Could know by his sight, before he stretched out his Hand, wether he Could not Reach them, tho they were Removed 20 or 100 feet from him?" (de Condillac 1754/1983).

Entsprechende Experimente und ihre Ergebnisse ziehen sich durch die blindenpsychologische Literatur und werden in Lehrbüchern zur Sinneswahrnehmung auch heute noch angeführt (Campenhausen 1993).

„Vor einigen Jahren hatte ich Gelegenheit, ein junges Mädchen von 14 Jahren, welches staar-blindgeboren war, mit vollständigem Erfolg zu operieren. Begierig, zu sehen, welches ihre ersten Empfindungen bei dem wiedergewonnenen Augenlichte sein würden, zeigte ich ihr nacheinander ein Messer, eine Schere, einen Löffel, ohne ihr zu erlauben, dieselben zu berühren. Sie konnte dieselben nicht benennen. [...] Sie blieb unfähig, diese Gegenstände, die ihr doch dem Gefühle nach seit langer Zeit bekannt waren, wieder zu erkennen. Aber in dem Augenblicke, wo ich ihr erlaubte, sie mit der Hand zu berühren, nannte sie dieselben ohne Zögern" (Appia 1881, 10, zit. nach Senden 1931).

Eine der ausführlichsten Beschreibungen findet sich bei Oliver Sacks in dem Buch „Eine Anthropologin auf dem Mars" in dem Kapitel „Sehen oder Nichtsehen". Er schildert dort die Geschichte eines 50-jährigen Mannes, der seit früher Kindheit erblindet war und nun auf Grund einer Linsenoperation wieder sehen konnte. Sacks befragt ihn, was er unmittelbar nach der Abnahme der Augenbinde gesehen habe, und berichtet:

„Er nahm Licht, Bewegung und Farben wahr, ein verschwommenes be-
deutungsloses Gemisch. Und erst als aus diesem Gemisch eine Stimme
drang, die ‚Nun‘ sagte, wurde ihm klar, daß dieses Chaos von Licht und
Schatten ein Gesicht war – das Gesicht seines Chirurgen" (Sacks 1995, 167).

Diese Fallbeispiele sind für die Autoren Belege für die Isoliertheit der
einzelnen Sinne. Die Experimente zeigen, dass Sehsinn und Tastsinn
in keinem unmittelbaren Zusammenhang stehen. Es ist kein direkter
Transfer möglich, d.h. das, was ich getastet habe, kann ich nicht automatisch auch visuell erkennen und umgekehrt. Die Annahme, das
Auge bilde die Welt so ab, wie sie ist, erwies sich als falsch. Die Autoren hatten damals keine befriedigende Erklärung für das Verhalten der
Menschen nach der Augenoperation und reagierten verwundert auf
die großen Schwierigkeiten, die die Patienten hatten, Sehen zu lernen.
Bei einigen der Betroffenen führten diese Schwierigkeiten nach einer
Zeit großer Anstrengungen des Sehen-Lernens dazu, darauf völlig zu
verzichten und sich in der blinden Welt wieder einzurichten.

Isoliertheit der Sinne

Heute werden diese Themen sehr differenziert erforscht und liefern
interessante Erkenntnisse über die Plastizität des Gehirns.

Eine gute Übersicht über die unzähligen neuropsychologischen Forschungen zu diesem Thema bietet:

Cattaneo, Z.; Vecchi, T. (2011): Blind Vision. The Neuroscience of Visual
Impairment. Cambridge, London: MIT Press

2.1.2 Ist die Welt bei Sehbeeinträchtigung verschwommen?

Auch hinsichtlich der Wahrnehmungsweise von Menschen mit einer
Sehbeeinträchtigung finden wir viele Darstellungen der vermeintli-
chen Qualität des Sehens (**Abb. 4–7**). Da man von einer insgesamt anderen Qualität des Bildes ausgeht, wird auch bildlich veranschaulicht,
wie man sich zum Beispiel das Sehen bei Hornhauttrübung vorstellt.

Vorstellungen vom Anders-Sehen

Diese Darstellungen, so drastisch sie für den Laien manche Sehsituation verdeutlichen können und so sehr sie vordergründig für die
Erklärung manchen Verhaltens dienen mögen, ignorieren jedoch, dass
Sehen und visuelles Wahrnehmen nicht mit einer Fotokamera zu vergleichen sind. Sehen ist mehr als die Abbildung eines Gegenstandes
auf der Netzhaut, Sehbeeinträchtigung ist etwas Anderes als ein Vi-
suswert oder die Prozentangabe eines Gesichtsfeldverlustes.

Abb. 4 (links): Sehen bei Hornhauttrübung (Blindenanstalt Nürnberg 1980, 53)

Abb. 5 (rechts): Sehen bei Zentralskotom (Blindenanstalt Nürnberg 1980, 53)

Abb. 6 (links): Sehen bei peripheren Gesichtsfeldausfällen (Blindenanstalt Nürnberg 1980, 53)

Abb. 7 (rechts): Sehen bei degenerativen Netzhautveränderungen (Hyvärinen 2002a)

Wie bei Blindheit, so hat die Vorstellung der Sehsituation bei Sehbeeinträchtigung ebenfalls zu einigen Mythen und verkürzten Vorstellungen geführt, die über das Visuelle hinausgehen. Das Fehlen des Blickkontaktes bei exzentrischer Fixation, die unruhig erscheinenden Augenbewegungen bei einem Nystagmus werden mit Verschlagenheit, Unklarheit und daher mit *Charaktereigenschaften* in Verbindung gebracht. Die Tatsache, dass Menschen mit einer Sehbeeinträchtigung ihr Sehvermögen in manchen Situationen sehr gut einsetzen, in anderen Situationen wiederum nur wenig oder nichts zu sehen scheinen, wird ihnen ebenfalls häufig als Simulation und Ausweichen wollen ausgelegt. Eine Differenzierung von Sehfunktion und Persönlichkeitseigenschaften findet nicht immer statt (Benesch 1971, 72).

„Es ist nicht zu verwundern, daß [...] dem Sehschwachen aus Unkenntnis über die Auswirkungen der verschiedenen Sehbehinderungen oft Faulheit, schlechter Wille, Unhöflichkeit und dergleichen vorgeworfen wird, ja daß man ihn sogar als Simulanten betrachtet" (Junod 1966, 17).

Der Zusammenhang von Sehschärfe und Intelligenz wird in allgemein psychologischen und neurologischen Untersuchungen immer wieder vermutet. Hieraus wurde im Umkehrschluss ein „allgemein unterentwickelter Intellekt" (Benesch 1971, 69) angenommen. Mittlerweile wird dieser Zusammenhang nicht mehr gesehen. Rath (1987) bezieht sich auf Barraga (1976), wenn sie feststellt, dass sich die „Ergebnisse von Gruppenvergleichen als wenig wirksam für die Erklärung der Zusammenhänge zwischen Intelligenz und Sehbehinderung erwiesen" (1987, 42).

Die dargestellten Annahmen zur Wahrnehmung bei Blindheit und Sehbeeinträchtigung gelten inzwischen aus zwei Gründen als überholt: Erstens ist die diesen Annahmen zugrunde liegende Wahrnehmungstheorie nicht ersichtlich und zweitens liefern die erheblichen Fortschritte der neurowissenschaftlichen Forschung heute eine völlig andere Grundlage. In den folgenden beiden Kapiteln will ich versuchen, Wahrnehmungstheorie, Wahrnehmungsforschung sowie Störungstheorie so miteinander zu verbinden, dass sie die Basis und den Rahmen für pädagogisches Handeln im Bereich Blindheit und Sehbeeinträchtigung darstellen. Aus einer solchen Perspektive ist es notwendig, zunächst ein wahrnehmungstheoretisches Fundament zu erarbeiten, um sich mit Blindheit oder Sehbeeinträchtigung beschäftigen zu können.

veränderte Forschungssituation

Sacks, O. (1995): Eine Anthropologin auf dem Mars. Sieben paradoxe Geschichten. Hamburg: Rowohlt

2.2   Grundprinzipien der Wahrnehmung

Vier Theorierichtungen haben die Vorstellungen über Wahrnehmung wesentlich beeinflusst:

1. Die *Deduktionstheorie* oder empiristische Theorie, deren bekannteste Vertreter George Berkeley (1685–1753) und David Hume (1711–1776) den Menschen als Tabula rasa, als unbeschriebenes Blatt gesehen haben, ein Wesen, das durch Sinneseindrücke lernt.
2. Die *Gestalttheorie*, eine Wahrnehmungstheorie des beginnenden 20. Jahrhunderts, die sich vor allem mit den übereinstimmenden, angeborenen und kulturellen Tendenzen der menschlichen Wahrnehmung beschäftigt und sogenannte Gestaltgesetze formuliert hat (Wolfgang Wertheimer, 1880 1943, Wolfgang Köhler, 1887–1967).
3. Die *Affordance-Theorie*, die Korrelationen zwischen Umweltgegebenheiten und Wahrnehmungsvorgängen sucht (James J. Gibson, 1982).
4. Die Theorie der *Informationsverarbeitung*, deren Schwerpunkt heute in der Robotik liegt und die sich bei der Erzeugung wahrnehmender Systeme auch mit der menschlichen Wahrnehmung beschäftigt (Donald Broadbent 1926–1993).

neue Forschungs- Keine dieser Theorien reicht heute aus, um die Komplexität der
methoden Wahrnehmung hinreichend zu erklären. Mit den Möglichkeiten der
Beobachtung neuronaler Vorgänge durch bildgebende Verfahren und
aufgrund experimenteller Studien setzt sich mehr und mehr die Auffassung durch, Wahrnehmung beruhe auf hoch komplizierten Interaktionen in neuronalen Netzen. Zwar ist man noch nicht in der Lage,
die spezifische Qualität dieser Prozesse darzustellen und zu erklären,
die heutigen Erkenntnisse reichen jedoch aus, um bisherige Wahrneh-
mungstheorien in Frage zu stellen.

„So hat man nicht nur sehr viele Details über die strukturelle und
funktionale Organisation des Gehirns im Hinblick auf Wahrnehmung,
Gedächtnis und kognitive Leistungen gesammelt, sondern es ist heute
mit Hilfe so genannter bildgebender Verfahren möglich festzustellen,
welche Prozesse im Gehirn ablaufen, wenn eine Person geistig tätig ist,
etwa wenn sie einen Gegenstand wahrnimmt, sich an etwas erinnert
oder über etwas nachdenkt" (Roth 1994, 18).

Beobachtung und Auch wenn es stimmt, dass die Neurowissenschaften sehr viele In-
Realität formationen über die strukturelle und funktionale Organisation des
Gehirns erhalten haben, so muss immer wieder betont werden, dass
die bildgebenden Verfahren auf Rechenmodellen beruhen, d.h. nur er-
rechnen und darstellen können, was ihnen zuvor als Regel eingegeben
wurde (Tebartz van Elst 2007, 30).

Letztlich liefern diese Forschungen empirische Belege für die folgende Annahme phänomenologischer (Merleau-Ponty 1966; Varela
1994) und konstruktivistischer Theorien (v. Foerster 1993; v. Glasersfeld 1988; Maturana/Varela 1987): Es ist keine Realität nachweisbar
unabhängig von dem, der sie beobachtet. Wenn es eine objektive, be-
obachterunabhängige Realität gäbe, könnten wir, da wir Beobachter
sind, nicht wissen, ob wir ihr nah sind oder nicht. Alles, was über
Wahrnehmung, Gehirntätigkeit, Erkennen, Sehen oder Bewusstsein
gesagt wird, wird von Beobachtern gesagt, deren Wahrnehmungen
und deren Erkenntnis wiederum Bedingung der Beobachtung sind
(Roth 1994). Wir haben es hier mit einem zirkulären, auf sich selbst
zurückweisenden, selbstreferentiellen Prozess zu tun. Aussagen über
Realität sind immer Aussagen von Beobachtern, gleichgültig ob es
sich um Physiker, Chemiker, Lyriker oder Komiker handelt. Beobachten ist unsere Lebenspraxis, wir können uns nicht vor jeder Beobachtung denken, denn im Lebensvollzug selbst sind wir ungeachtet
des jeweiligen Tuns Beobachter. Alle unsere Handlungen basieren auf
Beobachtung und Unterscheidung.

Als These formuliert bedeutet dies: Ein Beobachter entdeckt nicht a priori vorhandene Phänomene, sondern erzeugt sie durch Beobachtung, d.h. durch Unterscheidung. Die nachfolgenden Experimente werden das noch einmal verdeutlichen.

Dem Diskussionstand der neueren Wahrnehmungsforschung entsprechend kann Folgendes über Wahrnehmung gesagt werden:

1. Wahrnehmung hat nur einen Zeugen: das eigene Bewusstsein. Jede **Zusammenfassung** Wahrnehmung ist subjektiv, d.h. wird von einem Subjekt gemacht. Als solche ist jede Wahrnehmung aus der Perspektive des Subjekts in sich vollständig und selbstbezüglich.
2. Wahrnehmung wird nicht als Abbild einer objektiv, vor jeglichem wahrnehmenden Bewusstsein vorhandenen Wirklichkeit begriffen, sondern ist als konstruktiver Prozess zu deuten (Roth 1994).
3. Wahrnehmung ist abhängig von Erfahrung. Die Erzeugung von Bedeutung benötigt Erfahrungen.
4. Wahrnehmung wird in Abhängigkeit von Kontext und kulturellem Hintergrund gesehen.

Wahrnehmung im Allgemeinen und Sehen im Besonderen kann daher als kulturspezifische, kontextabhängige Erzeugung von Bedeutung begriffen werden. Alles, was wir sehen, sehen wir als *Etwas*, als *im Unterschied von* oder *in Verbindung zu*, da ein vorgängiges Wissen bestimmt, was wir sehen. Viele Bilder der „Symmetry Drawings" von M. C. Escher verdeutlichen diesen Zusammenhang (www.mcescher. com/Gallery/gallery-symmetry.htm).

Vermutlich sehen Sie in solchen Bildern zunächst ein irgendwie geartetes Muster, dann die weißen oder die schwarzen Figuren. Prüfen Sie bitte einmal genauer, wie dieser scheinbar so selbstverständliche Prozess funktioniert. Um eine Figur als Einheit sehen zu können, müssen Sie ihn von der schwarzen Umgebung abheben, d.h. die schwarzen Figuren in den Hintergrund stellen und umgekehrt. Wahrnehmen bedeutet unterscheiden, aber auch Einheiten bilden. Die Einheiten sind jedoch nicht in der Außenwelt vorgegeben, sondern sind konstruktive Leistungen des Wahrnehmenden.

Abb. 8: Erst durch die Konstruktion des Wahrnehmenden entsteht ein „Bild": Dallenbachsche Figur

Diesen Prozess können Sie für sich selbst anhand der Dallenbachschen Figur in **Abbildung 8** nachvollziehen. Interessant ist hierbei, dass wir zwar beobachten können, *was* wir sehen, aber nicht, *wie* wir visuell konstruieren, wie es gelingt, dass aus den schwarzen Flecken auf einem weißen Papier eine Gestalt, eine sinnvolle Einheit wird.

Gestalttheorie

Die Gestalttheorie (Vertreter: Wertheimer, Köhler, Metzger) hat zu Beginn des letzten Jahrhunderts in vielen Experimenten bestimmte Prinzipien postuliert, die bei der Wahrnehmung von Mustern oder Gegenständen dazu führen, diese als Einheit zu sehen (**Abb. 9–12**).

Plausibilitäts-kriterien

Diese Gestaltprinzipien sind ausgesprochen wichtig, zum Beispiel bei der Visualisierung von Zusammenhängen. Wir halten etwas für echt und nicht für eine optische Täuschung, wenn es die in **Tabelle 1** aufgeführten Kriterien erfüllt.

Abb. 9:
Gesetz der
Ähnlichkeit

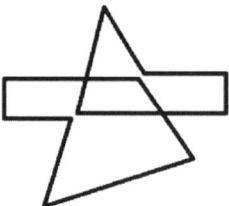

Abb. 10:
Gesetz der
guten Gestalt

Abb. 11:
Gesetz
der Nähe

Abb. 12:
Gesetz der
Geschlossenheit

1. Syntaktische Kriterien	2. Semantische Kriterien	3. Pragmatische Kriterien
Helligkeit	Bedeutungshaltigkeit	
Kontrastreichtum		Manipulierbarkeit
Kontur		
Strukturelle Reichhaltigkeit	Kontextstimmigkeit	
Dreidimensionalität		
Form- und Größenkonstanz		
Selbstbewegung		
Lokalisierbarkeit	Valenz	Erwartbarkeit

Tab. 1: Kriterien für Plausibilität von Wahrnehmung (nach Stadler/Kruse 1990)

Die von Stadler und Kruse sogenannten syntaktischen Kriterien finden zum Beispiel auch bei der Gestaltung von Bilder- oder Lehrbüchern Anwendung. Insbesondere bei Vorliegen einer Sehbeeinträchtigung ist es elementar bedeutsam, bei der Umsetzung von Materialien sowohl die Gestaltprinzipien als auch vor allem die syntaktischen und pragmatischen Kriterien zu berücksichtigen.

Dass alle semantischen Kriterien **(Tab. 1)** einen sehr bedeutsamen Anteil an der Plausibilität von Wahrnehmung besitzen, soll an einem Experiment des russischen Neurologen Lurija verdeutlicht werden **(Abb. 13)**.

Erfahrungsabhängigkeit

Abb. 13: Experiment zu semantischen Plausibilitätskriterien (Lurija 1993, 80)

Die Aufgabenstellung zu den Abbildungen lautet: „Bitte benennen Sie kurz diese Darstellungen und schreiben Sie Ihre Begriffe auf." Gebeten, diese Figuren zu benennen, haben Menschen aus entlegenen Dörfern im Kaukasus übereinstimmend folgende Angaben gemacht:

1 = ein Teller, 2 = ein Zelt, 3 = ein Armband, 4 = eine Perlenkette, 5 = ein Spiegel, 6 = eine Uhr, 7 = ein Kesselgestell.

In einem Kontext, in dem Symbole nicht durch Geometrie besetzt sind, gelten andere Bedeutungseinheiten. Wenn behauptet wird, Inuit kennen etwa 72 Begriffe für Schnee, dann bedeutet dies zugleich, sie können 72 verschiedene Schneearten voneinander unterscheiden, also wahrnehmen. Es gibt viele Beispiele und Belege nicht nur für die

Kontextgebundenheit, sondern auch für die Kulturabhängigkeit der Wahrnehmung. Doch auch innerhalb eines Kontextes, innerhalb einer Kultur gibt es höchst unterschiedliche Wahrnehmungsweisen. Wenn man zum Beispiel mit Freunden einen gemeinsam angeschauten Film diskutiert oder wenn mehrere Zeugen eines Verkehrsunfalls den Unfallhergang wiedergeben, wird deutlich, dass Wahrnehmung immer *selektiv* ist, d.h. etwas einschließt und ins Zentrum der Aufmerksamkeit rückt und damit zugleich anderes ausschließt.

Folgerungen für die Pädagogik   Vor dem Hintergrund eines solchen Verständnisses von Wahrnehmung stellen sich andere Aufgaben und Anforderungen für eine Pädagogik bei Blindheit und Sehbeeinträchtigung. In der erstgenannten, älteren Argumentationsfigur wurde Sehen als Abbild und damit tendenziell als die „richtige" Wahrnehmung der Welt begriffen. Entsprechend wird die unvollständige, defizitäre, zu kompensierende Wahrnehmung blinder und sehbeeinträchtigter Menschen als korrekturbedürftig gesehen. Eine solche Sichtweise ist mit der Annahme verbunden, dass alle, die vollständig sehen (im medizinischen Sinne), auch „richtig" sehen und das Gleiche sehen. In der anschließend dargelegten zweiten Argumentationsfigur gibt es keine Frage nach vollständig oder unvollständig, richtig oder falsch. Vielmehr geht es darum, die individuellen Wahrnehmungs- und Konstruktionsweisen von Welt als einander ergänzende, als jeweils spezifische zu sehen und wertzuschätzen. Aus der sogenannten Erstpersonperspektive ist jede Wahrnehmungsweise in sich vollständig – oder nehmen Sie etwa die Unvollständigkeit Ihrer eigenen Wahrnehmung wahr? Denn auch Sie haben in jedem Auge einen sogenannten blinden Fleck. Aus dieser Perspektive dürfen wir nur von spezifischen Seh-, Hör-, Bewegungs- oder Kognitionsbedingungen sprechen, aber nicht von Sehrest, Hörrest, von Wahrnehmungsstörung oder Ähnlichem. Ob der spezifische Ausschnitt, der bei Sicht, bei Blindheit oder bei Sehbeeinträchtigung jeweils gewählt wird, dazu führt, den einen Ausschnitt als pathologisch oder defizitär und den anderen als normal zu kennzeichnen, hat nichts mit der spezifischen Wahrnehmungsweise zu tun, sondern ist ein historischer, kultureller, gesellschaftlicher Zuschreibungsprozess.

2.3   Neurowissenschaftliche Erkenntnisse

Um das in **Kapitel 2.2** entwickelte Wahrnehmungsmodell in seinen Konsequenzen für das Verständnis von Sehbeeinträchtigungen und Beeinträchtigungen der visuellen Wahrnehmung begreifen zu können, ist es notwendig, einige Grundlagen der neueren neurowissenschaftlichen Forschung zu kennen und zu verstehen. Die 90er-Jahre des vergangenen Jahrhunderts galten als die Dekade des Gehirns. Die Forschungen in diesem Zeitraum haben so viele neue Erkenntnisse und Ergebnisse gebracht, dass alte Lehrbücher über Wahrnehmung und Informationsverarbeitung neu geschrieben und ältere Ergebnisse revidiert werden müssen. Das visuelle System gilt hierbei als das am besten erforschte. Neurowissenschaft ist ein sich seit Mitte der 80er-Jahre rapide entwickelndes interdisziplinäres Forschungsfeld. Von den vielen Forschern seien hier diejenigen genannt, die aus der Perspektive der visuellen Wahrnehmung und Informationsverarbeitung relevant erscheinen.

Biologie, Neurobiologie: Humberto R. Maturana (1987, 1994, 1998); Francisco J. Varela (1987, 1990, 1994, 1996)

Chemie: Ilya Prigogine (1995)

Neurologie: Antonio R. Damasio (1997, 2000), David H. Hubel und Torsten N. Wiesel (1959), David H. Hubel (1989), Gerhard Roth (1994, 2001), Wolf Singer (2002), Giacomo Rizzolatti (1996)

Neuropsychologie: Alexander Lurija (1993), Luc Ciompi (1999), A. David Milner und Melvin A. Goodale (2006)

Physik: Heinz von Foerster (1993, 1998), Hermann Haken (1994, 1996)

Kognitionswissenschaften, Neurolinguistik: Ernst von Glasersfeld (1988, 1997), Francisco J. Varela (1990, 1992, 1996), Andreas K. Engel (1998), Alva Noë und Evan Thompson (2002), Leslie Ungerleider und Mortimer Mishkin (1982)

Es ist sehr interessant und lohnenswert, sich als professionelle Person im Feld der Pädagogik bei Blindheit und Sehbeeinträchtigung in diesen Bereich einzuarbeiten, denn damit eröffnen sich völlig neue Perspektiven. Die Auseinandersetzung mit den Ergebnissen und Forschungsprozessen der unterschiedlichen Autoren ist ausgesprochen faszinierend. Hier können nur einige wenige Erkenntnisse vereinfacht und verkürzt wiedergegeben werden. Haben Sie etwas Geduld beim Lesen der einzelnen Puzzlesteine, am Ende wird sich das Gesamtbild vervollständigen.

2.3.1 Autopoiesis

Dieser Begriff taucht auf, wenn es um Beschreibungen der Funktionsweise des Gehirns geht. Der Begriff kommt aus dem Griechischen (autos=selbst, poiein=machen) und meint übersetzt etwa so viel wie

Selbstorganisation

Selbsterzeugung, Selbstorganisation. Das Gehirn wird, wie alle lebenden Systeme, als autopoietisches System beschrieben. Lebende Systeme können Zellen sein, aber auch das Immunsystem, Frösche oder Menschen. Was bedeutet dies bezogen auf das Gehirn und die Wahrnehmung? Das Gehirn hat in seiner Funktionsweise keinen direkten Kontakt zur Umwelt. Es arbeitet und funktioniert mit Hilfe seiner eigenen Bausteine, den Nervenzellen und biochemischen Stoffen (Neuropeptide, Transmitter) und mit Hilfe seiner eigenen Operationen, den Prozessen der elektrischen Ladung und Entladung. Diese Bausteine und Prozesse erhalten sich durch zirkuläre Prozesse, d.h. sie nutzen die eigenen Prozesse zur Erzeugung neuer und sind in dieser Organisation nicht direkt von außen zu beeinflussen. Autopoietisch bedeutet nicht, dass ein System hermetisch umweltabgeschlossen ist. So wie lebende Systeme ständig Sauerstoff, Licht und andere Bestandteile aus der Umwelt benötigen, um zu überleben, so besteht auch zwischen dem Gehirn und seiner Umwelt ein ständiger Austausch energetischer Art, denn Neurone brauchen Anregung, um aktiv werden zu können. Jedoch bestimmt die Anregung bzw. der Reiz nicht die Art der Aktivität des Gehirns. Das mag zunächst verwirrend klingen, gehen wir doch davon aus, dass ein Bild das Auge, ein Klang das Ohr anspricht und es daher doch sehr spezifische Reize für das Gehirn geben muss.

2.3.2   Neutralität des neuronalen Codes

Selektivität der Sinneswahrnehmung Sehr unterschiedliche Umweltereignisse können zur Anregung von Sinnesrezeptoren führen: Schalldruckwellen, Wasserströmungen, Geruchsmoleküle, Lichtquanten, mechanischer Druck, Magnetfelder usw. Allerdings sind zum Beispiel menschliche Sinnesrezeptoren nicht für alle Umweltereignisse empfänglich. Wir sind per se nicht sensitiv für Magnetfelder, elektromagnetische Strahlung, lediglich für Lichtquanten, Schallwellen und Geruchsmoleküle in einem bestimmten Spektrum. So verfügen Hunde (Geruchsmoleküle), Zugvögel (Magnetfeld), Fledermäuse (Schallwellen) über andere Spektren oder andere Sinneswahrnehmungen. Evolutionstheoretisch betrachtet haben wir offensichtlich diejenigen Sinnesorgane selektiv ausgebildet, die wir für das Überleben als Spezies brauchten. Der Terminus *Neutralität* des *neuronalen Codes* bezieht sich auf das Prinzip der Reizumwandlung.

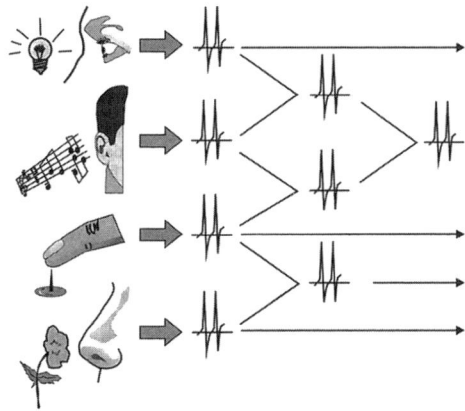

Abb. 14: Umwandlung in unspezifische neuronale Signale (Roth 2001, 94)

Eine neuronale Erregung entsteht in den Sinneszellen durch Veränderung der elektrischen Ladungsverhältnisse (Depolarisation oder Hyperpolarisation). Damit die Nervenzellen erregt werden können, bedarf es der Umwandlung in neuroelektrische oder neurochemische Prozesse. Bei dieser Umwandlung (**Abb. 14**) verlieren die Umweltreize ihre Spezifität. Aufgrund der Art der Übersetzung eines Umweltereignisses in elektrische oder neurochemische Aktivität „weiß" das Gehirn nicht, ob es sich um etwas Gesehenes, Gefühltes, Gehörtes oder Geschmecktes handelt. Aus der Beschaffenheit der neuronalen Signale lässt sich nicht auf die Spezifität des Umweltereignisses schließen.

Da das Gehirn außer neuronalen Signalen und biochemischen Prozessen nichts zur Verfügung hat, muss man folgern, dass es zwischen Umweltereignissen, Sinnesrezeptoren und neuronaler Verarbeitung keine direkte Korrelation geben kann. Außerdem geht man heute zuverlässig davon aus, dass Weiterleitungs- und Rekombinationsprozesse nur einen sehr geringen Teil der Gehirnaktivität insgesamt ausmachen.

Wahrnehmung und Hirnaktivität

„Das System beschäftigt sich hauptsächlich mit sich selbst; 80–90% der Verbindungen sind dem inneren Monolog gewidmet" (Singer 2002, 102).

Diese Erkenntnis ist vor allem deswegen so schwer nachzuvollziehen, weil wir von der Einheit des Wahrgenommenen ausgehen. Wir können aus diesen Erkenntnissen folgern, dass das visuelle, taktile, akustische Angebot zwar möglicherweise der Anlass für Wahrnehmung sein kann, was wahrgenommen wird und wie wahrgenommen wird ist jedoch von außen nicht steuerbar, das entscheidet jedes wahrnehmende System für sich selbst.

2.3.3 Netzwerkbildung

Erzeugung von Bedeutung

Wie gelingt es uns, anhand der enormen Fülle von elektrischen Impulsen und biochemischen Prozessen im Gehirn das zu konstruieren, was wir als Stuhl sehen, als Melodie hören oder als sauer schmecken? Mit anderen Worten, wie wird Bedeutung erzeugt? Eindeutige Antworten gibt es auf diese Fragen auch heute noch nicht, denn das Grundproblem bleibt bei allen Fortschritten der Neurowissenschaften ungelöst: Welcher Zusammenhang besteht zwischen den Formen der Erregungsausbreitung, den elektrischen Mustern, den Regionen der Gehirnaktivität und der Bedeutung, der Erlebnisqualität des Einzelnen?

beteiligte Hirnregionen

Mit Hilfe der bildgebenden Verfahren (funktionale Magnetresonanztomographie (MRT/fMRI) und Positronenemissionstomographie (PET)) konnte festgestellt werden, dass auf der einen Seite die aktivierten Hirnregionen eine große Bedeutung für Identifikation spielen, dass allerdings deutlich mehr Felder, Orte und Regionen an spezifischen Wahrnehmungen beteiligt sind, als bisher angenommen. Es gibt nicht *ein* Sehzentrum, *ein* Sprachzentrum, *ein* Motorikzentrum, vielmehr sind viele Bereiche in den verschiedenen Regionen des Gehirns gleichzeitig aktiv, wenn ein Mensch ein Wort liest oder ein Bild anschaut. Der Neurologe Oliver Sacks spricht zum Beispiel von mindestens 35 unterschiedlichen Arealen im Zusammenhang mit Sehen (1995). Auf das Thema Sehschädigung kann Folgendes übertragen werden: Wenn gesagt wird, der visuelle Cortex sei beschädigt, dann bedeutet dies nicht automatisch, dass kein Sehen möglich ist, da andere Areale ebenfalls für die visuelle Wahrnehmung zuständig sind. Ausführlicher wird dies in **Kapitel 3.3** erläutert.

Zeitfaktor

Nicht nur die Lokalisierung, sondern vor allem auch der Zeitfaktor, d.h. die zeitlich synchrone Entladung von Neuronengruppierungen und ihre Streuung bei der Informationsverarbeitung, spielen eine große Rolle. Einzelne Neurone haben in diesem Zusammenhang eine geringe funktionelle Relevanz. Die Bedeutung einzelner Impulse hängt wesentlich von deren Einbettung in kohärente Aktivitätsmuster ab.

Netzwerke

Heute werden Assemblies, neuronale Netzwerke als biologische Äquivalente von bedeutungstragenden Einheiten geprüft (Singer et al. 1997). Mit dieser Theorie gelingt es, Lernen neurophysiologisch als Erzeugung neuer Netzwerke, neuer Verbindungen zu begreifen.

2.3.4   Erfahrungsabhängigkeit

Damit stellt sich die Frage: Wodurch lässt sich das Gehirn anregen, neue Netzwerke zu bilden? Wie lernt es zu unterscheiden, was bedeutsam ist und was nicht, wie hat man sich die Entstehung von Bedeutung vorzustellen? Auf diese Fragen gibt es Antworten auf unterschiedlichen Ebenen, die jedoch alle zeigen, dass sich der Forschungsprozess hier noch am Anfang befindet.

Bildung neuer Netzwerke

a) Die biologische Ebene: Organismen müssen, um am Leben zu bleiben, mit ihrer Umwelt gerichtet interagieren, sie müssen diese beobachten, sie müssen auswählen. Dies bedeutet, sie nehmen vornehmlich dasjenige wahr, was für ihr Überleben als Individuum und als Gruppe notwendig ist. So können evolutionär betrachtet Bau und Leistung der Sinnesorgane als Anpassungsleistungen an Lebensbedingungen verstanden werden (Maturana/Varela 1987).

Anpassung

b) Die neurowissenschaftliche Ebene: Die ontogenetische Entwicklung des Gehirns ist ein komplexes und prekäres Wechselspiel zwischen genetischen Rahmenbedingungen, Selbststeuerungs- und internen Lernprozessen und Umweltinteraktion. Die genetischen Rahmenbedingungen und die internen Selbstregulationsprozesse steuern das Wachstum von Axonen und Dendriten zu ihren jeweiligen Bestimmungsorten, doch sobald die Fasern beginnen, sich miteinander zu assoziieren, finden Lernprozesse statt, gibt sozusagen die Erfahrung den Ton an und wirkt gestaltend und verfeinernd auf diese Prozesse ein. Erfahrung kann somit als die Summe und die Qualität dieser Prozesse verstanden werden.

Erfahrung

Der Blick auf die sogenannte Anlage-Umwelt-Thematik wird hierdurch differenzierter.

Anlage – Umwelt

„Es ist anzunehmen, dass sich unsere genetische Ausstattung seit den letzten 30–40.000 Jahren nur unwesentlich, wenn überhaupt verändert hat. Jedenfalls nicht mehr als es der Streubreite der genetischen Ausstattung der heute lebenden Menschen entspricht. Das bedeutet aber auch, dass ein Baby höhlenbewohnender Steinzeiteltern so werden würde wie wir, wenn es von Geburt an in unserer Gesellschaft aufgezogen würde. Umgekehrt wären unsere Kinder, wären sie den früheren Menschen anvertraut, so geworden wie deren Kinder. Wir wissen nicht sehr viel über diese Menschen. Aber gewiss ist, dass sie sich drastisch von uns unterschieden haben müssen, und zwar im Hinblick auf höhere mentale Fertigkeiten und kognitive Leistungen wie

Sprach- und Abstraktionsvermögen. Dies zeigt, wie obsolet die derzeitige Überbetonung genetischen Determinismus ist" (Singer 2002, 44).

Wahrnehmung und Handlung

c) Die wahrnehmungs- und handlungstheoretische Ebene: Die Generierung von Bedeutung wird verstanden „als selbstreferentieller Prozess zwischen handlungsgeleiteter und damit erfahrungsabhängiger Wahrnehmung und wahrnehmungsabhängigem und erfahrungsgeleitetem Handeln" (Klaes 2000). Wahrnehmung richtet sich nicht auf isolierte Objekte, sondern findet in Bedeutungskontexten statt, die bereits durch vorheriges Handeln strukturiert sind.

 Ein Beispiel aus der Frühförderung: Ein motorisch hoch aktiver, sehr neugieriger blinder Junge liebte – wie fast alle Kinder – das Schaukeln auf einer großen Schaukel sehr. Je kräftiger er angestoßen wurde, umso besser. Seine Eltern waren, als er klein war, gut damit beschäftigt, ihn anzustoßen. Als der Junge 5 Jahre alt war, hielt sein Vater die Zeit für gekommen, ihm zu vermitteln, dass er nun versuchen solle, das Schaukeln alleine zu lernen. Nach anfänglichen Protesten setzte sich der Junge auf die Schaukel, hielt sich mit beiden Händen an den Seilen fest und schien zu überlegen. Dann löste er beide Hände, schlug sich damit kurz auf den Po und griff schnell nach den Seilen.

 Können Sie sich diese Handlungsweise erklären?
Selbst Sehen ist nach Engel/König (1998) bzw. O`Regan/Noë (2001) nicht Bildanalyse, sondern visuell geführte Handlung. Lauwereyns (2012) weist in verschiedenen Studien nach, wie selbst die Augenbewegungen, also Handlungen, die sich der Selbstwahrnehmung weitgehend entziehen, erwartungsgesteuert sind.

Schlussfolgerungen

Allen Argumentationsebenen ist gemeinsam, dass die individuelle wie die kollektive, d.h. kultur- und gesellschaftsbedingte Erfahrung die Basis für die Konstruktion weiterer Bedeutung darstellt. Erfahrung wird hier vor allem als handelnde Erfahrung, als Aktivität, als Bewegung begriffen. Nicht die sensorischen Systeme allein, sondern die Vernetzung der Systeme hat konstruktiven Charakter: Sie definieren die in der Welt relevanten Unterscheidungen und legen durch Handlungen die Strukturen der Welt fest. Gehirne dienen nicht der Weltmodellierung, sondern sind „Vehikel der Welterzeugung" (Varela 1990). Wir erzeugen unsere Wahrnehmungswelt, indem wir uns bewegen. Nicht das Auge entscheidet zum Beispiel, welchen Objekten in unserem visuellen Feld Aufmerksamkeit gewidmet wird oder welche ausgewählt werden. Es ist vielmehr die durch Handlungen und

Bewegungen erzeugte Erfahrung, die diese Selektion steuert. Wahrnehmung, sagt Singer, ist die Überprüfung von Hypothesen (2002, 108). Hypothesen kann nur entwickeln, wer das Material dazu hat. Das Material sind die eigenen Erfahrungen.

2.4 Wider die Überbewertung des Auges – Bewegung und Wahrnehmung

Nicht die Reizaufnahme über das Auge oder Ohr wird in neueren Wahrnehmungs- und Kognitionstheorien als die Basis für Wahrnehmung gesehen, nicht das Objekt in der Außenwelt, nicht das farbliche Muster auf dem Bild, sondern Bewegung. Bewegung ist damit nicht Folge von Wahrnehmung, sondern ihre Bedingung. „Ohne Bewegung keine Wahrnehmung der Außenwelt", sagte Palágyi, ein ungarischer Wahrnehmungswissenschaftler, schon 1924. Viele Experimente der Wahrnehmungsforscher und Neurowissenschaftler beschäftigen sich mit dem Zusammenhang von Bewegung und Wahrnehmung. Im Folgenden können nur einige wenige Beispiele genannt werden:

Bewegung als Grundlage

„Jeder Brillenträger hat vermutlich die Erfahrung gemacht, dass er beim ersten Aufsetzen der Brille verzerrt sah. Diese Verzerrung kann so stark sein, dass die Steuerung der eigenen Bewegungen Schwierigkeiten bereitet, beispielsweise ein gezieltes Greifen oder das richtige Setzen der Schritte. Jeder Brillenträger wird sich aber auch daran erinnern, dass die Verzerrung innerhalb von ein bis zwei Tagen verschwand" (Held 1965/1986, 200).

Die Verzerrung verschwindet offensichtlich nicht dadurch, dass sich die Brillengläser verändern oder die Linse oder der Bau des Auges, noch verliert sie sich dadurch, dass sich die Außenwelt wieder entzerrt. Dieser *Adaptionsprozess des wahrnehmenden Systems* beruht vor allem auf Handlung und Bewegung. Um diese Hypothese zu überprüfen, wurden verschiedenste Untersuchungen durchgeführt, von denen einige kurz erwähnt werden sollen.

Held **(Abb. 15)** untersuchte, ob und wie aktive und passive Bewegung die senso-motorische Koordination bei Katzen beeinflusst. Bei diesem sogenannten Katzenexperiment wurden zwei Katzen nach der Geburt 8–12 Wochen in Dunkelheit aufgezogen. Danach wurde die Katze A in ein Laufgeschirr gespannt, die Katze B in ein Körbchen, das, wie man auf dem Bild sieht, von der Katze A bewegt wurde. Katze A war die aktive Katze, Katze B blieb passiv, beide konnten dieselbe visuelle Information, das Streifenmuster an der Wand, aufnehmen. Nach dem Versuch wurden beide Katzen von ihren Aufgaben befreit, jedoch zeigte jeweils nur die aktive Katze eine sensorisch-motorische Koordination, die passive Katze benötigte einige Tage Bewegungsfreiheit, um dieses Verhalten auch zu entwickeln (Held 1965/1986).

Abb. 15: Katzenexperiment von Held (1965/1986, 201)

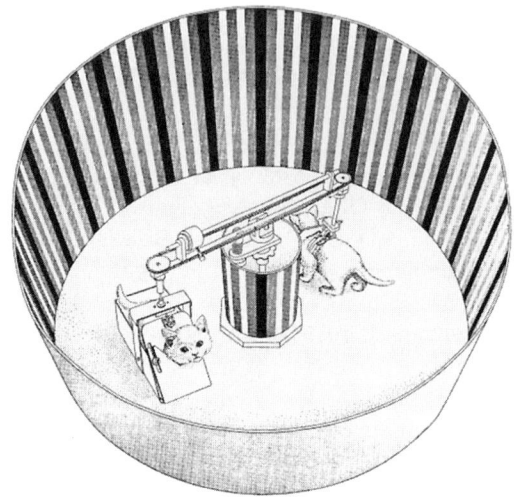

 Dass aktive Bewegung Bedingung für Adaption ist, belegt auch das sogenannte *Umkehrbrillen-Experiment*. Erisman und Kohler (Kohler 1974) setzten Versuchspersonen Prismenbrillen auf, die oben und unten oder die Seiten vertauschten. Versuchspersonen, die eine Umkehrbrille trugen, behaupteten nach etwa einer Woche, dass sie die Welt nicht länger als auf dem Kopf stehend, sondern aufrecht wahrnahmen und sich zielsicher darin bewegen und orientieren konnten. Beim Absetzen der Prismenbrillen nach einigen Wochen wiederholte sich der Vorgang, auch hier benötigten die Versuchspersonen einige Tage, um die Welt vom Kopf wieder auf die Füße zu stellen. Das Interessante an diesem Experiment ist, dass dieser Anpassungsprozess dann erfolgte, wenn die Versuchspersonen sich aktiv bewegen durften.

Bach y Rita und seine Kolleginnen und Kollegen, eine Forschergruppe, die sich unter anderem auch mit der Wahrnehmung blinder Menschen beschäftigt, koppelten eine Videokamera mit einem System, das über Vibration Muster auf die Haut des Bauches übertrug. Wurde die Kamera durch eine andere Person gesteuert, hatten die Versuchspersonen die Empfindung einer Hautreizung. Konnten sie selbst die Kamera steuern, interpretierten sie die Reizmuster auf ihrer Haut nach wenigen Stunden nicht mehr hautbezogen, sondern als Erfahrung von externen Gegenständen im Raum, vergleichbar wohl einem projizierten Bild (Bach y Rita 1993).

Aktivität, selbst ausgeführte Bewegung ist in diesen Experimenten der Faktor, der Wahrnehmung strukturiert und Passung zwischen Individuum und wahrgenommener Umwelt ermöglicht. Das Experiment von Kohler ist darüber hinaus ein erneuter Beleg für die These, dass die Struktur der Wahrnehmung nicht von der Struktur der Außenwelt abhängig ist, sonst hätte der Prozess der zweiten Umkehrung, d.h. der Wiederherstellung der ursprünglichen Wahrnehmung, nicht so lange gedauert. Nicht das Auge ist Garant für die Wahrnehmung der Welt, sondern die handelnde Auseinandersetzung bzw. die Koordination von Handeln und Sehen, Bewegung und Wahrnehmung.

Bedeutung von Aktivität und Handlung

In Bezug auf die ontogenetische Entwicklung geht es hierbei um die Unterscheidungsprozesse von Ich und Welt. Solche Prozesse sind nicht genetisch fixiert, sondern müssen erlernt werden.

Unterscheidung von Ich und Welt

„Dieses Lernen beginnt spätestens nach der Geburt, wenn der Säugling anfängt, die Welt zu begreifen. Wenn er zum Beispiel einerseits sich selbst und andererseits Objekte der Umwelt anfasst, lernt sein Gehirn den fundamentalen Unterschied zwischen Körper und Welt. Im ersten Fall erhält er eine doppelte sensorische Rückmeldung, im zweiten Fall nur eine einfache" (Roth 1994, 306).

In der Selbstberührung ist sowohl die Empfindung des Berührens als auch die des Berührt-Werdens enthalten, bei der Berührung eines fremden Gegenstandes fehlt Letztere. Diese Fähigkeit der Doppelempfindung ist nur durch das Tasten möglich, d.h. durch Bewegung und Berührung. Von dieser ursprünglichen Unterschiedserfahrung gehen alle weiteren wahrnehmungs- und handlungsbezogenen Unterscheidungen aus.

Suchen Sie sich einen Partner und berühren Sie dessen Hand mit Ihrer Hand so, dass die Handflächen und Finger (Zeigefinger auf Zeigefinger etc.) miteinander in Kontakt sind (**Abb. 16**). Nehmen Sie Ihre andere Hand und streichen Sie an den Zeigefingern so entlang, dass Sie mit Ihrem Daumen den eigenen Zeigefinger, mit Ihrem Zeigefinger den Zeigefinger der Hand Ihrer Partnerin berühren. Nehmen Sie einen Unterschied wahr?

Bei sich selbst können Sie das Berühren und das Berührt-Werden gleichzeitig spüren, bei Ihrem Partner/Ihrer Partnerin spüren Sie demgegenüber nur eine Seite, das Berühren.

Die basale Unterscheidung zwischen mir und der Welt, zwischen Selbst und Fremd ist zwar das Fundament jeglicher Wahrnehmung, sie ist uns allerdings nicht mehr zugänglich, da Wahrnehmung ganzheitlich oder synästhetisch ist und immer alle Wahrnehmungsweisen integriert. Die Ordnungsbildung in unserem Wahrnehmungssystem

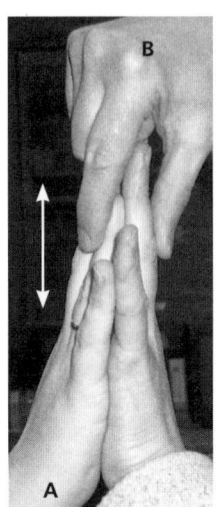

Abb. 16: Selbst-
und Fremdwahr-
nehmung (nach
Campenhausen
1993; Foto R.W.)

wird neben den frühen ontogenetischen Prozessen in hohem Maße durch unsere ständig neu erworbene Erfahrung im Umgang mit der Welt und uns selbst bestimmt.

„Auf kortikaler und zum Teil auch auf subkortikaler Ebene kommen vermehrt Informationen aus dem Gedächtnis hinzu, welche das Ergebnis früherer Erfahrungen mit der Umwelt und der Bewertung des eigenen Handelns umfassen" (Roth 1994, 230). „Wir als Erwachsene vergessen bei unserer Art Welt wahrzunehmen alles, was wir dazu beigetragen haben, sie auf diese Weise wahrzunehmen, eben weil wir durch unseren Körper in den eigentümlichen Kreisprozeß des Handelns einbezogen sind" (Varela 1985, 306).

Der bewegungsbasierte Charakter unserer Wahrnehmung ist uns nicht mehr präsent. Allerdings wissen wir heute, dass bereits die Vorstellung oder Beobachtung einer Bewegung zu den diesen Bewegungen analogen Muskelinnervationen führt, die sich z.B. bei besonders intensiven und spannenden Situationen in einer realen Bewegung entladen (sogenannter *Carpentereffekt*, zum Beispiel Mitbewegungen beim Boxen, als Beifahrer im Auto). In der Antizipation und beim Schätzen können wir manchmal den Bewegungsbezug von Wahrnehmung an uns selbst erleben.

„Wir sehen z.B. einen großen Koffer, mobilisieren innerlich die Kräfte, die erforderlich sind, um ihn hochzuheben, und dann erweist er sich als leicht" (Klaes/Walthes 1994, 255).

Das heißt, unsere Wahrnehmungen haben – gemäß unserer Erfahrung groß = schwer – eine Bewegung gesteuert, die sich nun als nicht passend erweist. Wahrnehmen wird daher in vielen Theorien auch als „virtuelle" (Palágyi 1924), vorgestellte oder innerlich aktivierte Bewegung verstanden. *Jede Wahrnehmung basiert auf virtueller Bewegung*, ist sozusagen vorgestelltes Greifen, d.h. an die Stelle des realen Umfassens eines Gegenstandes tritt bei der bloßen Wahrnehmung ein Umfassen durch innere Bewegung. Jede überraschende Bewegung, zum Beispiel wenn die Treppenstufe tiefer ist als erwartet, jedes Verschätzen bringt uns mit der virtuellen Bewegung, dem virtuellen Vorvollzug in Kontakt.

   Zu dieser Theorie passt die folgende Beobachtung in der neueren Gehirnforschung. Die Aktivität des Gehirns wurde bei verschiedenen Tätigkeiten wie Hören, Sehen, Hören und Sehen, Handeln und Vorstellen untersucht. Was glauben Sie, bei welcher Tätigkeit die höchste Gehirnaktivität festgestellt wurde? Gemeinhin würde man vermuten, dass die Gehirnaktivität umso größer ist, je mehr Sinne und Aktionen beansprucht werden. Das stimmt im Wesentlichen auch. Die Gehirnaktivität ist größer bei Hören und Sehen als nur bei einer Sinneswahrnehmung, sie ist noch größer bei einer Handlung, am größten ist sie jedoch bei der Vorstellung von etwas (Fauser/Madelung/Rentschler 2003).

Der hochkomplexe Vorgang der Wahrnehmung ist bei dem jetzigen Kenntnisstand der Forschung nicht auf die Dominanz eines Sinnessystems wie z.B. das der visuellen Wahrnehmung zu reduzieren. Für die Pädagogik bei Blindheit und Sehbeeinträchtigung haben diese Erkenntnisse erhebliche Auswirkungen, die hier nur angedeutet werden können, auf die aber in den weiteren Kapiteln immer wieder Bezug genommen wird. **Konsequenzen für Pädagogik**

1. Visuelle Wahrnehmung ist nicht Abbildung, sondern Konstruktion. Konstruktionen beruhen auf Erfahrung, insofern ist nicht das Sehen-Können, sondern die Vielfalt der Erfahrungen wesentlich für das Begreifen von und die Auseinandersetzung mit der Umwelt. **Zusammenfassung**
2. Wahrnehmungen, Vorstellungen, Gefühle, Bewegungen werden als autopoietische Prozesse gesehen, die nicht direkt zu beeinflussen sind. Sie sind daher nicht unter der Perspektive richtig und falsch oder besser und schlechter zu beurteilen, sondern sie sind, was sie sind, das Vermögen, das jedes Individuum hat.
3. Bewegung und virtuelle Bewegung sind die Basis für Wahrnehmung. Die bewegungs-, handlungs- und erfahrungsbezogenen Aspekte der Wahrnehmung im frühen Kindesalter sind zwar nicht unabhängig von Blindheit oder Sicht, sie bilden jedoch eine gemeinsame Basis für pädagogisches Handeln.

Engel, A. K.; König, P. (1998): Das neurobiologische Wahrnehmungsparadigma. Eine kritische Bestandsaufnahme. In: Gold, P.; Engel, A. K.: Der Mensch in der Perspektive der Kognitionswissenschaften, 156–194. Frankfurt a. M.: Suhrkamp

Goldstein, B. E. (2008): Wahrnehmungspsychologie. 7. Auflage, Heidelberg: Springer

Maturana, H. R.; Varela, F. J. (1987): Der Baum der Erkenntnis. München: Scherz

Roth, G. (1994): Das Gehirn und seine Wirklichkeit: kognitive Neurobiologie und ihre philosophischen Konsequenzen. Frankfurt a. M.: Suhrkamp

Singer, W. (2002): Der Beobachter im Gehirn. Essays zur Hirnforschung. Frankfurt a. M.: Suhrkamp

2.5   Übungsaufgaben zu Kapitel 2

Aufgabe 1   Welche Überlegungen zur Wahrnehmung finden Sie bemerkenswert?

Aufgabe 2   Welches ist der wesentliche Unterschied zwischen der traditionellen Argumentation der Blinden- und Sehbehindertenpädagogik und der in diesem Kapitel dargelegten Argumentation?

Aufgabe 3   Wenn Sie alles konstruieren, was Sie sehen, dann würden Sie diesen Text, da Sie ihn sehen, ebenfalls konstruieren. Stimmt das?

Aufgabe 4   Welches sind Ihres Erachtens die wesentlichen Erkenntnisse der neurowissenschaftlichen Forschung?

3 Blindheit – Sehbeeinträchtigung

Wann spricht man von Blindheit, wann von einer Sehbeeinträchtigung und wann von einer cerebral bedingten Sehbeeinträchtigung? In der Literatur und auch im allgemeinen Sprachgebrauch benutzen wir viele Begriffe und selbst das, was gemeinhin für eindeutig gehalten wird, Blindheit, ist so eindeutig nicht. Es existieren viele Definitionen und Klassifikationen sowohl im medizinischen, wie im sozial-rechtlichen und pädagogischen Bereich und diese sind wiederum von Land zu Land unterschiedlich. Die Weltgesundheitsorganisation (WHO) hat 2001 mit der sogenannten *International Classification of Functioning, Disability and Health (ICF)* einen erneuten Versuch unternommen, die unterschiedlichen Begriffe, die in den verschiedenen Bereichen und einzelnen Ländern verwendet werden, zu systematisieren und eine einheitliche Klassifikation für das Gesundheitswesen zu schaffen. 2007 wurde mit der ICF-CY die Version für Kinder und Jugendliche entwickelt, die zusätzlich den Aspekt der Entwicklung beinhaltet. Beide wenden sich gegen ein defizitorientiertes Verständnis von Behinderung.

3.1 Schädigung – Behinderung

Bereits 1983 hatte die WHO eine Veränderung des Verständnisses von Behinderung vorgeschlagen und mit ihrer damaligen Unterscheidung von Schädigung (impairment), Funktionseinschränkung (disability) und Behinderung (handicap) aufgezeigt, dass eine Schädigung nicht notwendigerweise zu einer Behinderung führen muss. Die neue Klassifikation der WHO, die *International Classification of Functioning, Disability and Health (ICF 2001)* (**Abb. 17**), hat die Diskussion um Störung und Behinderung erneut angestoßen. Drei wesentliche Veränderungen sollen hier genannt werden:

Klassifikationen der WHO

1. Die ICF-Klassifikation verzichtet auf den Leitterminus Krankheit und ersetzt diesen durch Gesundheit und diejenigen Faktoren, die Gesundheit im Sinne von Wohlbefinden begleiten, bedingen und beeinflussen.

2. Die Klassifikationsdimensionen body functions & structures, activity, participation gehen weit über die bisherigen Komponenten impairment, disability, handicap hinaus. So ist Schädigung (impairment) ein Bestandteil der Körperstrukturen und -funktionen, damit Teil der gesundheitlichen Bedingungen und muss nicht mit Krankheit einhergehen. Aktivitäten umfassen mehr als Funktionseinschränkungen (disability), denn diese Dimension beinhaltet sowohl die Möglichkeiten als auch die Beschränkungen der Aktivitäten vor dem Hintergrund der jeweiligen Kontextbedingungen. Diese spielen wiederum eine große Rolle bei der Kennzeichnung der Partizipation, die ebenfalls den individuellen Einbezug in alle Lebenssituationen beschreibt und nicht nur die eingeschränkten Möglichkeiten.

3. Alle Dimensionen sind nicht isoliert zu betrachten, sondern müssen notwendigerweise unter den spezifischen sozial-ökologischen Bedingungen gesehen werden. Nicht nur die familiären oder häuslichen Gegebenheiten zählen zu diesen Umweltfaktoren, sondern auch die zur Verfügung stehenden persönlichen Ressourcen und Unterstützungsangebote sowie die Regeln, Gesetze und gesellschaftlichen Vorurteile, die Partizipation erleichtern oder erschweren.

Abb. 17: Wechselwirkungen zwischen den Komponenten der ICF (WHO 2011, 46)

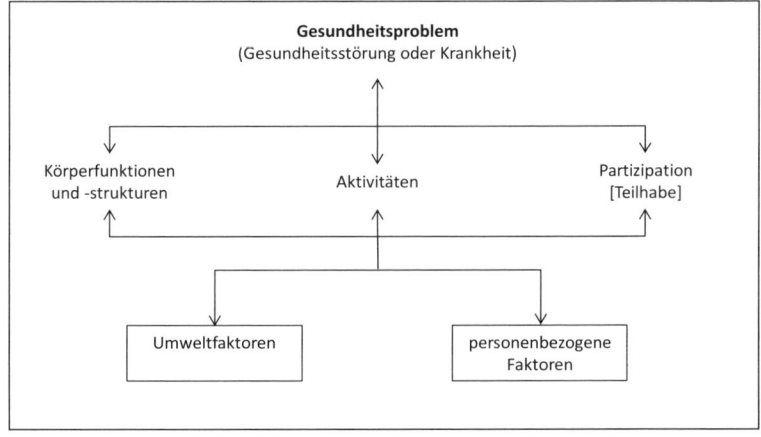

Schädigung Schädigungen gibt es viele, diese müssen nicht notwendigerweise funktionelle Beeinträchtigungen nach sich ziehen. Sie können verschiedene Ursachen haben und sich unterschiedlich auswirken. Vor allem stehen Schädigungen in keinem direkten Zusammenhang mit einer gelingenden oder misslingenden Aktivität oder Partizipation. Schädigungen beziehen sich vor allem auf die Ebene der sogenannten Körperstrukturen. So kann eine geschädigte Leber oder eine geschädigte Lunge funktionelle Beeinträchtigungen nach sich ziehen: z.B. keinen Alkohol mehr zu vertragen oder zu keinen körperlichen Anstrengungen in der Lage zu sein. Ebenso kann Blindheit es nach sich ziehen, keine Schwarzschrift mehr lesen zu können oder Gehörlosigkeit, nicht mehr Radio hören zu können.

Ob aus Beeinträchtigung Behinderung entstehen kann, ist ein komplexer Prozess, an dem viele Kontextfaktoren beteiligt sind. Wirken diese Kontextfaktoren benachteiligend, dann entsteht Behinderung (Wacker 2013, 243). Mit Behinderung ist in diesem Sinne eine Relation gemeint, also eine Beziehung zwischen der so bezeichneten Person und ihrer Umwelt. So ist zwar Taubheit die zutreffende Bezeichnung für Nicht-hören-Können, ob daraus jedoch Behinderndes entsteht, ist keine notwendige Folge, sondern abhängig von den Kommunikationsfähigkeiten der Umwelt. Ein taubes Kind wird in einer Umwelt, die die Gebärdensprache beherrscht, weniger Probleme haben als ein hörendes und sprechendes Kind, das in dieser Umwelt nicht über die Gebärdensprache verfügt (Walthes/Klaes 1994, 53ff.).

Behinderung

Ein kleiner Dialog in Anlehnung an Gregory Batesons Metaloge (1981) soll diese Thematik verdeutlichen:

K.: Du Mama, alle reden davon, ich hätte eine Behinderung, was ist das eigentlich?

M.: Ich glaube, die beziehen sich darauf, dass du blind bist und das, was mit deiner Blindheit einhergeht, nennen sie Behinderung.

K.: Ja und? Das können sie ja von mir aus machen, aber das sagt noch nicht, was das eigentlich ist, Behinderung.

M.: Ja, da hast du Recht, das sagt es nicht, und wenn man es ganz genau nimmt, dann ist Behinderung, ja, Behinderung eigentlich ein Erklärungsprinzip.

K.: Aber was erklärt es?

M.: Alles – fast alles, was man damit erklären möchte.

K.: Aber das kann doch nicht sein. Es erklärt doch zum Beispiel nicht die Schwerkraft.

M.: Nein, aber nur deshalb, weil niemand will, dass „Behinderung" die Schwerkraft erklärt. Wollte man es, dann würde man auch das erklären können. Wir könnten einfach sagen, dass der Mond eine Behinderung hat, deren Stärke sich umgekehrt proportional zum Quadrat der Entfernung verändert [...].

K.: Aber dafür würde ich im Physikunterricht eine 5 bekommen.

M.: Das mag sein, aber wir unterhalten uns hier über Behinderung.

K.: Also gut und was erklärt dann die Schwerkraft?

M.: Nichts und zwar einfach deshalb, weil Schwerkraft auch ein Erklärungsprinzip ist.

K.: Oh, bedeutet das, dass man nicht ein Erklärungsprinzip verwenden kann, um ein anderes zu erklären?

M.: Ja, eigentlich bedeutet es das.

K.: Aber, die Schwerkraft wurde doch entdeckt, war das nicht Newton, mit dem Apfel?

M.: Ja, aber eigentlich hat er die Schwerkraft erfunden.

K.: Wie – das verstehe ich nicht.

M.: Newton hat eine Hypothese, d.h. eine besondere Erklärung für das Verhältnis von Masse und Entfernung entwickelt.

K.: Das heißt, er hat die Schwerkraft nicht entdeckt, sondern erfunden?

M.: Ja, so könnte man es sagen.

K.: Aber was ist nun mit Behinderung, wer hat die erfunden?

M.: Keine Ahnung, Behinderung, Lernen, Verhalten, das sind Begriffe, die erfunden wurden, weil man in die Menschen nicht hineinschauen kann, das, was in der Black Box geschieht, aber gleichwohl erklären möchte.

K.: Bedeutet das, dass Behinderung eigentlich nur ein Etikett für etwas ist?

M.: Ja, das könnte man sagen.

K.: Ja und wofür?

Es gibt in der Literatur viele Vorschläge, mit dem Begriff „Behinderung" jemanden zu etikettieren. Das geläufigste Etikett ist die Annahme, Behinderung sei die Eigenschaft einer Person. In der konkreten Umgangspraxis bedeutet dies sehr häufig die Rückführung gezeigter Verhaltensweisen z.B. auf das Phänomen Blindheit. Blinde Menschen zeigen jedoch ein ebenso großes Spektrum an Verhaltensunterschieden wie z.B. braunäugige Menschen. Führe ich alle gezeigten Verhaltensweisen auf Blindheit zurück, welche Möglichkeiten für Pädagogik bleiben mir dann, da ich doch die scheinbare Ursache für all diese Verhaltensweisen, die Blindheit, nicht wegtherapieren kann?

 Die in diesem Buch vertretene **relationale Auffassung von Behinderung** lässt sich auf folgende Formel bringen: Behinderung ist der nicht gelungene Umgang mit Verschiedenheit.

relationales Behinderungs-verständnis Beeinträchtigungen werden – wie auch z.B. die Tatsache, eine andere Sprache zu sprechen, merkwürdige Dinge zu sagen oder sich ungewöhnlich zu bewegen – als Bedingungen verstanden, die ein Mensch in (soziale) Situationen einbringt. Ob der Umgang mit diesen Bedingungen gelingt, ist abhängig von allen Beteiligten und nicht nur von der Person mit ihren Bedingungen.

„Behinderung bedeutet, sozialpolitisch argumentiert, auf Beeinträchtigungen basierende Benachteiligung. Damit sind Fragen einer gelingenden Versorgung und Inklusion behinderter Menschen generell auch Teil kommunaler Politik und Verwaltung, da gerechte Teilhabeoptionen real werden sollen, die allen Bevölkerungsgruppen ohne Unterschied (d. h. gemäß menschlicher Vielfalt) zugesagt sind" (Wacker 2013, 243).

Die aus dieser Perspektive relevanten Fragen lauten auf der Interaktionsebene, ob und wie es gelingt, in einen Kommunikations- und Interaktionsprozess zu gelangen, ob und wie es gelingt, voneinander zu lernen und ob und wie es gelingt, die jeweiligen Aktivitäten und Stärken weiter zu entwickeln. Auf struktureller Ebene geht es um die Analyse benachteiligender Maßnahmen, Regeln, Gesetze und Systeme.

Wenn ein Verständnis entwickelt werden könnte, das ausgehend von den jeweils spezifischen Bedingungen, die Menschen haben, das Gelingende oder Nichtgelingende der jeweiligen Situation – in der Schule, im Unterricht, am Arbeitsplatz, zu Hause, in der Disco, im Altersheim, bei Freizeitaktivitäten – in den Blick nimmt, dann entsteht genau dort, nämlich an der Relation, der Beziehung von Umwelt und Individuum, der Anknüpfungspunkt, der Handlungsfähigkeit eröffnet. Unter Umwelt wird hier nicht nur die materiale Umwelt verstanden, sondern vor allem das soziale und psychische System, d.h. alles, was über Menschen gedacht wird, welche Vorurteile transportiert, welche Vorstellungen weitergegeben und welche Ursache-Wirkungs-Beziehungen hergestellt werden. Von einem solchen Verständnis ausgehend gibt es verschiedene Möglichkeiten für pädagogisch-therapeutisches Handeln, da nicht die Person mit ihren Bedingungen geändert werden muss, sondern an den verschiedenen Möglichkeiten des Umgangs mit den Bedingungen etwas verändert werden kann. Als Pädagogin oder Therapeut bin ich zugleich aufgefordert, mich selbst als eine Bedingung zu begreifen.

Chancen dieser Sichtweise

3.2   Der Nutzen von Klassifikationen

Klassifikationen sind der Versuch, eine einheitliche Bezeichnung und einheitliche Sprache für beobachtete Phänomene zu finden. Klassifikationen dienen vor allem dem Vergleich, aber auch der Beobachtung der Auftretenshäufigkeit und Struktur von Schädigungen. Nur wenn festgelegt ist, wer zu der Gruppe der blinden Menschen in Argentinien wie in Ghana, in China wie in Neuseeland gezählt wird, können Statistiken angefertigt und die Auftretenshäufigkeit von Blindheit oder Sehbehinderung in der Welt ermittelt werden. Klassifikationen beruhen daher auf einer Verabredung über die Aspekte, die zu einem Phänomen gezählt werden sollen.

Im Folgenden werden einige der zahlreichen und unterschiedlichen Klassifikationen im Bereich Sehschädigung dargestellt. Die Klassifikation der Weltgesundheitsorganisation, die seit 1977 gültig ist, ist in **Tabelle 2** dargestellt.

medizinische Klassifikation In der Bundesrepublik Deutschland hat sich der Begriff Sehschädigung als Oberbegriff etabliert. Unter ihm werden die Begriffe Sehbehinderung, hochgradige Sehbehinderung und Blindheit subsumiert. Bei dieser Klassifikation werden Sehschärfe (Visus) und Gesichtsfeldeinschränkungen mit berücksichtigt (Rath 1987, 19f.). Gemeinhin werden in Deutschland Klassifikationen verwendet, die sich an der Sehschärfe, genauer am Fernzentralvisus orientieren und nach optimaler Refraktionskorrektur folgende Unterscheidungen treffen:

Sehbeeinträchtigung: gröbere einseitige Sehbeeinträchtigung (1.0 auf einem Auge, 0.3–0 auf dem anderen Auge) bzw. mäßige beidseitige Sehbeeinträchtigung (0.7–0.4)

Sehbehinderung (1. Auge 0.3–0.067; 2. Auge 0.3 und weniger)

hochgradige Sehbehinderung (1. Auge 0.05–0.03; 2. Auge 0.05 und weniger)

Blindheit (auf dem besseren Auge 0.02 und weniger).

Category	Grade	Criteria (based on visual acuity [visual field] in the better eye)
Normal vision		
Normal vision	0	20/25 or better
Near-normal vision	0	20/30 to 20/60
Low Vision		
Moderate visual impairment	1	20/70 to 20/160
Severe visual impairment (legal blindness in the U.S.)	2	20/200 to 20/400
Blindness		
Profound visual impairment	3	20/500 to 20/1000 or a visual field less than 10 degrees
Near-total visual impairment	3	Worse than 1/1000 or a visual field less than 5 degrees
Total visual impairment	5	No light perception

Tab. 2: Klassifikation der WHO (nach Tielsch 2000, 7)

Solche eher medizinisch-sozialrechtlich orientierten Klassifikationen beruhen zu überwiegenden Teilen auf Visusmessungen und berücksichtigen etwa ein bis zwei weitere Sehfunktionen. Sie sind für rehabilitative und pädagogische Zusammenhänge wenig hilfreich, da sie sich lediglich auf die Kriterien der Sehschärfe und des Gesichtsfeldes beziehen und alle anderen Funktionen der visuellen Wahrnehmung außer Acht lassen (**Kap. 3.3**).

Die Kultusministerkonferenz der Länder (KMK) hat in ihren Empfehlungen zum sogenannten „Förderschwerpunkt Sehen, visuelle Wahrnehmung und Umgehen-Können mit einer Sehschädigung" (1998) folgende Definitions- und Klassifikationsvorschläge unterbreitet:

pädagogische Klassifikation

> **„Blinde Kinder und Jugendliche** können nicht oder nur in sehr geringem Maße auf der Grundlage visueller Eindrücke lernen. Sie nehmen Informationen aus der Umwelt insbesondere über das Gehör und den Tastsinn sowie über die Sinne der Haut, des Geruchs, und des Geschmacks auf".

> **„Kinder und Jugendliche mit einer Sehbehinderung** können ihr eingeschränktes Sehvermögen nutzen. Sie sind in vielen Situationen auf spezielle Hilfen angewiesen. Sie bedürfen besonderer Anleitung, sonderpädagogischer Förderung und technischer Hilfen. Dies kann auch bei Sehbehinderungen geringeren Grades notwendig sein wie bei Beeinträchtigungen des Sehvermögens beider Augen oder bei Einäugigkeit" (Drave et al. 2000, 179).

Die Tatsache, dass heute vielfach auch sogenannte visuelle Wahrnehmungsstörungen zu beobachten sind, die nicht direkt auf Schädigungen des Auges zurückzuführen sind und sich auch nicht an der Sehschärfe (Visus) festmachen lassen (**Kap. 3.5**), erfordert ein erweitertes Verständnis von Sehschädigung und eine Klassifikation, die stärker am funktionalen Sehvermögen ausgerichtet ist.

So schlägt Hyvärinen (2001) in Auseinandersetzung mit der ICF eine eher funktional ausgerichtete Klassifikation orientiert an den Aktivitäten des Kindes (Erwachsenen) in den folgenden Bereichen vor (**Abb. 18**):

funktional orientierte Klassifikation

- Kommunikation und Interaktion,
- Orientierung und Bewegung,
- alltagsbezogene Aktivitäten und
- Aufgaben in der Nähe (z.B. Lesen, Schreiben oder Nähen).

Abb. 18: Vier Anforderungsbereiche des Sehens (Hyvärinen/Jacob 2011)

Schon diese grobe funktionsorientierte Unterscheidung verdeutlicht, dass Sehen nicht gleich Sehen ist und dass für die Lösung der verschiedenen visuellen Aufgaben unterschiedliche Sehfunktionen Voraussetzung sind.

Um kommunizieren zu können werden andere visuelle Funktionen benötigt als für die Orientierung im Raum und für die Fortbewegung oder die Bewegungswahrnehmung. Um Sehen für Kommunikation nutzen zu können sind zum Beispiel Gesichtererkennung, Mimikdeutung, Wahrnehmung schneller Bewegungen (Lippenbewegungen) ebenso erforderlich wie Kontrastsensitivität und Akkommodation. Während für Aufgaben im Nahbereich, d.h. für Detailerkennung eine zentrale oder foveale Sehschärfe erforderlich ist, ist eine Orientierung im Raum auch möglich, wenn das Netzhautzentrum z.B. aufgrund einer Makuladegeneration nicht funktionsfähig ist.

Um dies herauszufinden sollten die Techniken, die die Person unter Berücksichtigung der jeweiligen Kontextbedingungen (Beleuchtung, Kontrast etc.) in diesen vier Bereichen verwendet, analysiert werden. Hierbei unterscheidet Hyvärinen zwischen nicht visuell orientierten Techniken oder sogenannten *Blindentechniken*, *Sehbehindertentechniken* und *Sehendentechniken*. **Tabelle 3** zeigt, dass z.B. eine Person mit einer degenerativen Netzhauterkrankung durchaus noch Sehendentechniken anwenden kann. Bei Dämmerung und schlechter Beleuchtung muss sie jedoch auf die anderen Techniken zurückgreifen.

Tab. 3: Sehverhalten einer Person mit einer degenerativen Netzhauterkrankung: Retinopathia Pigmentosa, Verschlechterung des peripheren Gesichtsfeldes. Im zentralen Bereich ist Sehschärfe so weit erhalten, dass bei entsprechender Beleuchtung das Lesen von Normaldruck möglich ist. (Hyvärinen 2001).

Aufgabe/Technik	Blindentechniken	Sehbehindertentechniken	Sehendentechniken
Kommunikation	bei Dämmerung	in Gruppensituationen	bei Tageslicht
Orientierung Bewegung	bei Dämmerung; Langstock	bei Blendung	bei Tageslicht
Alltagspraktische Fertigkeiten	bei Dämmerung	bei Objekten mit geringem Kontrast	Tageslicht und bei guten Kontrasten
Aufgaben im Nahbereich	bei Dämmerung	bei Aufgaben, die einen guten Überblick erfordern	bei normalen Texten und guter Beleuchtung

Nutzen von Klassifikationen

Eine solche Klassifikation hat auf der einen Seite den Vorteil, dass die Nutzung des jeweiligen Sehvermögens bzw. die Anwendung von blindenspezifischen Techniken in unterschiedlichen Bereichen geprüft wird und erfordert darüber hinaus eine genaue Beobachtung des

Menschen in unterschiedlichen Alltagssituationen. Ihre Schwierigkeit besteht in der präzisen Definition der Kategorien: Techniken des Sehens, der Sehbehinderung und der Blindheit.

Die ICF (Klassifikation der Weltgesundheitsorganisation) schlägt im Hinblick auf internationale Vergleichbarkeit Überprüfungen der verschiedenen visuellen Funktionen vor. Diese müssten, um anteriorische und posteriorische Sehschädigungen (**Kap. 3.3**) beschreiben zu können, durch Funktionsbeschreibungen ergänzt werden, die in der ICF in den Bereichen „mental functions" zu finden sind (**Tab. 4a und b**).

Tab. 4a: Visuelle Funktionen nach ICF (WHO 2005)

Sensory functions and pain (b2)	Sinnesfunktionen und Schmerz (b2)
Seeing and related functions (b210-b229)	**Seh- und verwandte Funktionen (b210-b229)**
Visual acuity functions (b2100)	Die Sehschärfe (Visus) betreffende Funktionen (b2100)
Visual field functions (b2101)	Das Gesichtsfeld betreffende Funktionen (b2101)
Quality of vision (b2102)	Qualität des Sehvermögens (b2102)
Light sensitivity (b21020)	Lichtempfindung (Lichtsinn) (b21020)
Colour vision (b21021)	Farbsehvermögen (Farbsinn) (b21021)
Contrast sensitivity (b21022)	Kontrastempfindung (b21022)
Visual picture quality (b21023)	Visuelle Bildqualität (b21023)
Quality of vision, other specified (b21028)	Qualität des Sehvermögens, anders bezeichnet (b21028)
Quality of vision, unspecified (b21029)	Qualität des Sehvermögens, nicht näher bezeichnet (b1029)

Tab. 4b: Mentale Funktionen nach ICF (WHO 2005)

Mental functions ICF (b1)	Mentale Funktionen (b1)
Orientation functions (b114)	Funktionen der Orientierung (b114)
Attention functions (b140)	Funktionen der Aufmerksamkeit (b140)
Memory functions (b144)	Funktionen des Gedächtnisses (b144)
Visual perception (b1561)	Visuelle Wahrnehmung (b1561)
(Shape, Colour)	(Form, Farbe)

Diese Beispiele machen einerseits deutlich, dass es bisher kein allgemeingültiges Klassifikationssystem gibt, und zeigen andererseits, wie sehr Klassifikationen von dem zugrundeliegenden Bezugssystem abhängig sind. Innerhalb eines medizinischen Bezugssystems scheinen die Aktivitäten der betroffenen Person und ihre Partizipation am alltäglichen Leben weniger relevant zu sein als messbare standardisierte Größen wie zum Beispiel die Sehschärfe. Diese lässt sich jedoch kaum als Grundlage für handlungsleitende Kriterien auf alltagsbezogene oder pädagogische Fragestellungen übertragen. Kinder mit einem identischen Visus, das heißt zum Beispiel einer Sehschärfe von 0.02 (1/50) in der Nähe, können aufgrund ihrer unterschiedlichen Erfahrungswelten ein höchst unterschiedliches Sehverhalten zeigen und gänzlich verschiedene Unterstützungen benötigen. Entsprechend ihres Visus werden sie im medizinischen Bezugssystem alle als blind klassifiziert. Aufgrund der Erfahrungs- und Kontextabhängigkeit der Wahrnehmung können mit Hilfe von Klassifikationen keine Aussagen über die individuelle Nutzung des jeweiligen Sehvermögens gemacht werden.

Klassifikationen machen daher nur dann eine Aussage über die Möglichkeiten und Schwierigkeiten, die eine Person hat, wenn sie sich auf Strukturen, Funktionen, Aktivität und die Partizipation beziehen und die Umweltfaktoren mit berücksichtigen. Im Allgemeinen dienen sie vor allem der Vereinheitlichung der Sprachregelungen, dem Zugang zu Hilfesystemen und dem Vergleich. Die Zuordnung einer individuellen Person zu einer Kategorie macht keine Aussage über deren individuelle Möglichkeiten.

3.3   Sehschädigungen und Auswirkungen auf visuelle Funktionen

Sehschädigung als Schädigung des Auges und des visuellen Systems

Üblicherweise stellen wir uns unter Sehschädigungen Schädigungen des Auges und Beeinträchtigungen seiner bekanntesten Funktionen wie z.B. der Sehschärfe, des Gesichtsfeldes oder des Farbensehens vor. Sehschädigung bedeutet jedoch, dass nicht nur im Auge oder auf der Netzhaut (Retina), sondern auch von dort über den Sehnerv und die verschiedenen Bahnen der visuellen Prozessierung bis zur Sehrinde und anderen visuellen Netzwerken im Gehirn, also an jeder Stelle dieses langen Prozesses, eine Schädigung, eine Läsion eintreten kann. Leider gibt es bis heute keine einheitliche Bezeichnung dieser Sehsysteme. Mit *Hyvärinen* unterscheiden wir hier *anteriorische* und *posteriorische* Sehschädigungen (siehe schematische Darstellung in **Abb. 19**).

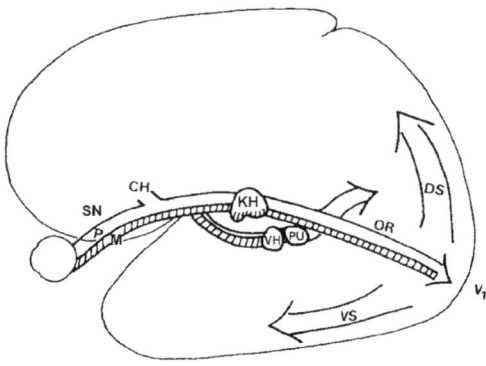

Abb. 19: Visuelle Informationsverarbeitung
(modifiziert nach
Hyvärinen 2002)

In der Netzhaut des Auges wird elektrische und biochemische Information erzeugt. Diese wandert durch den Sehnerv (SN) und die Sehnervenkreuzung, Chiasma opticum (CH), entweder zum lateralen Kniehöcker (KH) und von dort aus zur primären visuellen Gehirnrinde (V1) als retinocalcarine Bahn oder zum Vierhügel (VH) und Pulvinar (PU) als tectale Bahn, von wo aus Informationen zu verschiedenen subkortikalen Bereichen überliefert werden.

„Nach der Sehnervenkreuzung wird im lateralen Kniehöcker die von den Augen kommende visuelle Information zu einer kleineren Informationsmenge verrechnet. Die an den lateralen Kniehöcker rückgekoppelten Informationen aus der visuellen Sehrinde wirken wie ein Filter für die Funktion der Kniehöckerneuronen"(Hyvärinen 2013, 141). Diese Zusammenhänge werden meistens nicht berücksichtigt, sind aber sehr wichtig für das Verständnis des visuellen Systems. In den Neuronen der lateralen Kniehöcker werden „nur die Informationen weitergeleitet, die von den kortikalen Netzwerken abgerufen werden. Die Kniehöckerneuronen spielen also durch ihre Kommunikation mit verschiedenen Strukturen, wie der Netzhaut, der primären Sehrinde und der kortikalen Netzwerke, eine ganz zentrale Rolle im Prozess der visuellen Information" (Hyvärinen 2013, 141).

In den Sehbahnen gibt es verschiedene Nervenfasern: Etwa 80% sind dünne parvozellulare (P) (parvo=klein) Fasern, die Farb- und Schwarz-weiß-Informationen auf hohen Kontraststufen weiterleiten. Da diese Fasern dünn und die Informationsmenge hoch ist, ist die Geschwindigkeit der Übertragung relativ niedrig. Etwa 10% der Fasern sind dicke magnozellulare (M) (magno=groß) Fasern, die Bewegungsinformationen und Schwarz-weiß-Informationen auf niedrigen Kontraststufen weiterleiten. Ihre Übertragungsgeschwindigkeit ist größer als diejenige in den dünnen Fasern. In den retinocalcarinen Bahnen gibt es überwiegend parvozellulare Fasern, in den tectalen Bahnen überwiegend magnozellulare Fasern. Die retinocalcarinen Bahnen projizieren in den visuellen Kortex, das Sehzentrum. V1 ist eine sehr relevante Schlüsselstelle und zugleich eine Art Flaschenhals für die weiteren Prozesse. Die in V1 ankommenden visuellen Informationen projizieren in weitere visuelle Areale und erhalten Rückkopplungen von diesen. Im visuellen Kortex gibt es eine spezifische Aufgabenteilung, d.h. Zellgruppen, die nur für spezifische Informationen sensitiv sind, z.B. in V1 für Linienrichtungen, V2 für Linienlängen und Konturen, auch Scheinkonturen, V3 für bewegte Konturen, V4 für Farbe mit Form und V5 für Bewegung. Diese Vorgänge werden frühe Prozessierung der eingehenden Information genannt.

Die weiteren Prozesse der visuellen Informationserzeugung sind noch komplexer. Sie sind in ihrer Grundstruktur verstanden, im Detail bleiben allerdings noch viele Fragen ungeklärt. In der Grundstruktur wird gegenwärtig von drei verschiedenen großen kortikalen Netzwerken ausgegangen: Ventrale Netzwerke projizieren in den Temporallappen, dorsale Netzwerke in den Parietallappen. Das Spiegelneuronensystem (SNS) befindet sich im prämotorischen Frontallappen und in der lateralen Fissur. Diese Netzwerke übernehmen integrierende Funktionen in je spezifischen Bereichen. Die ventralen Netzwerke (VS) leisten vor allem das Wiedererkennen (Gesichter, Objekte, Formen) und die Bildanalyse. Die dorsalen Netzwerke (DS) leisten die Lokalisation und räumliche Orientierung sowie die Auge-Hand-Koordination (tektale Bahn). Das Spiegelneuronensystem erlaubt ein anderes Verständnis von Nachahmung und Wiedererkennung (Rizzolatti/Sinigalia 2008). Ventrale Netzwerke werden verkürzt als „Was"-Funktion, dorsale Netzwerke als „Wo"-Funktion beschrieben (**Abb. 20**).

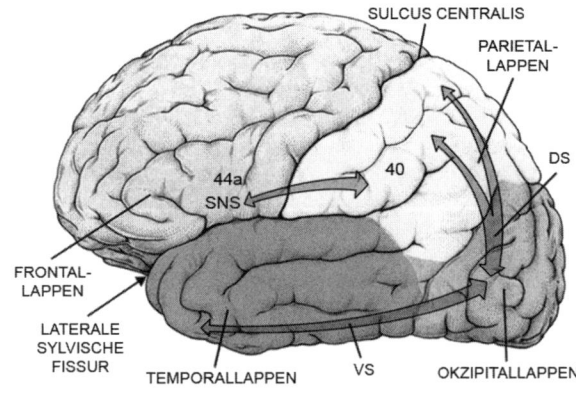

Abb. 20: Ventrale (VS), dorsale (DS) Netzwerke und Spiegelneuronensystem (SNS) (Hyvärinen/Jacob 2011, 118)

Anteriorische Sehschädigungen betreffen das Auge, den Sehnerv, das Chiasma opticum (Sehnervenkreuzung) und den Tractus opticus, **posteriorische Schädigungen** die Area Striata sowie die kortikalen und subkortikalen Netzwerke.

Die Ursachen für diese Schädigungen sind vielfältig, sie lassen sich grob in *hereditäre (vererbte), genetisch-, stoffwechsel-* und *umweltbedingte*, aber auch in *prä-, peri-* und *postnatale* Schädigungsformen einteilen. So wenig sich die verschiedenen Leistungen des visuellen Systems eindeutig voneinander abgrenzen lassen, so wenig lassen sich die Auswirkungen spezifischer Schädigungen eindeutig voneinander unterscheiden. Jeder Versuch der Charakterisierung und Zuordnung bleibt letztlich unvollständig und kann die Komplexität nicht darstellen, dennoch soll **Tabelle 5** (in Verbindung **mit Abbildung 21**) einen ersten Überblick geben.

Ursachen

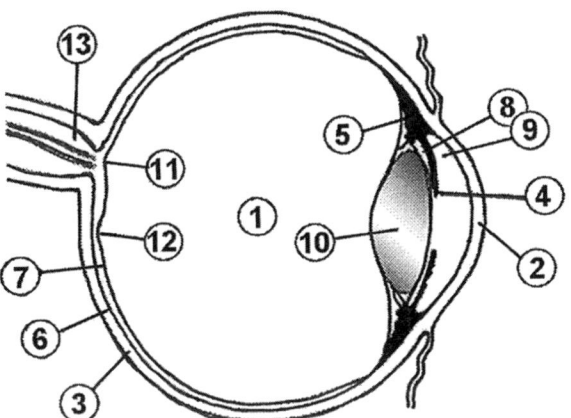

Abb. 21: Das Auge (Die Ziffern verweisen auf die in der Tabelle 5 genannten Augenabschnitte).

Tab. 5: Schädigungen und Folgen für Sehfunktionen

Ort der Schädigung	Erkrankungsbeispiele	Ursache	Betroffene Augen- bzw. Sehfunktion
Äußere Augenhaut: 2 Hornhaut 3 Lederhaut	Hornhautdegeneration, Hornhautdystrophie, Keratokonus	Hereditär, embryonale Entwicklungsstörung, Stoffwechselstörung, Entzündung, Unfälle, Fremdkörper, Infektionen, kongenitales Glaukom	Refraktion, Blendungssensitivität, Visus, Kontrastsensitivität

→

Ort der Schädigung	Erkrankungsbeispiele	Ursache	Betroffene Augen- bzw. Sehfunktion
Mittlere Augenhaut: 4 Regenbogenhaut 5 Ziliarkörper 6 Aderhaut	Iriskolobom, Aniridie, Albinismus	Hereditär, embryonale Entwicklungsstörung, Unfälle, Infektionen (Röteln, Toxoplasmose), Glaukom, Fehlbildung	Blendungssensitivität, Visus, Kontrastsensitivität, Akkommodation
Innere Augenhaut: Pigmentepithel 7 Netzhaut	Retinopathia praematurorum (ROP), Retinopathia pigmentosa (RP), Makuladegeneration, Diabetische Retinopathie	Hereditär, Entwicklungsstörung, degenerative Prozesse, Tumore, toxische Schädigungen Unreife der Retina, Blutungen, Ablatio (Netzhautablösung), Degenerative Netzhautprozesse, Stoffwechselstörungen	Visus, Gesichtsfeld, Nachtblindheit, Blendungssensitivität, Kontrastsensitivität, Hell-Dunkel-Adaption, Farbensehen, Auge-Hand-Koordination
Innenräume Medien des Augapfels: 8/9 Augenkammern 10 Augenlinse 1 Glaskörper	Katarakt, Glaukom	Hereditär, altersbedingte Veränderungen, Stoffwechselstörungen, Kortison- oder Bestrahlungsnebenwirkungen, Gefäßerkrankungen, Fehlbildungen des Kammerwinkels, andere Augenerkrankungen, z. B. ROP, Augenoperationen	Akkommodation, Kontrastsensitivität, Farbensehen, Visus, Blendungssensitivität, Gesichtsfeld
11 Nervus opticus (Atrophien)	Optikusatrophie	Hereditär, Entzündung, Tumore, Traumata, Periventriculäre Leukomalazie (PVL), Hydrozephalus, neuronale Muskelatrophien, Glaukom	Visus, Kontrastsensitivität, Auge-Hand-Koordination, Stereosehen, Gesichtsfeld (monokular od. binokular)
Chiasma		Tumore, Aneurysma, Traumata, Entzündungen (Meningitis)	Gesichtsfeld monokular bzw. ipsilateral, Visus, Kontrast sensitivität oder Gesichtsfeld binokular (typisch: bitemporale Hemianopsie)

Ort der Schädigung	Erkrankungsbeispiele	Ursache	Betroffene Augen- bzw. Sehfunktion
Tractus opticus		Embryonale Entwicklungsstörung, Tumore, Durchblutungsstörungen (infolge Sauerstoffmangels), Schädel-Hirn-Traumata, Entzündungen (Meningitis)	Gesichtsfeld binokular (homonyme Hemianopsie), Visus, Kontrastsensitivität
Posteriorische Schädigungen			
Sehstrahlung		Durchblutungsstörungen, Infektionen, Traumata	Gesichtsfeld
Area striata		Embryonale Entwicklungsstörungen, Durchblutungsstörungen infolge Sauerstoffmangels, Entzündungen, Tumore, Folgen von Operationen und invasiven neurologischen und vaskulären Untersuchungen	Gesichtsfeld (homonyme Hemianopsie), Augenstellung (Suppression = Unterdrückung des schielenden Auges, Amblyopie), Visus, Binokularsehen
Visuell-assoziative Cortexareale Occipitotemporale Areale		Embryonale Entwicklungsstörung, Gehirnblutungen, Tumore, Traumata, Entzündungen (Enzephalitis), Schädel-Hirn-Traumata	Form- und Farbwahrnehmung, Objekt- und Gesichterwahrnehmung, Figur-Grundwahrnehmung, Bewegungswahrnehmung
Occipito-parietale Areale Störungen der Augen- und Blickmotorik Strabismus	Strabismus, Nystagmus (Sakkaden, Folgebewegungen)	Hereditär, Fusionsschwäche, Refraktionsanomalien, prä-, peri-und postnatale Schädigung, Entwicklungsstörung, Enzephalitis, Periventriculäre Leukomalazie (PVL), Tumor, Asphyxie, Visusbeeinträchtigung, motorischer Nystagmus, Hirnschädigungen	Raumwahrnehmung, visuelle Orientierung, visuelle Karte der Augenbewegungen Binokularsehen, Visus, Lesevermögen

angeboren vs. erworben

Ein weiterer wesentlicher Unterschied ist in dieser Übersicht vernachlässigt: die Frage, ob es sich bei der Schädigung um eine kongenitale, d.h. angeborene, oder um eine erworbene Sehschädigung handelt. Bei der erworbenen Sehschädigung ist der Zeitpunkt insofern entscheidend, als davon ausgegangen wird, – ohne dies genau überprüfen zu können – dass eine erworbene Sehschädigung vor dem dritten (in einigen Beiträgen vor dem fünften) Lebensjahr bedeutet, dass ein Kind über keine visuelle Erinnerung mehr verfüge (Gruber/Hammer 2000).

Dennoch hat ein Kind, das zum Beispiel mit dem dritten Lebensjahr erblindet, unter Sehbedingungen Laufen gelernt, seine Greifmotorik mit Hilfe des Sehens entwickelt, sehr viele weitere Dinge in visuomotorischer Koordination gelernt, ja bereits auch ein Raumkonzept visuell entwickelt und verfügt damit über völlig andere Bedingungen als ein Kind, das all diese Fähigkeiten ohne Sehvermögen gelernt hat. Das Fehlen einer den üblichen Meilensteinen folgenden Entwicklung der visuellen Wahrnehmung ist nicht mit der Beeinträchtigung der Sehleistung eines Menschen zu vergleichen, der bis zu dem Zeitpunkt des Auftretens der Schädigung eine ausgebildete visuelle Wahrnehmungsfähigkeit hatte (Cattaneo/Vecchi 2011, 155ff.).

3.4 Diagnosen

Verschiedene Sehschädigungen und ihre Ursachen zu kennen, mit Klassifikationen umgehen zu können, ist ein wichtiges Element innerhalb der Pädagogik bei Blindheit und Sehbeeinträchtigung, es basiert auf einer guten und spezifischen Diagnostik. Mit Fragen der Diagnostik wollen wir uns daher zunächst beschäftigen, bevor wir detaillierter nach den möglichen Auswirkungen einzelner Schädigungskomplexe fragen.

Begriffsklärung

Diagnosen beziehen sich auf die Unterscheidungen, die Klassifikationen vorgeben, stellen jedoch primär einen Ursache-Wirkungszusammenhang eines speziellen Problems her.

> **Diagnose** – schon eine etymologische Perspektive zeigt wesentliche Bestandteile des heutigen Bedeutungszusammenhangs auf. Diágnosis (gr.) bedeutet: „unterscheidende Beurteilung, Erkenntnis". Das dem Begriff diágnosis zugrunde liegende Verb gi-gnoskein bedeutet: erkennen, so dass dia-gnostizieren heißt: „durch und durch erkennen". Das Verb steht etymologisch in enger Verbindung zu „können" und dem Substantiv gnomon (Kenner, Beurteiler, Richtschnur), woraus sich später das lateinische Substantiv norma (Richtschnur, Regel) nhd. „Norm" entwickelt hat (nach: Duden Etymologisches Wörterbuch).

Hieraus können wir in einem ersten Schritt folgern:
1. Diagnostik, diagnostizieren hat mit unterscheiden, erkennen zu tun.
2. Der Begriff bedeutet „durch etwas hindurch erkennen" und bedarf daher einer Könnerschaft.
3. Er hängt nicht nur inhaltlich, sondern auch etymologisch mit dem Begriff Richtschnur, Norm zusammen.

Im medizinischen Kontext wird von einer Diagnose gesprochen, wenn die folgenden Bedingungen erfüllt sind: **medizinische Diagnose**
1. Ein Phänomen muss klassifizierbar sein, d.h. es müssen sich unterscheidbare Einheiten bilden lassen.
2. Das Phänomen oder das identifizierte Symptom sollte als Element eines Ursachengefüges bestimmbar sein.
3. Es muss Verfahrensweisen geben, die das Phänomen als ein einer Untersuchung würdiges herauspräparieren, d.h. eine Untersuchung muss möglich sein.
4. Es muss möglichst die Idee von Veränderung, d.h. die Idee von Therapie geben – d.h. es verbindet sich damit die Idee des weiteren Verlaufs. Diagnosen werden als Voraussetzung therapeutischen Handelns gesehen. Diagnose zielt auf Therapie ab und steht daher auch zu dieser in einer Beziehung.

Um Abweichungen oder Auffälligkeiten erkennen zu können, benötige ich ein Ordnungssystem, einen Interpretationshintergrund, der es mir erlaubt, eine lineare Beziehung zwischen Anzeichen und Zeichen herzustellen, etwas als etwas zu identifizieren, d.h. das Anzeichen als ein Phänomen zu begreifen, das gewissermaßen zwangsläufig zu dieser oder jener Krankheit, diesem oder jenem Problem wird (Engelhardt/Schipperges 1980, 109ff; Schmoll/Kuhlmann 2005).

Ein zweiter Kontext, der mit Diagnosen arbeitet, ist der sonderpädagogisch-psychologische. Auch hier gibt es Vorstellungen von Diagnostik und dem Nutzen und Zweck von Diagnosen. Die sonderpädagogische Diagnostik geht, ähnlich wie die medizinische, von zwei Prämissen aus: **sonderpädagogisch-psychologische Diagnose**

1. Je früher eine Störung festgestellt wird, umso wirkungsvoller kann ihr begegnet werden.
2. Je genauer sie definiert werden kann, umso eindeutiger und zielgerichteter können auch die Fördermaßnahmen geplant und durchgeführt werden (Brack 1986; Hiller et al. 2008).

Diagnose und Behandlung

Dabei scheinen Diagnose und Behandlung bzw. Förderung eine sich gegenseitig bedingende Einheit zu bilden. Die genaue Diagnose bereitet die Entscheidungsgrundlage für die einzuleitenden Fördermaßnahmen. Sie ist das Instrument, um die bestmögliche Handlungsalternative zu identifizieren. Diagnosen werden damit zur notwendigen und unabdingbaren Voraussetzung für pädagogisch-therapeutisches Tun. Umgekehrt wiederum liefert die Idee, durch Behandlung im positiven Sinne verändernd wirken zu können, die Begründung für die Notwendigkeit einer genauen Diagnose. Nur wer weiß, wie es um das Störungsbild eines Kindes bestellt ist, kann effiziente Maßnahmen begründen, kann sie konkret planen und kontrollieren (Klaes/Walthes 1998).

In dieser wechselseitigen Bedingtheit von Diagnostik und Behandlung bzw. Förderung erscheinen Diagnosen als gesicherte Aussagen über die Verfassung, Zustände und Eigenschaften einer Person und schreiben den zur Veränderung eingeleiteten Behandlungen und Maßnahmen die gewünschte Wirksamkeit zu. Diese Realitätsbeschreibung liefert Aussagen über das, was ist, aber möglichst so nicht sein sollte, und über das, was nicht ist, aber möglichst sein sollte.

Die Logik von Diagnose und Behandlung beruht demnach auf drei Annahmen, die allerdings meistens nicht reflektiert werden:

1. Diagnosen bilden die Wirklichkeit des Klienten ab.
2. Es gibt eine bessere Wirklichkeit für den Klienten.
3. Durch entsprechende Einflussnahmen sind gewünschte Wirkungen produzierbar.

systemisches Diagnoseverständnis

In der Diskussion um Diagnosen im psychologischen und pädagogischen Kontext wird auch eine systemische Perspektive diskutiert, die sich verkürzt folgendermaßen zusammenfassen lässt (Klaes/Walthes 1998):

1. Diagnosen sind Beschreibungen eines Beobachters über das, was er mit Hilfe seiner Brille, d.h. seiner Vorannahmen, seiner Theorien, seines Wissens und seiner Erfahrung beobachtet. Diagnosen sind somit abhängig vom jeweiligen Diagnostiker.
2. Diagnosen bilden Wirklichkeit nicht ab, sondern sie schaffen sie. Diagnosen haben Wirkung, d.h. sie gestalten Wirklichkeit (Klaes/Walthes 1998; Schiepek 1987).

Dell macht den Wirkungsaspekt von Diagnosen an folgendem Beispiel deutlich: „Sagen Sie einem Kaninchen: ‚Du bist krank' und warten Sie, was passiert – vermutlich nichts. Wenn Sie aber zu einem anderen Menschen sagen: ‚Dein Kaninchen ist krank‘, wird vermutlich etwas passieren. Am interessantesten ist der Fall, wo ein Mensch zu einem anderen sagt: ‚Du bist krank‘, weil diese Diagnose unweigerlich dazu führt, dass der Betroffene sein Verhalten verändert und dies wiederum ein verändertes Verhalten seines Gegenübers zur Folge hat usw." (1986, 30).

„Heute weiß ich", sagte ein befragter Vater im Rahmen eines Interviews, „wenn man Entwicklung bezweifelt, dann tritt sie auch nicht ein. Wenn man sagt, das wird nichts mehr, dann schafft man es auch, dass es nichts mehr wird" (Walthes/Klaes 1994, 148).

Mit dieser Aussage wird auf die *wirklichkeitskonstruierende Seite der Erwartung aufmerksam* gemacht und beschrieben, was von Goffman „self-fulfilling prophecy" (1975) genannt wurde. Dieser Begriff meint, dass das, was ich prophezeie, sich erfüllen wird, da ich selbst – ohne es absichtlich zu wollen – dafür Sorge trage, dass es so kommt, wie ich es befürchte.

self-fulfilling prophecy

Diagnosen sind nicht nur Sprachregelungen, die mit dem Ziel getroffen werden, Ordnung in die verwirrende Vielfalt der Wahrnehmungen zu bringen. Diagnosen haben für diejenigen, die mit dieser Diagnose leben müssen, Wirkung, vor allem dann, wenn sich mit ihr keine Aussicht auf Heilung verbindet. Mit der Diagnose Blindheit oder Sehbehinderung endet für die Ärzte meist der Interventionsprozess, wenn operative oder medikamentöse Maßnahmen ausgeschöpft sind, da sie an der Schädigung prinzipiell nichts ändern, sondern lediglich Hilfsmittel verordnen können, die das Leben mit dieser Bedingung erleichtern. Eine solche Diagnose ist daher nicht nur für die Betroffenen und deren Angehörige eine schwierige, sondern auch für die diagnostizierenden Ärzte. Dennoch können Diagnosen für alle Beteiligten plausibel und nachvollziehbar sowie hilfreich und nützlich sein, wenn sie die folgenden Bedingungen erfüllen (Klaes/Walthes 1998):

1. Diagnosen können und sollen keine generalisierbaren Zustandsbeschreibungen sein, sondern flexible Deutungen, die auf das konkrete Problem in seinem spezifischen Kontext bezogen sind: Sie gestalten als Kommunikationsbeitrag das Problem mit und sind immer wieder neu auf Veränderung und nicht auf gleich bleibende Zustände bezogen. Die Ontologisierungen, die tendenziell in der nicht-systemischen Diagnostik vorherrschen, zeigen sich bereits im Sprachgebrauch. Das Kind ist hyperaktiv, körperbehindert, ist autistisch, verhaltensgestört, ist neurotisch, auffällig etc. Einem systemischen Verständnis zufolge ist das Kind, wie es ist. Und dieses Sein passt zu den Situationen, in denen es sein persönliches Verhalten **zeigt**. Dies sind nicht nur Formulierungsunterschiede, sondern hier kommen fundamental verschiedene Perspektiven zur Sprache. Hieraus folgt:

2. Diagnosen können und sollen der Komplexität der beobachteten Zusammenhänge gerecht werden: Bronfenbrenner hat in seiner „Ökologie der menschlichen Entwicklung" (1981) sehr eindrücklich deutlich gemacht, wie die Bedingungen von Testsituationen das Verhalten aller Beteiligten verändern und dies oftmals so stark, dass die Beteiligten ein der Testsituation entsprechendes Verhalten zeigen, das mit ihrem sonstigen Verhalten nichts zu tun hat. Die Fähigkeit, sich kontextabhängig zu verhalten, ist eine Fähigkeit, die Kinder in hohem Maße beherrschen. Beispielsweise regen Sehschärfeprüfungen Kinder dazu an, Ehrgeiz beim Erkennen der Sehzeichen zu entwickeln, um den Test gut und richtig zu bestehen. Die Anstrengung kann aber geradezu kontraproduktiv wirken, indem die Kinder beispielsweise zu sehr akkommodieren, sich der Nystagmusausschlag verstärkt und die Frustrationserlebnisse bei Nichterkennen Auswirkungen auf das Selbsterleben und Selbstbewusstsein haben können. Man sollte daher nicht das Verhalten in der Prüfungssituation generalisieren und Schlussfolgerungen auf das alltägliche Sehverhalten ziehen.

3. Diagnosen können und sollen von den Beteiligten gemeinsam entwickelt werden: Dies bedeutet nicht mehr und nicht weniger als Verzicht auf hierarchische Strukturen und Definitionsmacht der Professionellen. Stattdessen sind die Klienten Mitbeobachtende und Mitdiagnostizierende, denn sie haben das größte Wissen um ihre Situation, die meiste Erfahrung im Umgang mit sich selbst. Bezogen auf die Frühfördersituation sind dies die Eltern. Professionelle sind aus systemischer Sicht dann nützlich, wenn sie den Betroffenen ermöglichen, tragfähige Sichtweisen auf das Problem zu entwickeln (Anderson/Goolishian 1992, Schweitzer/Nicolai/Hirschenberger 2005).

 „Und dann hat man es uns erklären wollen: ‚Jetzt schauen wir das rechte Auge an, dann sehen Sie überhaupt mal, wie ein gesundes Auge aussehen soll.' Und dann stellen sie per Zufall fest, dass eben das rechte Auge auch nicht stimmt – und dann kommen lauter Ärzte, ich glaube zehn sind es bald gewesen, alle mit Titel und es hat keiner was zu mir gesagt – die haben halt in ihrem Ärztelatein geredet und ich bin in der Mitte gehockt mit der Kleinen, habe überhaupt nicht gewusst, was vor sich geht (M34)" (Walthes/Klaes 1994, 166).

4. Diagnosen können und sollen ressourcenorientiert sein: Diese Forderung basiert auf der Annahme, dass der Blick auf die produktiven Möglichkeiten zu veränderten Wahrnehmungen der Situation führen kann, die wiederum neue Handlungsspielräume eröffnen. Selbstverständlich bedeutet dies nicht, dass zum Beispiel der Blick auf das, was ein blindes Kind kann, dazu führt, dass es nun sehen könnte. Ob ich aber ein Kind unter der Perspektive betrachte, dass es beim Gehen zu 90% nicht von sich aus und alleine geht, oder ob ich den Blick auf die 10%ige Ausnahme richte, das macht einen erheblichen Unterschied. Frage ich z. B. nach den Ausnahmen, dann erfahre ich, dass es sich dann mit Sicherheit alleine aufmacht, wenn es irgendwo Musik hört und zu der Musikquelle hinläuft, gleichgültig, wie viele Hindernisse zwischen ihm und der Musikquelle sind. Ob dies zu Hause, bei Freunden oder in einem großen Konzertsaal ist, macht keinen Unterschied. Und genau dies eröffnet neue Fragen, neue Handlungsmöglichkeiten.

5. Diagnosen können und sollen neue Handlungsmöglichkeiten eröffnen, nicht verschließen. Nur dann sind sie nützlich:

- „Machen Sie sich mal nicht zu viel Hoffnungen, da wird nichts draus."
- „Sie müssen sich damit abfinden, Ihr Kind ist geistig behindert."
- „Ihr Kind ist blind, hängen Sie ihm ein Glöckchen an den Laufstall."

Zuschreibungen solcher Art eröffnen keine Handlungsmöglichkeiten, sie verhindern sie eher.

„Ich habe einmal erlebt – und das habe ich wirklich als sehr positiv erfahren – dass ein Arzt auf ganz andere Art und Weise auf uns eingegangen ist. Er sagte: ‚Es ist ja vielleicht auch spannend, ein Kind zu begleiten, was anders ist in der Entwicklung und was man dafür tun kann.' In dem Moment habe ich zwar auch geschluckt, aber es war wie so ein Auftrieb, und ich dachte, das stimmt eigentlich, man kann sich darauf einlassen.[...] ich habe mich daran immer wieder erinnert und es als sehr hilfreich und gut empfunden, zu spuren, dass er das nicht als eine völlige Katastrophe ansieht, ohne es zu beschönigen, es also realistisch zu nehmen, aber eben auch die positive Seite zu sehen" (Walthes/Klaes 1994, 172).

Diagnostische Verfahren innerhalb der Rehabilitation und Pädagogik bei Sehbeeinträchtigung können in *medizinische, augenärztliche Diagnostik* und *funktionale* Diagnostik unterteilt werden.

augenärztliche Diagnostik

Die augenärztliche (ophthalmologische) Diagnostik bezieht sich im Wesentlichen auf die Feststellung der Art und des Ausmaßes der Sehschädigung sowie auf eine gründliche Untersuchung der sogenannten äußeren Augenabschnitte und des Augenhintergrundes, leitet operative Maßnahmen ein und bestimmt die Medikamentierung. Sie stellt in der Regel die Sehschärfe (Fern- und Nahvisus) fest, überprüft Gesichtsfeld, Farbensehen, wie auch die Okulomotorik und verordnet entsprechende optische Hilfsmittel. Ophthalmologische Diagnostik ist unverzichtbar und steht meist am Beginn eines rehabilitativen oder pädagogischen Prozesses.

funktionale Diagnostik

Um jedoch genauer zu überprüfen, wie das Kind in welchen Situationen visuell tätig ist, wird eine sogenannte funktionale Diagnostik benötigt. Funktionale Diagnostik ist im Unterschied zur medizinischen Diagnostik prozess- und alltagsorientiert, sie kann verstanden werden als eine kontextuale Diagnostik, die das individuelle Sehvermögen unter den spezifischen Bedingungen überprüft, unter denen es tatsächlich eingesetzt wird.

Funktionale Diagnostik versucht differenziert herauszufinden, welche visuellen Funktionen unter welchen Bedingungen gezeigt bzw. nicht gezeigt werden können. Funktionale Diagnostik ist erstens **testbezogen**, d.h. sie nutzt Verfahren, die Werte ermitteln, wie z.B. Sehschärfewerte oder Kontrastsensitivität oder Farbensehen. Zweitens ist sie **aufgabenbezogen**, d.h. sie prüft unter welchen Bedingungen wie z.B. Beleuchtung, Vergrößerung, Entfernung, Position welche Aufgaben gelöst werden können. Drittens ist funktionale Diagnostik **strategiebezogen**, d.h. sie beobachtet, welche visuellen oder ggf. auch motorischen Strategien ein Kind zeigt, das mit einem Test, einer Aufgabe konfrontiert wird.

Dazu gehören Überprüfungen der Okulomotorik, auch Verfahren des preferential looking, aber auch Beobachtungen des visuellen Verhaltens von Kindern in freien Situationen (Zögern bei Treppen, Augenkneifen bei Helligkeit, Vermeidung von Blickkontakt etc.) Es geht vor allem darum, wie das Sehen in den unterschiedlichsten alltäglichen Situationen, d.h. unter optimalen, aber auch unter nicht optimalen Bedingungen eingesetzt werden kann. Ziel ist es, Erkenntnisse für Unterstützungsmaßnahmen und den Einsatz von Hilfsmitteln zu gewinnen.

Schwierigkeiten bei der Diagnose

So kann es vorkommen, dass der Augenarzt die Diagnose Blindheit stellt, obwohl bei der Beobachtung im Alltag visuelle Orientierungs- und Erkennungsleistungen des Kindes festzustellen sind. Dies kann verschiedene Ursachen haben. So bedeutet zunächst die Diagnose Blindheit nicht, dass ein Kind *amaurotisch* blind ist, d.h. *keine Lichtscheinwahrnehmung* hat. Es könnte sein, dass das Kind in der Untersuchungssituation so müde, irritiert oder in einer Verfassung war, die ihm die Mitarbeit bei der Untersuchung erschwerte. Möglich ist auch, dass es auf die üblichen standardisierten Testverfahren nicht reagiert. Es kann sein, dass das Kind bei unterschiedlichen Beleuchtungsverhältnissen je spezifische Sehleistungen zeigt (**Tab. 3**), dass es bei Gegenständen, die ihm bekannt sind, anders reagiert, als bei ihm unbekannten Gegenständen. Es ist denkbar, dass das Kind mit anderen Leistungen, z.B. den Kopf gerade zu halten, so sehr gefordert ist, dass es eine Sehleistung nicht mehr zeigen kann und vieles mehr. Insbesondere bei Kindern mit komplexen Beeinträchtigungen kann es schwierig sein, eine zuverlässige Diagnose zu stellen. Deshalb sollten Säuglinge und Kleinkinder in ihrer vertrauten Umgebung mehrmals beobachtet und diagnostiziert werden.

Hyvärinen schlägt vor, genau zu untersuchen, ob und wie das vorhandene Sehvermögen für Kommunikationssituationen genutzt werden kann, ob Gesichtsausdrücke, Mimik, Lippenbewegungen erkannt werden können, ob und wie das Sehvermögen für die Orientierung eingesetzt werden kann. Dies ist in einem Raum schon dann der Fall, wenn Fenster als helle Flecken erkannt werden oder wenn große Gegenstände und vor allem Bewegungen gesehen werden können. Ist das Sehvermögen ausreichend, um mit üblichem Spielzeug zu spielen oder zu kochen, zu schneiden, d.h. kann es für *alltagsbezogene Aktivitäten* genutzt werden und wenn ja, wie? Für Kinder im Schulalter, Jugendliche, Erwachsene und alte Menschen stellt sich schließlich die Frage, wie das Sehvermögen beschaffen ist, wenn es um *Aufgaben in der Nähe*, um Basteln, Lesen oder Computerarbeit geht. **Aufgaben der funktionalen Diagnostik**

Da die Überprüfung des Sehvermögens überwiegend auf Testverfahren basiert, die eine aktive Beteiligung und möglichst auch verbale Auskunft der betroffenen Person erfordern, erweist sich die Diagnostik bei Säuglingen, Kleinkindern und nichtsprechenden Menschen als kompliziert und bedarf einer genauen Kenntnis der Reaktionen des Gegenübers und der Situation sowie des Einsatzes verhaltensbasierter Überprüfungsverfahren. Um einen umfassenden Eindruck von den visuellen Fähigkeiten des Kindes zu bekommen, empfehlen Hyvärinen/Jacob (2011) Beobachtungen und Untersuchungen unter optimalen und suboptimalen Bedingungen bezüglich der Wachheit, Aufmerksamkeit des Kindes und der Umgebungsbedingungen (z.B. Helligkeit, Beleuchtung).

Vor jeglicher Überprüfung des Sehvermögens sollten die Verfassung des Kindes, seine bevorzugte Kommunikationsweise und vor al- **visuelle Sphäre** lem seine visuelle Sphäre, d.h. der Bereich, in dem das Kind visuelle Informationen nutzen kann, ermittelt werden. Dies ist wichtig, um Anforderungen an das Kind zu vermeiden, die dieses nicht erfüllen kann und die andernfalls zu Frustrationserlebnissen führen. Wenn eine Gesichtsfeldeinschränkung vorliegt und das Kind Sehangebote immer in diesem Bereich erhält, dann muss es jedes Mal Korrekturbewegungen machen, die mit Anstrengung verbunden sein können, um der Aufgabe gerecht zu werden.

Insgesamt geht es bei dieser alltagsnahen Überprüfung des Sehens darum, die jeweils optimalen Bedingungen für spezifische Anforderungen zu finden, gleichgültig, ob das Anliegen darin besteht, wieder Zeitungstexte lesen zu können oder sich Informationen im räumlichen Umfeld zu beschaffen, ob Computerarbeit im Zentrum der beruflichen Tätigkeit steht oder die Nutzung von Symbolen bei der Unterstützten Kommunikation.

In Auseinandersetzung mit der ICF wurden unterschiedliche Profile visueller Funktionsfähigkeit erarbeitet und vor allem für die interdisziplinäre Zusammenarbeit genutzt. Das differenzierteste Profil mit 77 Funktionen haben Hyvärinen und Jacob (2011) vorgelegt und verdeutlichen damit, wie detailgenau eine Beobachtung bzw. Überprüfung erfolgen sollte. Petz (2013) entwickelt mit einem adaptierten Funktionsprofil ein Verfahren für pädagogisch-therapeutische Kontexte (s. auch Freitag et al. 2013).

Testverfahren   **Tabelle 6** zeigt, welche Sehfunktionen bei einer funktionalen Diagnostik überprüft werden sollten. Hierbei ist darauf zu achten, dass in den jeweils relevanten Sehentfernungen, zum Beispiel dem Greifraum oder der Leseentfernung, geprüft wird.

Funktion	Testverfahren
Visus • Einzeloptotypen • Nähe und Ferne • Ferne	Lea Symbols Flashcards / Playing Cards/ Domino Cards, C Test nach Haase/Hohmann, Snellen E Haken, Pflüger E Haken
Reihenoptotypen Ferne	Lea Symbols Line Distance Chart, HOTV Massachusetts Distance Acuity Card, Visustafeln mit Zahlen, Buchstaben, Landoldtringen, Lea Symbolcards, C-Test nach Haase/Hohmann
Reihenoptotypen Nähe	Lea Symbols Near Vision Cards, Landoldt C Near Vision Card, Lea Numbers Near Vision Card, C-Test nach Haase/Hohmann

Funktion	Testverfahren
Reihenoptotypen Nähe	Lea Symbols Near Vision Cards, Landoldt C Near Vision Card, Lea Numbers Near Vision Card, C-Test nach Haase/Hohmann
Crowding	Lea Screening Standard Line Test 50% 25% spacing, C-Test nach Haase/Hohmann
Gittersehschärfe	Lea Grating Acuity Test, Teller-AcuityCards (TAC)
Visusäquivalent	Punkteeerkennung (PET) nach Zwick/Fertig , Cardiff Acuity Cards (Bilderkennung)
Kontrastsensitivität	Cambridge Line Test, Lea Low contrast visual acuity charts, Lea Low Contrast Gratings, Lea Hiding Hidi Low Contrast Face Test, MARS Kontrasttest (Buchstaben und Zahlen)
Farbensehen	Waggoner Colour Vision Test, Farbtafeln nach Ishihara Colour Vision Test PV16
Farbe und Form Form (mit Farbe und schwarz-weiß)	Lea Puzzle
Hell-Dunkel Adaption	Cone Adaptation Test
Linienrichtungen ohne und mit Handfunktion	Lea Gratings und Lea Mailbox
Linienlängen	Lea Rectangles
Mimik erkennen	Heidi Expression Test
Bewegungssehen Form in Bewegung Biologische Bewegung	Lea Pepi Johansson's walking men
Binokularsehen ⊙ Simultansehen ⊙ Fusion ⊙ Stereosehen	Bagolini (Lichtschweiftest) Worth-Test Lang-Stereo-Test, TNO- Test, Titmus-Stereo-Test
Gesichtsfeld: Peripheres Gesichtsfeld: Zentrales Gesichtsfeld	Vice versa, Tangent-Screen, Bjerrum Screen Kampimeter, Nef Trichter, Lea Flicker Wand Amsler Gitter Test

Tab. 6: Testverfahren zur Überprüfung der Sehfunktionen (Auswahl)

3.5 Sehschädigungen und visuelle Funktionsbeeinträchtigungen

In diesem Kapitel sollen einige der bekanntesten und häufigsten Sehschädigungen und visuellen Funktionsbeeinträchtigungen vorgestellt werden. Die Balance zwischen einer Einführung in pädagogische Fragestellungen, einer Pädagogik bei Blindheit und Sehbeeinträchtigung und ophthalmologischem Grundwissen ist schwer auszuloten, da für ein Verständnis einzelner Schädigungen biologisches Basiswissen über den Aufbau des Auges und Sehsystems, grundlegende Kenntnisse über Optik und Lichtbrechung und neurobiologisches Basiswissen über neuronale Prozesse erforderlich sind. Auf dieses Basiswissen kann hier nicht eingegangen werden. Zur Lektüre werden folgende Beiträge empfohlen:

Hyvärinen, L.; Jacob, N. (2011): WHAT and HOW Does This Child See? Assessment of Visual Functioning for Development and Learning. Helsinki: VISTEST Ltd

Krieglstein, G.; Jonescu-Cuypers, Ch. (1999): Atlas der Augenheilkunde. Berlin: Springer

Küchle, H. J.; Busse, H.; Küchle, M. (1998): Taschenbuch der Augenheilkunde. 4. Aufl. Bern u.a.: Hans Huber

Reim, M. (1989): Augenheilkunde. 2. Aufl. Stuttgart: Enke

Zihl, J.; Mendius, K.; Schuett, S.; Priglinger, S. (2011): Sehstörungen bei Kindern. Visuoperzeptive und visuokognitive Störungen bei Kindern mit CVI. 2. Aufl. Wien, New York: Springer

3.5.1 Schädigungen des Auges

Im Folgenden können nur einige der vielfältigen Schädigungen kurz benannt und beschrieben werden. Die Kenntnis möglicher Schädigungen, ihrer Ursachen und der damit möglicherweise einhergehenden Probleme ist wichtig, auch wenn jeder Mensch sich mit der Bedingung, die seine Sehschädigung darstellt, anders auseinander setzt und damit anders umgehen wird. Okulare Schädigungen waren bis etwa 1980 die vorherrschenden Sehschädigungen in den Industrienationen, und sie sind es heute noch, weltweit betrachtet.

Katarakte Katarakte (Grauer Star) stellen mit insgesamt etwa 51% weltweit die größte Gruppe der Erblindungsursachen vor allem in den afrikanischen und asiatischen Ländern dar (**Kap. 3.7**). Die Ursachen für diese

Linsentrübung sind vielfältig, neben den hereditären herrschen in den Industrienationen altersbedingte Katarakte und in den afrikanischen und asiatischen Ländern ernährungs- und stoffwechselbedingte Katarakte vor. Da Katarakte operativ gut zu behandeln sind, liegt es vor allem an der mangelnden medizinischen Versorgung, dass weltweit 13,8 Mio. Menschen auf Grund dieser Augenkrankheit erblinden (Tielsch 2000; WHO 2012).

Das Glaukom (Grüner Star) ist ebenfalls ein häufig auftretendes **Glaukom** Krankheitsbild. Infolge von Fehlbildungen des Kammerwinkels und der Kammerwasserzirkulation erhöht sich der Augeninnendruck, der üblicherweise zwischen 15 und 18 mm hg liegt. Hornhautschädigungen und Schädigungen des Sehnervs sind mögliche Folgen. Glaukome können sich auch in der Folge von anderen Augenerkrankungen oder Augenoperationen entwickeln. Das Problem besteht darin, dass – sofern nicht ein sehr schmerzhafter Glaukomanfall vorliegt – die Erhöhung des Augeninnendrucks oft erst dann bemerkt wird, wenn Schädigungen bereits eingesetzt haben.

Netzhauterkrankungen, sogenannte *Retinopathien*, sind eine weitere Gruppe der Schädigungen des Auges. Hier gibt es einige sehr typische Schädigungsgruppen: a) die Frühgeborenenretinopathien (Retinopathia praematurorum), b) Makulopathien und c) Retinopathia Pigmentosa.

Hier liegt eine Veränderung der Netzhaut durch Gefäßproliferationen **a) Retinopathia** mit Narbenbildung vor, die bis zur vollständigen Ablösung der Netz- **praematurorum** haut führen können. Als Ursachen werden vor allem zu hohe Sauerstoffgaben diskutiert, ferner aber auch der Einfluss von Licht auf das noch unentwickelte Auge und die Auswirkungen von lebensnotwendigen Medikamenten. Die Retinopathia praematurorum wird in fünf Stadien unterteilt:

- Stadium 1: eine deutliche Demarkationslinie zwischen durchbluteten und nichtdurchbluteten Bereichen der Netzhaut (bildet sich meist zurück);
- Stadium 2: statt einer Linie bildet sich eine Leiste (ebenfalls Rückbildung);
- Stadium 3: trübende Gefäßneubildungen in den Glaskörper;
- Stadium 4: nachgeburtliche Gewebestrukturen führen zur Ablösung der Netzhaut;
- Stadium 5: totale Netzhautablösung und weitgehende Eintrübung des Glaskörpers, Gefahr der Entwicklung eines Sekundärglaukoms (Gruber/Hammer 2000).

Stadium 3 und 4 haben Sehbeeinträchtigungen und oftmals auch Gesichtsfeldeinschränkungen zur Folge, Stadium 5 bedeutet Blindheit.

b) Makulopathie In der Makula ist die Sehzellendichte am größten. Der größte Anteil der Zellen (Zapfen) für helles Licht und Farben ist dort ebenfalls vorhanden (**Abb. 22**). Daher betreffen Schädigungen der Makula das zentrale Sehen und führen zu Einschränkungen beim Lesen und Farbensehen.

Am häufigsten sind Formen der altersbedingten Makuladegeneration zu finden. Es gibt jedoch auch Formen der Makuladegeneration im Kindesalter (Stagardtsche Erkrankung, Zapfendystrophie), die alle zur Einschränkung des Farbensehens, zu Visuseinschränkungen, dem Verlust von Kontrastsensitivität und zur Erhöhung der Blendungsempfindlichkeit führen.

c) Retinopathiapigmentosa Dies ist eine degenerative Erkrankung der Retina, genauer des Pigmentepithels, deren Ursache noch nicht vollständig erforscht ist. Die Degeneration der Netzhaut infolge der geringer werdenden Funktionsfähigkeit der Photorezeptoren beginnt im Unterschied zur Makuladegeneration in der Peripherie (Stäbchen) und schreitet in unterschiedlichem Tempo bis zur Netzhautmitte fort. Hierdurch entsteht ein immer enger werdendes Gesichtsfeld, in dem schließlich nur noch ein winziger Bereich in der Netzhautmitte funktionsfähig bleibt. Diese Degeneration erfolgt schubweise, führt häufig zur funktionalen Blindheit und selten zur vollständigen (amaurotischen) Erblindung.

Abb. 22: Blick auf den Augenhintergrund

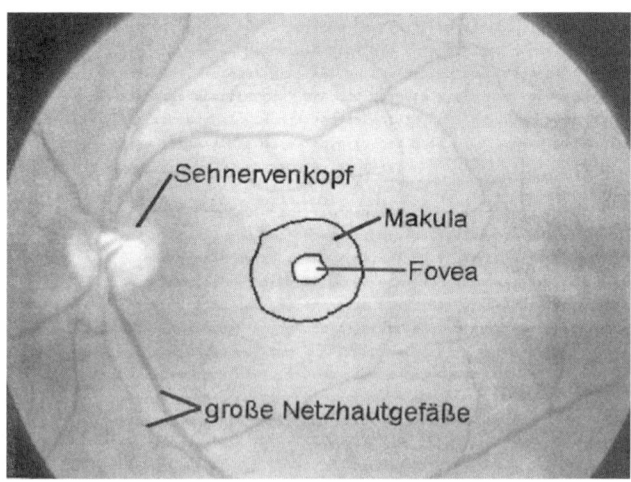

3.5.2 Komplexe Schädigungen und Beeinträchtigungen

Sehbeeinträchtigungen sind in hohem Maße an komplexen Schädigungen beteiligt, die auf einer Schädigung des Gehirns basieren. Insbesondere bei Zerebralparesen, Spina bifida und einer Vielzahl von genetisch bedingten Schädigungen kann das Sehvermögen betroffen sein. Im Folgenden können nur einige wenige Schädigungen und Sehbeeinträchtigungen beschrieben werden.

Ursachen

3.5.2.1 Cerebrale Sehschädigungen, cerebral bedingte Sehbeeinträchtigungen

In der Literatur werden unterschiedliche Begriffe verwendet, um das Phänomen zu kennzeichnen, dass Kinder visuelle Beeinträchtigungen zeigen, obwohl okular, d.h. bei der Untersuchung der Augen und der vorderen Sehbahnen, keine Veränderungen gefunden werden.

CVI

> Unter **cerebralen Sehschädigungen** (cerebral visual impairment, CVI) werden im Folgenden alle nachweisbaren Strukturveränderungen des visuellen Systems verstanden, die sich nicht auf die Augen und vorderen Sehbahnen beziehen.

Cerebral bedingte Sehbeeinträchtigungen (CbS) sind im Sinne der ICF als Funktionsbeeinträchtigungen zu verstehen, deren Ursache ebenfalls nicht-occularer Natur ist.

Wenngleich es noch keine ausreichenden Forschungen über CbS im Kindesalter gibt, so weiß man heute doch, dass sehr viele unterschiedliche Formen existieren. Die Funktionsveränderungen oder cerebralen Läsionen können Auswirkungen auf das Gesichtsfeld, den Visus und das Farb- und Kontrastsehvermögen haben und damit den okularen Funktionsbeeinträchtigungen ähneln. Sie können aber auch die Linienencodierung, die Wahrnehmung von Linienrichtungen, Raumwahrnehmung, Bewegungswahrnehmung, Blickmotorik sowie Form-, Objekt- und Gesichterwahrnehmung betreffen oder auch eine Einengung des visuellen Aufmerksamkeitsfeldes zur Folge haben.

Blindsight ist ein sehr spezifisches Phänomen bei Menschen mit kortikalen Sehschädigungen. Sie gelten als blind, verhalten sich in Bewegungssituationen jedoch so, dass Außenstehende davon ausgehen müssen, dass sie sehen. Sie bewegen sich zum Beispiel relativ sicher durch einen Raum, stoßen nicht an und umgehen Hindernisse. Dieses Phänomen wird mit der Existenz tektaler Bahnen und Netzwerke erklärt, die in subkortikale extrastriate Strukturen projizieren.

Blindsight

Das Sehsystem ist in diesem Fall in der Lage, Bewegungen und Lokalisationen zu analysieren, verfügt jedoch über keine Bildanalyse und ist nicht bewusstseinsfähig (Weiskrantz 2009). Kinder greifen, wenn sie aufgefordert werden zu schauen, auf taktile Erkundungsstrategien zurück. Erwachsene berichten, dass sie nichts sehen. Beiden Gruppen ist nicht bewusst, dass sie Visualität nutzen.

Interpretations-irrtümer Wenn Kinder Probleme bei der Lösung visueller Aufgaben in Wahrnehmungs-, Lern- oder Intelligenztests zeigen, dann werden selten die Sehbedingungen des Kindes überprüft. Stattdessen finden sich sehr häufig folgende Interpretations- und Reaktionsmuster:

- Wenn Kinder schauen, dann gehen wir fast immer davon aus, dass sie über eine zentrale Fixation verfügen.
- Wenn Kinder etwas lokalisieren und danach greifen, dann gehen wir davon aus, dass sie den Gegenstand auch gesehen und erkannt haben.
- Wenn Kinder etwas visuell nicht können oder leisten, wird dies oft als kognitives Problem interpretiert.
- Wenn Kindern visuelle Aufgaben große Mühe bereiten, werden sie zu verstärkter Anstrengung aufgefordert.
- Sinneswahrnehmungen werden in der Regel nicht überprüft.
- Die Qualität der visuellen Vorlage wird nicht modifiziert.
- Hypothesen werden meistens in Bezug auf Motivation oder Kognition gebildet.

cerebral bedingte Sehbeeinträchtigungen Über die Gruppe der Kinder mit cerebral bedingten Sehbeeinträchtigungen gibt es bisher keine repräsentativen Untersuchungen. Zwar gehen etliche Autorinnen und Autoren davon aus, dass Kinder mit cerebral bedingten Sehbeeinträchtigungen in den westlichen Ländern die größte Gruppe von Kindern mit Sehbeeinträchtigungen darstellen (Dutton 2010; Ferell 2000; Roman-Lanzy 2007), doch stehen umfassende Erhebungen noch aus. Studien zur Veränderung einzelner Sehfunktionen zeigen, dass Kinder nach kritischen Ereignissen vor, während und nach der Geburt ein hohes Risiko für Sehbeeinträchtigungen unterschiedlichster Art haben können (vgl. z.B. Fazzi et al. 2007; McClelland et al. 2006; Taylor et al. 2009).

„So werden als wesentliche Ursachen für cerebral bedingte Sehbeeinträchtigungen vor allem cerebrale Hypoxien und Ischämien sowie Läsionen des Gehirns unterschiedlicher Genese (Schädel-Hirn-Traumata, Infarkte, erhöhter Druck, Hirnhautentzündungen), Erweiterung der Hirnventrikel, aber auch Störungen im Prozess der Myelinisierung dokumentiert (vgl. Boot et al. 2010; Flodmark/Jacobson 2010; Nelson/Lynch 2004; Volpe 2003; Zihl/Münzel 2005). Da die einzelnen Funktionen des

Sehens und der visuellen Wahrnehmung in verschiedenen Arealen des Gehirns repräsentiert sind und das Gehirn sich in permanenter Strukturbildung bzw. -veränderung befindet, können isolierte Funktionsbeeinträchtigungen entstehen, sich aber auch Funktionsbeeinträchtigungen in einem Netzwerk und aufeinander bezogen entwickeln.

Nicht jede Läsion und nicht jede Schädigung des Gehirns muss zwangsläufig zu einer Funktionsbeeinträchtigung führen (vgl. Dutton 2010; WHO 2011). Jedoch erhöht erstere die Wahrscheinlichkeit einer Sehfunktionsveränderung. „Verschiedene Studien zeigen übereinstimmend, dass bei Vorliegen einer Cerebralparese in 50–60% der Fälle auch cerebral bedingte Sehbeeinträchtigungen festzustellen sind (vgl. Krägeloh-Mann 2001; Hyvärinen et al. 2008). Bei Trisomie 21 wie auch bei Syndromen die mit Muskelhypotonie assoziiert werden, ist die Akkommodation mit hoher Wahrscheinlichkeit beeinträchtigt, bei periventrikulärer Leukomalazie (PVL) wurden in 80% der Fälle cerebral bedingte Sehbeeinträchtigungen festgestellt und jede Läsion wie auch jeder entzündliche Prozess im Gehirn kann einzelne Sehfunktionen bzw. deren Entwicklung beeinträchtigen (Hyvärinen/Jacob 2011)" (Walthes 2013, 133).

Sehfunktionsbeeinträchtigung

Da das visuelle System auf zirkulären und selbstreferentiellen Prozessen basiert (Hyvärinen 2013),142), finden sich sehr häufig Beeinträchtigungen sowohl in den anteriorischen wie in den posteriorischen Strukturen. Dies ist insbesondere bei Kindern mit komplexen Schädigungen und Beeinträchtigungen der Fall.

anteriorisch / posteriorisch

3.5.2.2 Sehbeeinträchtigung als Teil einer komplexen Schädigung

Schädigungen des Zentralnervensystems können neben visuellen auch Beeinträchtigungen motorischer, sprachlicher oder kognitiver Funktionen zur Folge haben. Die Ursachen dieser komplexen Beeinträchtigungen unter Beteiligung des Sehsystems sind häufig perinatale Hirnschädigungen.

Obwohl verschiedene Untersuchungsergebnisse zeigen, dass Sehfunktionsbeeinträchtigungen bei etwa 80% der Betroffenen nach perinatalen Hirnschädigungen auftreten (Fedrizzi et al. 1996; Zihl et al. 2011), wird das Sehen häufig vernachlässigt. Die motorischen und kognitiven Probleme der Kinder erscheinen Ärztinnen, Psychologen, Therapeutinnen und Lehrern so gravierend, dass sich die Frage einer Sehüberprüfung zunächst einmal nicht stellt. Dies hat jedoch weitreichende Folgen, da der kognitiven (Nicht-) Leistungsfähigkeit zugeschrieben wird, was ein visuelles Problem ist.

Vernachlässigung einer Diagnostik des Sehens

Motorik und Bei Störungen der Motorik mag das Kind nicht in der Lage sein
Kognition zu zeigen, über welche visuellen Wahrnehmungsstrategien es verfügt,
da es zum Beispiel seine Greifbewegung nicht steuern kann. Bei kognitiven Beeinträchtigungen erscheinen beispielsweise die Aufmerk-
samkeitsleistungen gering, ohne dass erkannt wird, dass das Kind
ein visuelles Problem hat. Einer holländischen Studie zufolge haben
Kinder mit schweren kognitiven Beeinträchtigungen (geistiger Behinderung) zu mindestens 30% auch ein Sehproblem (Havemann et
al. 1994). In zwei Studien mit Kindern mit dem Förderschwerpunkt
körperlich motorische Entwicklung wurden in Finnland und Deutschland übereinstimmend bei mindestens 48% der Kinder einer Kohorte
Sehbeeinträchtigungen festgestellt (Hyvärinen et al. 2008; Holzapfel
et al. 2008).

Viele genetisch bedingte Syndromformen können mit einer Beeinträchtigung des Sehens einhergehen (Trisomie 21, Spina bifida,
CHARGE, Usher). Sehr häufig wird von komplexer Beeinträchtigung
gesprochen, wenn eine erhebliche Sehbeeinträchtigung oder Blindheit
Bestandteil einer komplexen Schädigung ist (Fornefeld 2008). Komplexe Beeinträchtigungen haben in den letzten 30 Jahren erheblich zugenommen und betreffen nach Schätzungen verschiedener Fachleute
heute etwa 60–70% aller Kinder mit einer Sehbeeinträchtigung (Rath
2002, vgl. dazu auch Degenhardt/Henriksen 2009).

3.5.2.3 Sehbeeinträchtigungen und chronische oder progrediente Erkrankungen

Beeinträchtigungen und Schädigungen der Augen und des visuellen
Systems können bei einer großen Zahl weiterer Krankheiten wie Diabetes, Multiple Sklerose, Aids, Demenz, Neurotoxikosen, Infektionen
oder neuronalen Muskeldystrophien entstehen.

NCL Eine besonders schwere und mit einem frühen Tod verbundene
progrediente Erkrankung ist die juvenile neuronale Ceroidlipofuszinose (NCL), eine Stoffwechselerkrankung, die autosomal-rezessiv
vererbt wird. Ceroidlipofuszin wird bei dieser Stoffwechselkrankheit
nicht abgebaut und führt zur Zerstörung der Zellkerne im ZNS. Dies
hat neurologische, visuelle und psychische Störungen zur Folge und
führt im Verlauf zu einem Verlust der Fähigkeiten des Sehens, des
Sprechens sowie der aktiven Bewegung und zu einer fortschreitenden
Demenz (Kohlschütter 2001). Neuronale Ceroidlipofuszinosen zählen
zu den häufigsten neurodegenerativen Erkrankungen im Kindesalter,
sind aber insgesamt sehr selten (ca. 1,3 : 100 000 Geburten). Dennoch

zeigt sich ein häufigeres Auftreten in den skandinavischen Ländern, ohne dass es hierfür eine Erklärung gibt (Christen/Handefeld 1994, 212).

Schlegel, H. (Hrsg.) (2001): NCL. Zur Lebenssituation von blinden Kindern und Heranwachsenden mit einer unheilbaren Abbauerkrankung. Beitrag aus Pädagogik, Therapie und Medizin. Hannover: VzFB

3.5.3   Hörsehbeeinträchtigung

Hörsehbeeinträchtigungen können durch etwa 70 verschiedene Ursachen (darunter z.B. Röteln oder Hirnschädigungen) entstehen, davon werden etwa 50 Syndrome genannt (Mar 1992). Die bekanntesten sind Usher-, Goldenhar-, Hurler- und CHARGE Syndrom. Nur etwa 6% der Menschen mit Hörsehbeeinträchtigung sind taubblind.

Bei Hörsehbeeinträchtigung besteht eine große Herausforderung in einer differenzierten Diagnostik insbesondere im Säuglings- und Kleinkindalter. Blinde Kinder können über akustische und lautliche Handlungen zeigen, ob etwas bedeutsam für sie ist oder nicht, hörbeeinträchtigte Kinder über visuelle Aufmerksamkeit und Handlungen. Bei hörsehbeeinträchtigten Kindern besteht die Aufgabe zunächst einmal darin, die Kommunikation so zu gestalten, dass Beobachter verlässliche Zeichen beobachten können. Die basale Kommunikation zwischen Kind und Mutter oder Kind und Eltern ist im körpernahen Dialog gegeben, das Kind kommuniziert auf die ihm mögliche Weise. Das Problem besteht darin, die Zeichen des Kindes zu verstehen und an diese anzuknüpfen (Pease 2000). Um bei Hörsehbeeinträchtigung herauszufinden, ob Seh- oder Hörvermögen vorhanden ist, bedarf es einerseits der medizinischen Diagnostik, andererseits einer genauen Beobachtung der körpernahen Kommunikation und des kindlichen Verhaltens. Erst dann wird es möglich sein, gemeinsam mit dem Kind Situationen zu gestalten, die eine funktionale Diagnostik ermöglichen. Bei Schülerinnen und Schülern sowie Erwachsenen mit einer Hörsehbeeinträchtigung sollten die bevorzugten Dolmetscher bei allen diagnostischen Prozessen anwesend sein.

Diagnostik Hörsehbeeinträchtigungen

Die Herausforderungen bei einer Diagnostik für Menschen mit einer Hörsehbeeinträchtigung sind hervorragend dargestellt bei:

Hyvärinen, L. (2002b): Communication. Assessment of Vision of Deaf-Blind Persons

Einen Überblick über die pädagogischen Themen, die sich mit Hörsehbehinderung verbinden, gibt:

Lemke-Werner, G.; Pittroff, H. (2009): Taubblindheit. Hörsehbehinderung. Ein Überblick. Würzburg: Edition Bentheim

3.6   Sehbeeinträchtigungen und ihre Bedeutung für Aktivitäten und Partizipation

Bedeutung von Umweltfaktoren

Welche Auswirkungen Sehbeeinträchtigungen auf die jeweiligen Aktivitäten einer Person haben, ist eine komplexe Frage, die keinesfalls auf die Art der Schädigung reduziert werden kann. Vielmehr spielen hier Umweltfaktoren, zu denen die soziale und materiale Umwelt, aber auch deren Einstellungen und Vorurteile gehören, eine große Rolle. Menschen mit identischer Schädigungsbeschreibung und gleichem Zeitpunkt des Auftretens der Schädigung können ein völlig unterschiedliches Verhalten zeigen, und zwar nicht nur emotional und sozial, sondern auch visuell oder motorisch. Es liegt auf der Hand, dass sich bei einer Sehschädigung bzw. Sehbeeinträchtigung von Geburt an spezifische Aufgaben für die Unterstützung der kindlichen Entwicklung ergeben. Dies gilt gleichermaßen für erworbene Beeinträchtigungen. So benötigt ein Mensch mit einem Zentralskotom neue Lesestrategien, die funktionsfähige Netzhautbereiche einbeziehen (Nguyen et al. 2011). Wird diese Unterstützung jedoch angeboten und erhalten die Personen die Chance einer ihrer individuellen Strategie angemessenen Umweltgestaltung, dann müssen keine gravierenden Aktivitätseinschränkungen entstehen.

mangelndes Verständnis bei Sehenden

Die Einschränkungen gehen sehr oft von mangelndem Verständnis und geringem Vorstellungsvermögen der Umwelt aus. So ist es für Sehende, denen ihre visuellen Konstruktionen selbst nicht bewusst sind, die aber gleichwohl den größten Teil der zur Verfügung stehenden Information ausmachen, unvorstellbar, wie eine Wahrnehmung, eine Auseinandersetzung mit der Umwelt mit einem völlig anderen Sehvermögen oder gar ohne dieses erfolgen kann.

Die Notwendigkeit, sich die visuell strukturierte Welt über Bewegung, Akustik, Taktilität und andere Sinne anzueignen, erfordert andere Strategien, die von Sehenden häufig nicht verstanden werden. „Sichtbarkeit und Auffälligkeit der Blindheit führen dazu, dass Außenstehende blinde Menschen als total durch ihre Blindheit bestimmt erleben" (Rath 1999, 107). Dies gilt gleichermaßen auch für Sehbeeinträchtigung, sofern diese sichtbar ist. So sind es letztlich weniger die Möglichkeiten, die blinden oder sehbeeinträchtigten Menschen zur Verfügung stehen, die zu Einschränkungen der Aktivitäten führen, als vielmehr die Tatsache, dass diese Möglichkeiten durch die sehende Umwelt keine Resonanz erfahren und sich daher nicht entwickeln können.

Möglichkeiten und Grenzen der Entfaltung der individuellen Fähigkeiten basieren immer auf dem *Individuum-Umwelt-Bezug*. Wenn daher im Folgenden besondere Bedingungen im Zusammenhang mit kindlicher Entwicklung, mit anderen Schädigungen, bei erworbener Sehschädigung, bei Sehverlust im Alter beschrieben werden, so sollte immer diese Relation – das, was die Umwelt an geeigneten Angeboten zur Verfügung stellt und das, was Individuen nutzen können – im Gedächtnis behalten werden.

3.6.1   Sehbeeinträchtigung und kindliche Entwicklung

Entwicklungsdaten und -normen basieren auf Untersuchungen und Beobachtungen von sehenden, sogenannten normal entwickelten Kindern. In den folgenden Bereichen werden in der Literatur Auswirkungen von Sehbeeinträchtigungen auf die kindliche Entwicklung beschrieben: motorische Entwicklung, Objekt- und Raumwahrnehmung, kognitive Entwicklung, Sprachentwicklung, sozial-emotionale Entwicklung, Entwicklung des Verhaltens (Beelmann/Hecker 1998).

Blindheit und kindliche Entwicklung: Auf Besonderheiten in der Entwicklung von blinden Kindern wurde immer wieder aufmerksam gemacht. Die Tatsache, dass viele blinde Kinder das Krabbeln nicht als Vorstufe der Aufrichtung und des Gehenlernens nutzen, dass sie die Rückenlage bevorzugen, dass sie schwerer zu motivieren sind sich fortzubewegen, dass sie Bedeutungen von Worten nicht oder anders verstehen, dass sie eine egozentrische Position länger halten, dass sie spezifische Verhaltensweisen entwickeln, wurde berichtet, schon bevor kleinere Studien zur Entwicklung blinder Kinder durchgeführt wurden. Leider gibt es nur sehr wenige Studien zur Entwicklung blinder Kinder und noch geringere Erkenntnisse zur Entwicklung von Kindern mit einer Sehbeeinträchtigung.

„Besonderheiten"

Die meisten dieser Studien wurden in den 1960er und 1970er Jahren durchgeführt (Adelson/Fraiberg 1974; Norris et al. 1957; Hatwell 1985) und verfolgen zum Teil Fragestellungen, die heute nur noch wenig relevant sind, weil sie z.B. auf dem Verhältnis von Entwicklungsstand und chronologischem Alter beruhen. So kommen diese Studien

ältere Studien

überwiegend zu dem Ergebnis, dass die Entwicklung blinder Kinder ohne zusätzliche Behinderungen zwar verzögert stattfindet, aber doch mit der sehender Kinder vergleichbar sei. Die Problematik dieser Studien liegt in der ausgesprochen kleinen Zahl der untersuchten Kinder und in ihrer Auffassung über die Rolle von Blindheit oder Sehbeeinträchtigung für die Auseinandersetzung mit der Umwelt.

Cutsforth kennzeichnet diese Perspektive als eine mechanistische, weil sie den Menschen als ein triviales System begreift und seine Selbstorganisationsfähigkeiten unterschätzt:

"Teachers, through an erroneous psychological concept, are compelled to regard the blind pupil as the equivalent of a seeing pupil except that he does not see. They conceive of the child as structurally incomplete, like an automobile engine with one cylinder missing. Therefore education must not only be education, but must also be a remedial therapy that will supply the missing power and also make the car sound as if it were really hitting in all six cylinders. It occurs to but few that a blind child is a complete mental and physical whole, organized to function perfectly upon his level of sensory equipment" (1951, 50).

neuere Studien Neuere Studien orientieren sich an der Kompetenzentwicklung von Kindern mit einer Sehbeeinträchtigung und den unterschiedlichen Entwicklungsaufgaben, womit die Individuum-Umwelt-Beziehung und die Abhängigkeit der kindlichen Entwicklung von den Umweltgegebenheiten und -anforderungen stärker in den Mittelpunkt rücken (Ferell 2000, 122; 2011; Warren 2000, 326). Eine methodisch gründlich aufbereitete Studie ist die Bielefelder Studie zur Entwicklung blinder Kinder.

motorische Entwicklung Brambring und Tröster (1994) ist es gelungen, blindheitsspezifische von blindheitsunspezifischen Aufgaben hinsichtlich der Überprüfung der motorischen Entwicklung zu trennen und auf diese Weise zu verhindern, dass die gewählten Aufgaben bei sehenden Kindern Anderes überprüfen als bei blinden Kindern. Die Ergebnisse ihrer Untersuchung bestätigen im Wesentlichen die bisherigen Erkenntnisse über die motorische Entwicklung blinder Kinder, die im statuomotorischen Bereich geringe, in der Lokomotion deutlichere Unterschiede in der Entwicklung feststellen (Tröster/Brambring 1992). Interpretiert werden diese unterschiedlichen Entwicklungsverläufe nicht mit einer generellen Verzögerung der muskulären oder neuromuskulären Entwicklung bei einer Sehbeeinträchtigung, sondern mit einem Mangel an Gelegenheiten für die Fortbewegung (Adelson/Fraiberg 1974; Warren 1994). Dass der Unterschied zwischen reif- und frühgeborenen blinden Kindern in den ersten drei Lebensjahren größer ist als der zwischen reifgeborenen blinden und sehenden Kindern, zeigt die Studie von Hecker (1998). Als großes Problem wird in der Literatur die Erschließung des Raumes jenseits des Greifraumes gesehen (Tröster et al. 1994; Millar 1994). Da sich die akustische Lokalisationsfähigkeit später entwickelt als die visuelle, können akustische Signale nicht die Funktion optischer Signale ersetzen (Ashmead et al. 1987).

Wenn ein sehendes Kind das farbige Lieblingsspielzeug auf drei Meter Entfernung erkennt und dies als Aufforderung nimmt, sich dorthin zu bewegen, ist es einem blinden Kind im gleichen Zeitraum nicht möglich, das Geräusch seines Lieblingsspielzeugs zu lokalisieren und es als Aufforderung zur Fortbewegung zu nutzen, auch wenn es über ähnliche motorische Fähigkeiten verfügt.

Neuere Erkenntnisse zur motorischen Entwicklung betonen die Differenzen gegenüber der Annahme einer homogenen Entwicklung und gehen von einer großen Bandbreite als Spektrum normaler Entwicklung aus (Michaelis 2000; Touwen 1993). Daher kann man auch hinsichtlich der Gruppe blinder und sehbeeinträchtigter Kinder davon ausgehen, dass weder die motorische noch die sprachliche, die sozial-emotionale oder kognitive Entwicklung beim Vorliegen einer Sehbeeinträchtigung sehr gravierende Probleme darstellen, wenn entsprechende Umweltbedingungen gegeben sind (Warren 2000). Ferell weist zu Recht darauf hin, dass man Vergleichsstudien von sehenden und sehgeschädigten Kindern überdenken sollte, da die Entwicklungsverläufe auch innerhalb der einzelnen Entwicklungsbereiche in ihrer Struktur verschieden seien. Ihre umfangreiche, auf 202 Kinder mit einer Sehbeeinträchtigung bezogene Längsschnittstudie zeichnet ein sehr differenziertes Bild der Entwicklung mit einer unterschiedlichen Reihenfolge des Erwerbs einzelner Kompetenzen (Ferell 1998). **breites Spektrum kindlicher Entwicklung**

Wenn man bedenkt, dass sich die Entwicklung des Sehens im ersten Lebensjahr unglaublich rapide vollzieht und daher auch einen großen Teil der neuronalen Aktivität beansprucht, kann man gut nachvollziehen, dass das Gehirn sich aufgrund seiner Autopoiese andere Aufgaben sucht, wenn Sehen sich nicht entwickeln kann. Dies bestätigen Vergleichsuntersuchungen zum Lesen bei sehenden und geburtsblinden Menschen. **Flexibilität des Gehirns**

Der Versuch sah folgendermaßen aus: Die Gehirnaktivität von geburtsblinden Menschen beim Lesen bzw. Tasten der Punktschrift wurde mit der Gehirnaktivität von sehenden Menschen beim Lesen von Schwarzschrifttext und mit der Gehirnaktivität von sehenden Menschen beim

Lesen von Punktschrift mit den Händen verglichen. Der letzten Gruppe wurde für diesen Versuch die Augen verbunden. Bei den Gruppen zwei und drei fand man heraus, dass unterschiedliche Areale aktiviert waren: bei den Schwarzschrift Lesenden waren Areale im visuellen Kortex aktiviert, bei den Sehenden, die sich mit Punktschrift versuchten, Areale, die der Taktilität zuzuschreiben sind. Die Ergebnisse der Gruppe der geburtsblinden Menschen war überraschend: die Gehirnaktivität zeigte dieselben Muster wie die der Sehenden beim Lesen der Schwarzschrift. Offensichtlich wurde der visuelle Kortex bei Blindheit anders genutzt (Sadato et al. 1996).

Sprache Blindheit scheint die Sprachentwicklung weniger stark zu modifizieren als zum Beispiel die motorische Entwicklung. Vorsprachliche Lautproduktion, Sprechbeginn, lexikalische Entwicklung, Bedeutungserwerb, Gebrauch von Personalpronomen und räumlich-deiktische Bezeichnungen entwickeln sich den neueren Untersuchungen zufolge zwar anders, aber in sich stimmig, den Bedingungen des Blindseins entsprechend.

"We argue strongly that we need to reconsider the widely held belief that blind children's early language and communicative skills are deficient relative to those of sighted children. We propose that blind children's behaviours that have traditionally been viewed as 'maladaptive' may in reality provide the blind child with alternative pathways and strategies for language and communication. In this sense, future research needs to continue to consider blind children's development in its own right, needs to continue to emphasize the functional significance of particular behaviours in blind children, and needs to continue to document and examine the positive role language plays as a cognitive and social tool in the development of blind children" (Pérez-Pereira/ Conti-Ramsden 1999, 150).

Sehentwicklung **Sehbeeinträchtigung und Entwicklung:** Das Wissen um die frühe Entwicklung des Sehens erfordert das Vorliegen einer Sehbeeinträchtigung möglichst früh zu erkennen, um dem Kind entsprechende visuelle Angebote machen zu können (Carlson/Hyvärinen 1986; Käsmann-Kellner/Seitz 2012). Da sich Sehen nur als ein subjektiver Prozess verstehen lässt, ist es nicht leicht, die Sehentwicklung zu untersuchen. Die Beschreibungen der Sehentwicklung in den ersten Lebensjahren sind daher Mischungen aus neurologischen Untersuchungsergebnissen, Ergebnissen der Pathologie und Verhaltensbeobachtungen (z.B. Analyse der Augenbewegungen) (**Tab. 7**).

Vor der Geburt ~ 24. SSW	Intrauterine Reaktion auf starkes Licht (Bewegung; Erhöhung der Pulsfrequenz)	**Tab. 7:** Sehentwicklung
~ 32. SSW	Die dorsalen (Wo-Bahnen) Verarbeitungsbahnen sind weiter entwickelt als die ventralen (Was-Bahnen), damit ist die Bewegungswahrnehmung ausgeprägter als die Formerkennung oder Sehschärfe; Pupillenerweiterung; Blinzeln; einfache Augenbewegungen; Verfolgen eines sich langsam bewegenden Objektes (festgestellt bei Frühgeborenen)	
Zeitraum Geburt	Sehschärfe im Bereich von 0.05; langsame Pupillenerweiterung; Tonische Fokussierung bei 30 cm = optimaler Abstand für Gesichterwahrnehmung; Interesse für Gesichter, okulomotorische Suchbewegungen in einem begrenzten Radius; Visuelle Neugierde; Bevorzugung von mittelstarkem Licht und hohen Kontrasten (schwarz/weiß); Präferenzen für größere Formen, Gesichter, horizontale Linien und bewegte Angebote	
≥ 1. Lebensmonat	Sehschärfe nimmt zu; Zunahme der visuellen Aufmerksamkeit; schaut zu Lichtquellen; dreht Augen und Kopf gemeinsam; langsame, ruckartige Folgebewegungen (horizontal)	
≥ 3. Lebensmonat	Entwicklungsbeginn der Stereopsis; Stabilisierung der Augenkonvergenz; Zunahme der Akkommodationsdistanz; Kontrastempfindlichkeit verbessert sich; Augenfolgebewegungen werden glatter; vertikale Folgebewegungen; Intensiver Augenkontakt; Interesse an Lippenbewegungen; Interesse an Mobiles; Betrachten der eigenen Hand	
≥ 6. Lebensmonat	Gesichtsfeld vollständig; Auge-Hand-Koordination; beginnende Abkoppelung von Auge- und Kopfbewegung; glatte Augenfolgebewegung: Binokularsehen etabliert; Visuelles Abtasten der Umgebung in ca. 40 – 50 % der Wachzeit; Greifen nach bewegten Objekten; Abwehrreaktion bei Objekten, die sich auf einem Kollisionskurs nähern; Beobachten des Fallens und Wegrollens von Objekten; visuelles Erkennen einzelner Objekte und Personen	
≥ 10. Lebensmonat	Weiterer Anstieg der Sehschärfe; Größenkonstanz etabliert; Erkennen von kleinen Objekten; Interesse an Bildern; Greifen nach statischen Objekten; Augenkontakt zu Erwachsenen über mehrere Meter Distanz; Wiedererkennen naher Bezugspersonen	

≥ 12. Lebens-monat	Gute visuelle Orientierung in vertrauter Umgebung; effiziente visuelle Kommunikation; visuelles Wiedererkennen von Bildern; Farbpräferenzen
≥ 18. Lebens-monat	Räumliche Wahrnehmung und Auge-Hand-Koordination entwickeln sich; visuelle Kommunikation mit anderen Kindern; Bild-Objekt-Verständnis; Sehschärfe als Nahsehschärfe messbar mit einzelnen Symbolen
≥ 2 Jahre	Sehschärfe mit einzelnen Symbolen messbar: ~ 0.4; funktionale Sehschärfe besser als gemessene; kurze Aufmerksamkeitsspannen bei Testaufgaben; genaue Auge-Hand-Koordination; gutes visuelles Gedächtnis (Bilderbücher)
≥ 3 Jahre	Sehschärfe mit Reihentest messbar 0.4 – 1.0, monokulare Messungen möglich; Farbensehen und visuelle Adaptation ausgebildet
≥ 4 Jahre	Sehschärfe mit Reihentest zwischen 0.5 – 1.25, Minimum separabile, d. h. Fähigkeit, Einzelheiten getrennt voneinander zu sehen, visuell so weit ausgeprägt, Fähigkeit Figur-Grund-Wahrnehmung; Okulomotorik (Sakkaden) so weit entwickelt, dass Lesen visuell möglich wäre
≥ 7 Jahre	Sehschärfe mit Reihentest 0.8 – 1.6 (Vollkontrast), bei 2.5 % Kontrast 0.3 – 0.8; visuell-sensorische und visuell-motorische Funktionen wie bei Erwachsenen

Bedeutung von Erfahrung Viele grundlegende Entwicklungsschritte durchläuft das visuelle System erst nach der Geburt. Die Erkenntnis, dass die visuelle Erfahrung die Vernetzung der Axone steuert – eine Entdeckung der mit dem Nobelpreis ausgezeichneten Neurologen Hubel und Wiesel – ist eine der wichtigsten Erkenntnisse der letzten dreißig Jahre und hat die Erforschung des visuellen Systems und der Sehentwicklung nachhaltig beeinflusst (Hubel 1983). Hubel und Wiesel ist ebenfalls die Erkenntnis zu verdanken, dass das Gehirn visuelle Erfahrungen zu bestimmten Zeitpunkten benötigt, um die vielfältigen synaptischen Verbindungen zu sortieren. Solange sich die Synapsenbildung in der Phase der Feinabstimmung befindet, verhalten sich die neuronalen Verknüpfungen plastisch und flexibel, d.h. durch Erfahrung veränderbar. Nach dieser sensiblen Phase ist der Kortex so stabilisiert, dass er sich nicht mehr grundlegend verändert. Diese Phasen sind für die jeweiligen Sehfunktionen höchst unterschiedlich. Während sich viele grundlegende Funktionen während des ersten Lebensjahres entwickeln, setzen andere erst später ein. Insgesamt benötigt das visuelle System etwa 15 Lebensjahre, um sich in allen Teilfunktionen zu entfalten und beginnt etwa ab dem 40. Lebensjahr, seine Flexibilität in einigen Funktionen (z.B. Flexibilität der Linse) wieder zu verlieren (Eliot 2001, Zihl/Zihl/Schütt 2011).

Schädigungen des visuellen Systems, die von Geburt an zu Beeinträchtigungen in der Entwicklung der Sehfunktionen führen, haben je nach Funktionsbeeinträchtigung oder -ausfall Auswirkungen auf die kindliche Entwicklung. **Auswirkungen von Sehbeeinträchtigungen**

Eine gute Bildqualität ist wesentliche Voraussetzung für visuelle Exploration und Neugier. Ist diese Bildqualität z.B. aufgrund von Refraktionsproblemen, geringer Akkommodation, Problemen bei der Fixation oder okulomotorischen Problemen (Doppelbilder) nicht gegeben, fehlt der Anlass für visuelles Erkunden und damit ein wichtiges Element für Lernen und Erfahrung. **Bildqualität**

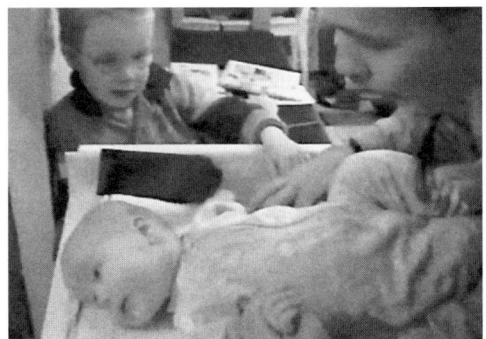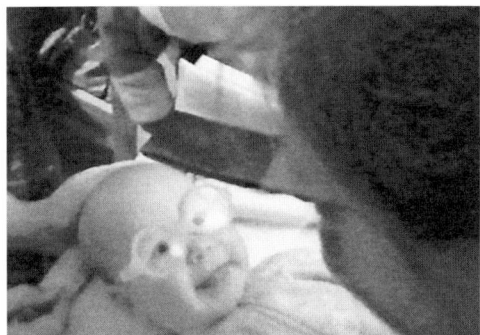

Abb. 23/24: Auffällige Verhaltensweisen, die durch veränderte Sehbedingungen verursacht werden, können zu Fehldiagnosen (hier: frühkindlicher Autismus) führen. (Hyvärinen 2002c; Videostandbilder)

Bei diesem vier Monate alten Mädchen **(Abb. 23/24)** wurde ein frühkindlicher Autismus vermutet, da das Kind den Blickkontakt vermied und den Kopf bei Annäherung wegdrehte. Aufgrund der interdisziplinären Zusammenarbeit mit einer Ophthalmologin konnte bei dem Kind ein Akkommodationsproblem identifiziert werden (das Kind war nicht in der Lage, ein scharfes Bild in der Nähe zu erzeugen) und mit einer Nahaddition sofort behoben werden (Hyvärinen 2002; Hyvärinen/Jacob 2011).

An diesem Beispiel wird deutlich, dass Sehen so selbstverständlich ist, dass das beobachtete Verhalten, wie in diesem Fall, oft nicht unter der Perspektive der Sehbedingungen betrachtet, sondern als Verhaltensauffälligkeit gedeutet wird. Das Kind hat aus seiner Perspektive sinnvoll gehandelt.

Da Kinder nur ihre jeweils eigenen Sehbedingungen kennen und diese für gegeben halten, wie übrigens alle Menschen, die keine Erfahrungen mit Unterschieden des Sehens machen (wie z.B Brillenträger mit hohen Dioptriewerten), können sie sich zu ihrem Sehen nicht äußern. Geschulte Beobachter können allerdings spezifische Verhaltensweisen als sinnvolle Antworten auf visuelle Probleme interpretieren. Einige Beispiele:

- Bilderbücher oder Texte nahe herannehmen, weil dies zu einer Vergrößerung der Vorlage führt;
- scheinbar an Gegenständen „vorbei-sehen", weil peripheres Sehen mehr Informationen ermöglicht;
- jemanden nicht ansehen, weil Gesichter nicht wahrnehmbar oder nicht unterscheidbar sind;
- kein Interesse an Buchstaben zeigen, weil eine Formwahrnehmungsstörung vorliegt;
- zwar Einzelbuchstaben, aber keine längeren Worte lesen können, weil bei kleinen Skotomen Buchstabenteile oder ganze Buchstaben nicht gesehen werden können;
- Texte nicht lesen können, weil crowding vorliegt, d.h. die Wortbestandteile nicht diskriminiert werden können;
- sich in hellen Räumen nicht gerne aufhalten, weil eine hohe Blendungsempfindlichkeit vorliegt;
- bei Helligkeitsübergängen (drinnen draußen und umgekehrt) lange zögern, weil die Adaption an unterschiedliche Lichtbedingungen nur sehr langsam gelingt;
- an Ballspielen oder bewegten Gegenständen nicht interessiert sein, weil visuelles Verfolgen nicht gelingt;
- ständiges „in Bewegung sein", weil damit die visuelle Wahrnehmung stabiler wird.

Die Auswirkungen verschiedener Funktionseinschränkungen sind ausgesprochen vielfältig und lassen sich nicht vereinheitlichen. Daher ist eine wissensbasierte differenzierte Beobachtung und funktionale Diagnostik unerlässlich.

3.6.2   Komplexe Beeinträchtigungen und Sehen

Bei Vorliegen komplexer Beeinträchtigungen wird das Verhalten nichtsprechender Kinder, Jugendlicher oder Erwachsener oft vorschnell im Sinne einer schweren kognitiven Beeinträchtigung interpretiert, eine differenzierte Analyse des Sehvermögens unterbleibt leider immer noch zu oft.

Cerebrale Schädigungen betreffen sehr häufig das Seh- und Wahrnehmungssystem mit funktionalen Auswirkungen – sowohl den Bereich der basalen Sehfunktionen (Sehschärfe, Gesichtsfeld, Kontrast) als auch den der sogenannten assoziativen Funktionen (Form-, Bewegungs- und Farbwahrnehmung, Gesichtererkennung, Figur-Grund-Wahrnehmung). Das Zusammenwirken von visueller Beeinträchtigung, Aufmerksamkeit, Neugierde, Gedächtnis und (visueller) Erfahrung ist ein interdependenter Prozess mit keiner eindeutigen Ursachenzuschreibung, der zudem durch Medikamentierung (Antiepileptika, Sedativa) entscheidend beeinflusst werden kann. Ein eher diffuses und verschwommenes Bild wird die visuelle Neugier nicht fördern. Die geringen visuellen Erfahrungen, die ein Kind aufgrund fehlender visueller Neugier und eines ungeeigneten Angebotes machen wird, haben wiederum Auswirkungen auf das visuelle Gedächtnis und die Fähigkeit, Dinge und Zusammenhänge wieder zu erkennen.

cerebrale Schädigungen

Aufgrund einer cerebralen Bewegungsstörung und antizipierter Anfallsneigung wurde ein zu diesem Zeitpunkt als blind diagnostizierter Junge medikamentös eingestellt und erhielt Antiepileptika, obwohl er nie einen Anfall zeigte. Nach dem Absetzen der Medikamente im fünften Lebensjahr zeigte sich, dass der Junge seine Wahrnehmungen neu organisieren musste. Geräusche waren lauter und bedrohlicher, seine visuellen Wahrnehmungen verwirrten ihn und es dauerte etwa ein Jahr, bis er sich visuell neu organisiert hatte. Im gleichen Zeitraum verbesserte sich seine Farb- und Kontrastwahrnehmung.

Ein Junge mit cerebraler Sehschädigung hat sein Sehvermögen seit seinem zweiten Lebensjahr in den Bereichen Farbwahrnehmung, Bewegungswahrnehmung und Orientierung verbessert. Er ist in der Lage, das Kinderbuch von Janosch „Oh wie schön ist Panama" wortgenau auswendig nachzuerzählen und im richtigen Moment die Seiten umzublättern, obwohl er nicht lesen kann. Für Personen scheint er sich nicht sehr zu interessieren und auch an den altersgemäßen Spielen mit anderen Kindern zeigt er kein Interesse. Er exploriert Objekte, indem er ihre Farbe benennt und sie visuell und taktil erkundet. Er zeigt sich nur an bestimmten Themen und Zusammenhängen interessiert und wiederholt diese mit großer Intensität, hat jedoch offensichtlich Schwierigkeiten, sich auf neue Zusammenhänge einzulassen. Er wird als zusätzlich geistig behindert diagnostiziert und in eine Förderschule „geistige Entwicklung" eingeschult. Im Alter von acht Jahren wird festgestellt, dass er über keine visuelle Formwahrnehmung verfügt und daher auf Farben, Akustik und Taktilität angewiesen ist, um seine Welt zu konstruieren.

Auswirkungen von Diagnosen

Es ist nur schwer vorstellbar, was es bedeutet, keine Formen wahrzunehmen und das Bild der Welt über Farbe und Bewegung aufzubauen, denn im Sehen von Erwachsenen dominiert die Formwahrnehmung. Dennoch kann eine solche Umweltauseinandersetzung erleichtert und unterstützt werden. Wenn Farben oder auch Bewegung zuverlässig mit spezifischen Formen kombiniert werden, kann eventuell eine visuell-taktile Formwahrnehmung langsam aufgebaut werden. Braille wäre eine gute Methode des Lesenlernens, wenn die taktile Sensitivität geschult wird. Wenn aber eine differenzialdiagnostische Abklärung unterbleibt, weil das Verhalten im Sinne der geistigen Behinderung interpretiert wird, hat dies zur Folge, dass dem Kind die Auseinandersetzungsmöglichkeiten nicht angeboten werden, in denen Lernen möglich wäre. Im Grunde werden damit Behinderungen geschaffen, das Kind wird daran gehindert, seine Lernmöglichkeiten zu entfalten. National wie international (Warren 2000) fehlt es leider an differenzierter Forschung (Walthes 2005). Die wechselseitige Bedingtheit von Motorik und visueller Wahrnehmung, visueller und akustischer Wahrnehmung für die kindliche Entwicklung wird bei komplexen Schädigungen deutlich. Sehen lernen zu können erfordert eine Vielzahl von Faktoren, die in **Abbildung 25** zusammengefasst sind.

Abb. 25: Rahmenbedingungen und Einflussfaktoren für die Entwicklung des Sehens (modifiziert nach Hyvärinen 2002)

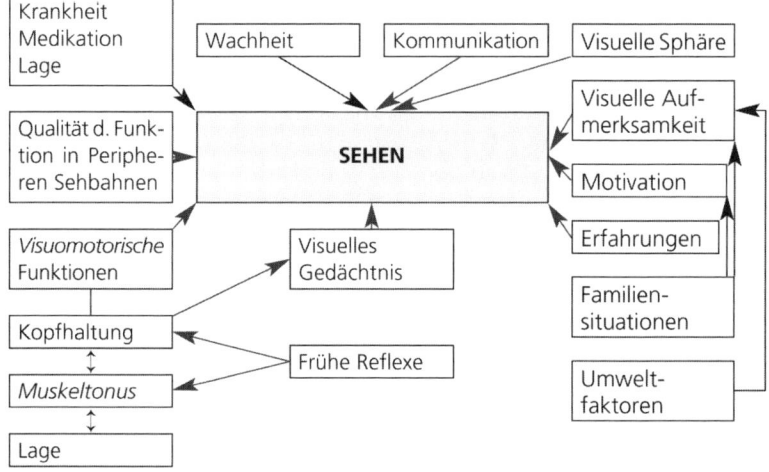

motorische Einflussfaktoren

So ist ein ausreichender Muskeltonus nicht nur erforderlich, um Kopfkontrolle zu entwickeln, sitzen oder sich drehen zu lernen. Die Kopfkontrolle ist auch Voraussetzung, um fixieren und visuell verfolgen zu können. Umgekehrt kann visuelles Interesse auch zur Entwicklung von Kopfkontrolle beitragen, indem ein erhöhter Grad visueller Aufmerksamkeit eine Tonusverbesserung und damit die Aufrichtung möglich werden lässt (**Abb. 26/27**).

Spasmen können neben den großen Muskelgruppen auch die Augenmuskeln betreffen und die Akkommodation, also die Anpassung des Auges auf unterschiedliche Distanzen (Nähe – Ferne) erschweren. Die Auge-Hand-Koordination und damit auch die Entwicklung des räumlichen Sehens kann bei cerebralen Bewegungsstörungen betroffen sein.

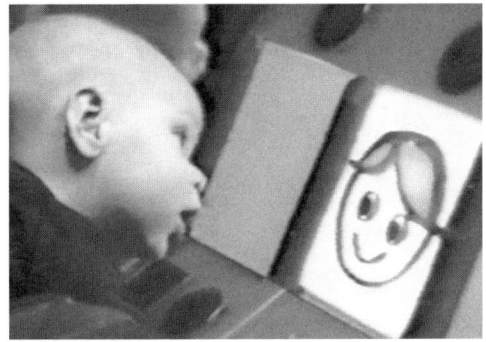

Abb. 26/27: Sehen und Kopfkontrolle beeinflussen sich gegenseitig (Hyvärinen 1998, Videostandbilder)

Kinder zeigen bei visuellen Angeboten, die mit Tönen verbunden sind, eine höhere und längere Aufmerksamkeit (Fischer 1995), ebenso wie sie umgekehrt akustische Kompetenzen in Verbindung mit Sehen leichter entwickeln können. Aufgrund des synästhetischen Charakters der Wahrnehmung sind die Auswirkungen für die kindliche Entwicklung so vielschichtig und miteinander verwoben, dass Ursache und Wirkung nicht eindeutig zu bestimmen sind. Hierzu fehlen entsprechende Studien und vor allem Entwicklungsmodelle, die dieser Komplexität und den Anforderungen gerecht werden können (Warren 2000, 334). | **sensorische Einflussfaktoren**

Einem sechsjährigen türkischen Mädchen mit einer Cerebralparese (Tetraplegie) wird der Antrag auf Blindengeld abgelehnt, da der zuständige Augenarzt eine schwere cerebrale Störung diagnostiziert, in der Blindheit als eine zu vernachlässigende Schädigung angesehen werden müsse. Eine alltagsnahe, differenzierte Diagnostik zeigt, dass das Mädchen eindeutig auf Licht antwortet, ja sogar motiviert ist, trotz ihrer Bewegungsbeeinträchtigung nach einem leuchtenden Stab zu greifen. Solche Entscheidungen beinhalten den Verzicht auf blinden- oder sehspezifische Unterstützung und sind nicht zu akzeptieren. Auf Grund der Wechselwirkung von Motorik und Sehen, Wahrnehmung und Bewegung ist die Entwicklung dieses Mädchens bei einer adäquaten Unterstützung nicht zu prognostizieren.

Kinder mit Hörsehbeeinträchtigung: Bei Vorliegen einer Hörsehbeeinträchtigung stehen für Kommunikation und Umweltaneignung die sogenannten Nahsinne zur Verfügung. Die Umwelt ist hier in besonderem Maße aufgefordert, Konzepte der Interaktion und Kommunikation und des körpernahen Dialogs zu entwickeln (Rowland et al. 1999; Hyvärinen 2002b). Da nur in seltenen Fällen heute noch von einer kompletten Taubblindheit ausgegangen werden muss, können akustische oder visuelle Hilfsmittel entwickelt und eingesetzt werden (Pittroff 2000/2008).

Bedeutung von Eigenaktivität Hier wie auch bei komplexen Beeinträchtigungen erhält Bewegung im Sinne des Begreifens wie der großräumigen handelnden Auseinandersetzung mit der Umwelt eine zentrale Bedeutung. Entscheidend scheint es in diesem Zusammenhang zu sein, dass es gelingt, über koordinierte Bewegungen – zum Beispiel gemeinsames Schaukeln – Bedeutung zu erzeugen, indem das Kind Anfang und Ende bestimmen kann. Nur durch die Eigenaktivität kann das Kind die Erfahrung machen, dass seine Aktivität bedeutsam ist, dass sie Wirkung hat. Das Anknüpfen an und Aufgreifen von natürlichen Gesten und die gleichmäßige und verlässliche gemeinsame Erzeugung von Bedeutung sind wichtige Schritte hin zur Entwicklung von Unterschieden (Walthes 1991; Klaes/Walthes 1996; Lee/Mac William 1994/2008; Nafstad/Rodbroe 1999).

individuelle Bedingungen und Identität Für Kinder, die ihre jeweiligen Seh- und Hörbedingungen nicht im Laufe der Kindheit erworben haben, sondern mit diesen von Geburt leben, sind sie so, wie sie sind. Sie haben ihre Entwicklung mit diesen Bedingungen gestaltet. Das, was sie sehen oder hören oder fühlen, die Art und Weise, wie sie sich bewegen können, ist das, was sie haben, und das, was sie kennen. Diese individuellen Bedingungen sind zugleich auch das, was mit vielen anderen Faktoren ihre Identität ausmacht. Auswirkungen auf die psychische Entwicklung, auf Selbstkonzept und Identitätsentwicklung sind daher immer unter der Perspektive der Umweltreaktionen und Umweltangebote zu sehen.

 Eine als ein wenig verträumt und introvertiert geltende Schülerin der zweiten Klasse an einer Körperbehindertenschule, die sich selten aktiv am Unterricht beteiligte, wurde wegen schneller Ermüdbarkeit einer Fachkollegin für Low Vision vorgestellt. Die Schülerin trug eine Brille, die die unterschiedlichen Augenstellungen (ein Auge wich nach oben ab) nicht korrigierte. Nach Verordnung einer Prismenausgleichsbrille für die Ferne zeigte sich das Kind völlig erstaunt darüber, dass die Bezeichnungen über den Geschäften nicht mehr doppelt, sondern nur einfach geschrieben standen. Vorher fühlte sich das Mädchen dadurch nicht gestört, ihre Welt war so, wie sie war. Erst durch die Brille wurden ihr Unterschiede im Vergleich zu vorher deutlich.

3.6.3 Erworbene Sehbeeinträchtigungen im Lebenslauf

Bei späterblindeten Menschen ist davon auszugehen, dass Repräsentationen wie z. B. Raumkonzepte oder Farbvorstellungen in ihrer Grundstruktur erhalten bleiben, auch wenn die Betroffenen oftmals berichten, dass die visuellen Vorstellungen und inneren Bilder verblassen und zunehmend durch akustisch-taktile Muster überlagert werden.

visuell erworbene Konzepte bleiben erhalten

Sehverluste im Erwachsenenalter erfordern häufig eine radikale Umstellung der Betroffenen und sind als kritische Lebensereignisse zu begreifen, deren Bewältigung von einer Vielzahl von Faktoren abhängig ist. Ein wesentlicher Faktor betrifft die Frage, ob die bisherige berufliche Tätigkeit unter modifizierten Bedingungen weitergeführt werden kann oder nicht und wie das familiäre und soziale Umfeld mit dem Sehverlust umgeht. Es ist davon auszugehen, dass bei einer Erblindung im Erwachsenenalter trotz der oben genannten Umorganisation die akustischen bzw. taktilen Differenzierungsleistungen von geburtsblinden Menschen nicht erreicht werden können (z. B. taktile oder akustische Diskrimination), dass jedoch das Vorhandensein visueller Vorstellungen für Orientierung und Handlungen im Alltag sehr hilfreich sein kann (Wahl/Schulze 2001).

kritisches Lebensereignis

Erworbene Sehbeeinträchtigungen werden, wenn sie sich langsam entwickeln, nur schwer wahrgenommen. Da Sehen ein konstruktiver, erfahrungsabhängiger Prozess ist, ergänzt das Gehirn Bilder und subjektiv wird lange keine Veränderung wahrgenommen. Oft bemerken Menschen mit Retinopathia pigmentosa den Sehverlust erst, wenn das Gesichtsfeld schon deutlich eingeschränkt ist.

erworbene Sehbeeinträchtigung

Bei degenerativen Prozessen der Makula wird zwar eine Reduzierung der Lesefähigkeit bemerkt, bei Kindern kann jedoch unbewusst eine Verlagerung des Fixationsortes stattfinden, d.h. weil die Bildauflösung im Zentrum unzureichend ist, übernimmt eine neue Netzhautstelle die Geradeausrichtung, obwohl sie nicht in der optischen Mittelachse des Auges liegt. So wird das Sehobjekt auf einer neuen, funktionierenden Netzhautstelle abgebildet. Für einen Beobachter

exzentrische Fixation

sieht es so aus, als würde sein Gegenüber an ihm vorbeischauen. Dies kann insbesondere bei Blickkontakt und in der zwischenmenschlichen Kommunikation zu Missverständnissen führen.

„Guck die Leute richtig an, wenn du mit ihnen sprichst", musste ein Mädchen wieder und wieder von Lehrern und Erwachsenen hören und wurde damit aufgefordert, an ihnen vorbeizuschauen, weil sie die Augen nach unten richten musste, um ein peripheres Netzhautareal nutzen zu können.

erhöhte Anforde-
rungen im Alltag Die überwiegend visuelle Organisation unserer Welt erschwert Menschen mit einer Sehbeeinträchtigung sowohl die Orientierung als auch eine adäquate Handlungsfähigkeit in diesem komplexen System. Die oftmals unzureichenden Informationen, die Menschen mit einer Sehbeeinträchtigung zur Verfügung stehen, erfordern zusätzliche Anstrengungen und erhöhtes Engagement, um sich Zusammenhänge zu sichern, die für Sehende völlig unproblematisch zu erlangen sind. Das beginnt bei Informationen über anwesende Personen in einem Raum oder auf der anderen Straßenseite, geht über Verbalisierung nur visuell nachvollziehbarer Handlungen und reicht bis zu der enormen Fülle des ausschließlich oder überwiegend visuell zur Verfügung stehenden Materials (grafische Benutzeroberflächen, Bilder, Medien). Einschränkungen der Aktivität basieren in allen Fällen erworbener Sehschädigung auf dem Verhältnis von individueller Strategie (unter Einsatz von Hilfsmitteln) und Umweltangebot.

3.6.4 Sehverlust im Alter

Umgang mit
dem Sehverlust Am deutlichsten erscheinen Aktivitätseinschränkungen bei Sehbeeinträchtigungen im Alter. Nicht mehr Zeitung lesen zu können, auf der Straße niemanden mehr zu erkennen, das Fernsehbild nur mit Anstrengung oder nicht mehr sehen zu können, wird im Alter als ein entscheidender Verlust von Lebensqualität erlebt, zumal viele alte Menschen glauben, die Aneignung von alternativen Strategien nicht mehr bewältigen zu können. Die herrschenden Vorstellungen von Blindheit als der schlimmsten Behinderung erweisen sich hier als kontraproduktiv für die Entwicklung von Copingstrategien. Wahl und Oswald gehen davon aus, „dass die Erfahrung einer Sehbeeinträchtigung im höheren Lebensalter eher als ‚ontime' erlebt werden dürfte [...], d.h. man rechnet als älterer Mensch eher mit gesundheitlichen Einschränkungen, mag sie als ‚Alterserscheinung' attribuieren und nimmt sie deshalb möglicherweise auch mit größerer Gelassenheit hin als in jungen Jahren" (1996, 130). Die Kehrseite dieser Gelassenheit könnte

man jedoch im Verzicht auf mögliche Diagnostikmaßnahmen, Hilfsmittel und Inanspruchnahme von Unterstützung sehen. In jedem Fall erfordert die Auseinandersetzung mit der Sehbeeinträchtigung oder dem Sehverlust im Alter eine Neuregulierung der Person-Umwelt-Beziehungen, die auf der Personseite Bewältigungsprozesse sowohl bezüglich des Selbsterlebens, des Verhaltens, der Alltagsorganisation notwendig machen, auf der Umweltseite jedoch die Bereitstellung sowohl einer differenziellen Diagnostik als auch entsprechender, den Erfahrungen und Strategien alter Menschen sensibel begegnenden Rehabilitationsmaßnahmen einfordert (Rath/Gaekel 1998). Bezüglich der Personseite gibt es in Deutschland nur wenige Untersuchungen, insbesondere von Wahl (1997), auf der Umweltseite fehlen entsprechende Rehabilitations- und Begleitungskonzepte und -maßnahmen fast vollständig (**Kap. 4.3.6**).

3.7   Epidemiologische Daten

Zuverlässige Daten bezüglich der Auftretenshäufigkeit von Störungen der visuellen Wahrnehmung gibt es zurzeit nicht, und das hat verschiedene Gründe. Wie in **Kapitel 3.1** bereits dargestellt, besteht das Problem darin, dass keine einheitliche Klassifikation existiert. Es gibt nicht nur unterschiedliche Begriffe und Einteilungen in den verschiedenen Ländern, sondern die Messmethoden sind ebenfalls oft nicht bekannt. Zwar orientieren sich nahezu alle medizinischen Dokumentationen am Visus, jedoch wird aus den vorliegenden Zahlen nicht immer deutlich, um welche Sehschärfe es sich dabei handelt. Visusmessungen bezüglich des Auflösungsvermögens, der Gittersehschärfe oder der Formsehschärfe unterscheiden sich in ihren Ergebnissen und ziehen daher andere Zuordnungen nach sich (Tielsch 2000, 6). Möglicherweise gelingt es mit dem neuesten Klassifikationsvorschlag der WHO, der International Classification of Functioning, zuverlässigere Daten zu ermitteln (WHO 2001).

Die World Health Organization hat verschiedene Studien zusammengefasst und geht von weltweit insgesamt 285 Millionen Menschen mit einer Sehschädigung aus, davon gelten 39 Mio. Menschen als blind, 246 Mio. Menschen als sehbehindert bzw. hochgradig sehbehindert (WHO 2012). Bei ca. 51% ist eine Katarakt Ursache für Erblindung, bei 43% sind Sehprobleme auf nicht korrigierte Refraktion zurückzuführen. Beide Ursachen könnten minimiert werden, wenn eine entsprechende medizinische Versorgung gewährleistet wäre.

Tabelle 8 zeigt – ausgehend von der Bevölkerungszahl ausgewählter Regionen – die Prävalenz von Blindheit und Sehbeeinträchtigung gemäß der WHO-Klassifikation (Tab. 2).

WHO Region	Total population (millions)	Blindness No. in millions (percentage)	Low Vision No. in millions (percentage)	Visual impairment No. in millions (percentage)
Africa	804.9 (11,9)	5.888 (15)	20.407 (8,3)	26.295 (9,2)
America	915.4 (13,6)	3.211 (8)	23.401 (9,5)	26.612 (9,3)
Eastern Mediterranean Region	580.2 (8,6)	4.918 (12,5)	18.581 (7,6)	23.499 (8,2)
European Region	889.2 (13,2)	2.713 (7)	25.502 (10,4)	28.215 (9,9)
South-East Asian Region (India excluded)	579.1 (8,6)	3974 (10,1)	23.938 (9,7)	27.913 (9,8)
Western Pacific Region (China excluded	442.3 (6,6)	2.338 (6)	12.386 (5)	14.724 (5,2)
India	1181.4 (17,5)	8.075 (20,5)	54.544 (22,2)	62.619 (21,9)
China	1344.9 (20)	8.248 (20,9)	67.264 (27,3)	75.512 (26,5)
World	**6737.5 (100)**	**39.365 (100)**	**246.024 (100)**	**285.389 (100)**

Tab. 8: Number of people visually impaired and corresponding percentage of the global impairment by WHO Region and country (WHO 2010, S. 5, Tyleford et al. 1995)

Verbreitung von Sehschädigung in Deutschland Daten zur Verbreitung von Sehschädigung in Deutschland basieren im Wesentlichen auf den Angaben des Statistischen Bundesamtes, damit sind nur diejenigen Personen erfasst, die einen Schwerbehindertenausweis beantragt haben. Die Dunkelziffer wird bei Blindheit wegen der bisherigen staatlichen Unterstützung eher gering, die bei Sehbehinderung wesentlich höher eingeschätzt. Bei Sehbehinderung geht das Bundesministerium für Gesundheit davon aus, dass die Zahl der registrierten Menschen mit einer Sehbehinderung mit dem Faktor 3 multipliziert werden muss, um die tatsächliche Gesamtzahl zu erhalten (Pfau et al. 2000, 25). Das Statistische Bundesamt hat für das Jahr 2011 350.655 Menschen mit einer Sehschädigung erfasst, das bedeutet, die tatsächliche Zahl müsste etwa 1 Mio. Menschen betragen.

Bezogen auf Sehschädigung im Kindesalter haben Schäfer et al. (1983) auf der Basis einer Reihenuntersuchung eine Prävalenz von 0.222% ermittelt, die Zahlen der Schwerbehindertenstatistik für das Jahr 2011 liegen deutlich darunter (ca. 28 000 Kinder gemäß Prävalenzberechnung zu 5 311 Kindern in der Schwerbehindertenstatistik). Diese sehr deutlichen Unterschiede haben verschiedene Ursachen. Die Schwerbehindertenstatistik dokumentiert nur Personen, die einen sogenannten „Schwerbehindertenausweis" beantragen. Viele Sehbeeinträchtigungen werden im Kindesalter nicht erkannt und sind daher auch nicht dokumentiert. Komplexe Schädigungen werden in der Schwerbehindertenstatistik entsprechend ihrer schwersten Behinderung erfasst. Da bei Vorliegen einer komplexen Schädigung mit geistiger und/oder körperlicher Beeinträchtigung eine Sehbeeinträchtigung entweder nicht diagnostiziert oder vernachlässigt wird, wird diese Gruppe unter dem Aspekt der Sehbeeinträchtigung nicht dokumentiert (Pfau et al. 2000, 30). Die Angaben bei Sehbeeinträchtigungen im Kindesalter sind ebenfalls ungenau, da vielfach Sehbeeinträchtigungen erst während der Schulzeit diagnostiziert werden. Völlig unberücksichtigt bleiben die Kinder, Jugendlichen und Erwachsenen, deren Sehproblem nicht mit den klassischen Parametern der Sehschärfe bzw. des Gesichtsfeldes beschrieben werden können.

Sehbeeinträchtigungen im Kindesalter

Eine Steigerung der Zahl der Sehbeeinträchtigungen ist bei der Altersgruppe der über 55-Jährigen zu verzeichnen. Hier finden sich übereinstimmende Tendenzen der internationalen und der deutschen Studien (**Tab. 9**).

Prävalenz nach Alter

Alter	Blinde und Sehbehinderte				
	Blindheit oder Verlust beider Augen (1)	Hochgradige Sehbehinderung (2)	Blindheit oder hochgradige Sehbehinderung (1)+(2)	Sonstige Sehbehinderung (3)	Gesamt (1)+(2)+(3)
<4	6,7	2,5	9,1	7,3	15,4
4-25	18,3	7,3	29,0	29,4	55,0
25-55	38,8	15,6	54,3	90,3	144,6
55-60	68,7	34,3	103,0	279,7	382,7
60-65	88,3	46,7	134,9	430,0	564,9
65-70	100,7	56,7	147,4	455,1	623,5
70-75	139,1	87,6	287,3	568,7	795,4
75+	508,3	418,9	550,2	1372,4	2299,6

Tab. 9: Prävalenz von Sehschädigung nach Alter (Schwerbehinderte, Schwerbehinderte Menschen, Fachserie 13, Reihe 5.1, 2011; Bevölkerung und Erwerbstätigkeit, Fachserie 1, Reihe 1.3, 2011; Zahlen per 100.000, eigene Berechnungen)

Die häufigsten Sehschädigungen im Kindesalter sind bezogen auf die Gruppe blinder Kinder nach der Studie von Ferell (2000, 120):

- Cerebrale Sehschädigungen (CVI): 20,6%,
- Retinopathia praematurorum (ROP): 19,1%,
- Optikushypoplasie: 16,6% und
- Strukturveränderungen des Auges: 11,1%.

Sehverlust im Alter zählt neben Arthritis und Herzschädigungen zu den drei am häufigsten genannten Schädigungen und Krankheiten, die Unterstützungsleistungen erforderlich machen. Studien hinsichtlich der Ursachen von Sehschädigung sehen in altersbezogener Katarakt und altersbezogener Makuladegeneration die häufigsten Ursachen von Blindheit und Sehbeeinträchtigung, wobei die Baltimore-Studie nach Ethnien differenziert und Unterschiede zwischen weißen und schwarzen Einwohnern feststellt.

Während Katarakt und Glaukom bei schwarzen Einwohnern die häufigsten Ursachen für eine Sehbeeinträchtigung darstellen und in wesentlich jüngeren Jahren auftreten, sind für die weißen Einwohner Katarakt und altersbezogene Makuladegeneration im höheren Alter die meistgenannten Augenerkrankungen (Tielsch et al. 1991; Tielsch 2000). Eine Reihe demografischer und epidemiologischer Studien hat einen Zusammenhang von Blindheit, Sehbeeinträchtigung und sozioökonomischem Status herausgearbeitet. Insbesondere im Bereich der Sehbeeinträchtigung haben Studien aus den USA einen Zusammenhang von Armut und unzureichender Versorgung mit optischen Hilfsmitteln ermittelt (Tielsch et al. 1991).

Prävalenz nach Geschlecht Die Angaben hinsichtlich der Geschlechterverteilung zeigen in der Kindheit und im Erwachsenenalter bis zum 45. Lebensjahr ein prozentuales Übergewicht bei der männlichen Bevölkerung (Adams/ Marano 1995) von 2.95 zu 1.29 (per 100), während mit zunehmendem Alter auf Grund der höheren Lebenserwartung der Anteil der Frauen zunimmt (Pfau et al. 2000).

Die zunehmende Lebenserwartung der Bevölkerung lässt insgesamt einen Anstieg der altersbezogenen Sehbeeinträchtigungen erwarten. Pfau et al. gehen in ihrer Prognose von einem Rückgang der Zahl blinder und hochgradig Sehbehinderter in der Altersgruppe unter 55 Jahren und einer deutlichen Zunahme in der Altersgruppe der über 55-Jährigen aus. Den stärksten Anstieg erwarten sie mit 48.9% in der Altersgruppe der über 75-Jährigen (2000).

Bateson, G. (1981): Ökologie des Geistes. Frankfurt a. M.: Suhrkamp

Brambring, M.; Tröster, H. (1994): The validity problem and the instruction problem in the assessment of cognitive development in blind infants and preschoolers. In: Journal of Visual Impairment and Blindness, 88, 9–18

Hyvärinen, L. (2002a): Assessment of Low Vision for Educational Purposes and Early Intervention (Part I–III). Online verfügbar: www.lea-test.fi/en/assessme/educearl/index.html (29.08.2013)

Hyvärinen, L.; Jacob, N. (2011): What and How Does This Child See? Assessment of Viual Functioning for Development and Learning. Helsinki: Vistest Ltd.

Lee, M.; Mac William, L. (1994): Movement, gesture and sign. London: Royal National Institute for the Blind

Lee, M.; Mac William, L. (2008): Learning together. A creative approach to learning for children with multiple disabilities and a visual impairment. London: Royal National Institute for the Blind

Nafstad, A.; Rodbroe, I. (1999): Co-creating communication. Perspectives on diagnostic education for individuals who are congenitally deafblind and individuals whose impairments may have similar effects. Dronninglund: Forl. Nord-Press

Amelung, V. E.; Bucholtz, N.; Brümmer, A.; Krauth, C. (2012): Sehen im Alter. Versorgungsstrukturen und -herausforderungen in der Augenheilkunde. Berlin: Medizinisch Wissenschaftliche Verlagsgesellschaft

Wahl, H.-W.; Schulze, H. E. (Hrsg.) (2001): On the special needs of blind and low vision seniors. Research and practice concepts. Amsterdam: IOS-Press

3.8   Übungsaufgaben zu Kapitel 3

Aufgabe 5   Was unterscheidet ein relationales Behinderungsverständnis von einem eigenschaftsorientierten Verständnis?

Aufgabe 6   Welches Problem besteht bei Klassifikationen von Sehschädigung?

Aufgabe 7   Wann spricht man von anteriorischen, wann von posteriorischen Sehschädigungen?

Aufgabe 8   Welche Kriterien der systemischen Diagnostik haben Sie am meisten irritiert?

Aufgabe 9   Welche Missverständnisse gibt es bei der Verhaltensbeobachtung von Kindern im Hinblick auf deren visuelle Strategien?

Aufgabe 10   Welche Rolle spielt Motorik (zum Beispiel Kopfkontrolle) für das Sehen?

4 Das System einer Pädagogik bei Blindheit und Sehbeeinträchtigung

Das Gesamtsystem aller Institutionen und Organisationen, Ziele und Inhalte, Methoden und Verfahren, die die Beschäftigung mit den Themen Blindheit und Sehbeeinträchtigung ausmachen, ist groß, und es fällt nicht leicht, pädagogische von nicht-pädagogischen Aufgabenfeldern zu unterscheiden. Daher soll zunächst versucht werden, handlungsleitende Prinzipien zu entwickeln, bevor das Organisationssystem dargestellt und auf die im klassischen Sinne pädagogischen Elemente näher eingegangen wird.

4.1 Grundprinzipien pädagogischen Handelns

Aus der Tatsache der Schädigung allein lassen sich keine Handlungsoptionen für eine Pädagogik ableiten, eher schon aus den Erkenntnissen der Wahrnehmungsforschung und den Erkenntnissen über die Reaktionen des sozialen und gesellschaftlichen Umfeldes. Grundprinzipien pädagogischen Handelns müssen ausgehend von der theoretischen Bestimmung des Individuum-Umwelt-Verhältnisses und der Ziele pädagogischen Handelns Prinzipien entwickeln, die die Sinnstruktur des konkreten Tuns transparent machen und gewissermaßen den roten Faden darstellen, an dem sich die einzelnen Ziele, Maßnahmen und Methoden orientieren.

Das primäre Ziel aller Minderheitenbewegungen, zu denen auch **Partizipation** Menschen mit einer Sehbeeinträchtigung zu zählen sind, ist kein pädagogisches, sondern ein sozialpolitisches: Die gleichberechtigte und chancengleiche Partizipation an allen gesellschaftlichen Prozessen. Mit der UN-Konvention über die Rechte von Menschen mit Behinderungen (2006), die von Deutschland 2009 ratifiziert wurde, haben diese sozialpolitischen Ziele eine weitreichende Grundlage erhalten.

Pädagogisch gewendet würde das Ziel lauten, alle Menschen zu dieser Partizipation zu befähigen. Erziehung wäre damit, das hat Bernfeld bereits 1925 gesagt, „die Summe der Reaktionen einer Gesellschaft auf die Entwicklungstatsache" (1967, 51), wobei man nicht nur Kinder und Jugendliche, sondern durchaus auch Erwachsene mit einbeziehen kann. Traditionelle Behinderten-, Heil- und Sonderpädagogik sah bei dem Vorliegen einer Schädigung im Kindes- und Jugendalter den Tatbestand einer besonderen Erziehungssituation gegeben (Bleidick 1983, aber auch Boldt 1966 und Hudelmayer 1975). Dies wird zum Beispiel daran deutlich, dass die Integrationsfähigkeit des einzelnen Kindes oder Jugendlichen mit einer Sehbeeinträchtigung als eine Aufgabe vor allem der Person und des entsprechenden pädagogischen Angebotes gesehen wird. Behinderung wurde als Eigenschaft einer Person begriffen, und demzufolge mussten alle erzieherischen Bemühungen an dieser Person ansetzen. Da die Person als eine besondere angesehen wurde, waren auch die Erziehungsbemühungen besondere.

Das heutige relationale Verständnis von Behinderung kann der traditionellen Argumentationslogik nicht mehr folgen. Es sieht vielmehr in der Individuum-Umwelt-Interaktion seine Anknüpfungspunkte. Erziehung kann in diesem Zusammenhang nicht in der *absichtsvollen Veränderung* des Kindes oder Jugendlichen bestehen, sondern ist als *absichtsvolle Kontextgestaltung* zu begreifen (Walthes 1998). Das Ziel besteht nicht in der Befähigung des Einzelnen zur Partizipation, sondern in der *Anerkennung der Differenz* und dem Umgang mit Verschiedenheit (Hinz/Walthes 2011). Die Entwicklung pädagogischer Handlungsprinzipien kann hier nicht in aller Ausführlichkeit dargelegt werden. Ausgehend von einigen Thesen zum Individuum-Umwelt-Verhältnis und Menschenbild sollen handlungsleitende Prinzipien zu einigen wenigen Aspekten beispielhaft entwickelt werden.

Voraussetzungen für pädagogisches Handeln

Ein pädagogisches Konzept, das einerseits die Spezifik der Bedingungen (Blindheit/Sehbeeinträchtigung in einer visuell dominierten Welt) betont, andererseits das Ziel der Partizipation aller verfolgt, sollte von folgenden Voraussetzungen ausgehen:

1. Anerkennung differenter Existenz- und Lebensformen als überlebensnotwendig für die menschliche Spezies.
2. Achtung vor der Könnerschaft jedes Menschen; Achtung vor dem Anderen als „legitimen Anderen" (Maturana 1997; Speck 1996; Varela 1994).
3. Ein relationales Behinderungsverständnis **(Kap. 3)**.
4. Wahrnehmung, Lernen, Erleben, Erfahrung als autopoietische Prozesse, das heißt Prozesse der Selbstorganisation, die nicht direkt beeinflusst werden können **(Kap. 2.3)**.
5. Das sonder- oder behindertenpädagogische System basiert auf absichtsvollem Handeln, ohne Ursache-Wirkungs-Zusammenhänge

annehmen und daher Wirkungen planen zu können. Unbeabsichtigte Wirkungen können daher größer sein als beabsichtigte. Aussagen über Wirkungen und Effekte sind ebenso beobachterabhängig wie Diagnosen (Luhmann 1992a, 119; **Kap. 3**).

Jede Theorie, jedes Konzept basiert auf einem Satz impliziter Annahmen über das Verhältnis von Mensch und Umwelt. Diese Grundannahmen liefern die Kriterien für die Auswahl von Theorien, sie wirken in die Praxis hinein und stellen den Hintergrund für pädagogisches Handeln dar. Die oben genannten Annahmen können daher nicht als allgemein gültige, sondern müssen als die von der Autorin entwickelten gesehen werden.

Sie basieren auf einem Bild vom Menschen, das diesen als ein *produktiv-realitätsverarbeitendes* und *potenziell reflexives Subjekt* begreift (Hurrelmann 2001). Jedes Individuum wird als *aktiv gestaltende, erlebende Person* verstanden, die in *permanenter kreativer, konstruktiver Auseinandersetzung mit der Welt und mit sich selbst* begriffen ist und diese Prozesse mitgestaltet.

Die genannten Grundannahmen legen Bezugstheorien nahe, die ein **Bezugstheorien** Vertrauen in Selbstregulationskräfte beinhalten. Ohne dies hier weiter ausführen zu können, sollen einige dieser Bezugstheorien genannt werden. Es sind dies phänomenologische Theorien (Husserl, Merleau-Ponty, Palágyi, Varela), konstruktivistische (Wahrnehmungs-) Theorien (Maturana, Varela, v. Glasersfeld), öko- und gemeindepsychologische Theorien (Bronfenbrenner, Rappaport, Keupp) und Systemtheorie (Luhmann). Sie alle bieten eine geeignete Grundlage für eine auf Verstehen ausgerichtete Pädagogik.

Phänomenologisch-konstruktivistische Theorien gehen von dem **Beobachtung 1. und** sogenannten „Subjekt a priori" jeglicher Wahrnehmung aus, Realität **2. Ordnung** ist diesen Theorien zufolge immer beobachtete Realität. Die Beobachtung entdeckt nicht vorhandene Phänomene, sondern erzeugt sie durch Beobachtung, durch Unterscheidung.

„Ein Beobachter konzentriert sich auf das, was er betrachtet. Er vernachlässigt dabei zumeist das, wovon er das Beobachtete unterscheidet oder setzt dies gänzlich unbestimmt als ‚alles andere voraus'. Er sieht das nicht, was er nicht sieht (und warum sollte er auch?)" (Luhmann 1992, 95).

Stellen Sie sich folgende Situation vor: Ein Kind spielt mit einer Katze, es beobachtet sie, rollt ein Wollknäuel vor ihr hin und her. Dies wird Beobachtung erster Ordnung genannt. Der Vater des Kindes sitzt ein wenig abseits und beobachtet das Kind, wie es mit der Katze spielt (Beobachtung zweiter Ordnung). Der Vater trifft andere Unterscheidungen als das Kind. Die Beobachtungseinheit des Kindes könnte die Katze und das Wollknäuel sein, die des Vaters Kind, Katze und Wollknäuel. Beide beobachten das, was sie beobachten und können das nicht sehen, was sie nicht sehen.

„Erst auf der Ebene der Beobachtungen zweiter Ordnung, der Beobachtung der Beobachtung fällt auf, dass Sachverhalte immer nur Sachverhalte für einen Beobachter sind […]" sagt Baecker (1993, 17) und bringt damit auf den Punkt, worum es hier gehen soll.

4.1.1   Sinnhaftigkeit des Tuns

Da Wahrnehmung von Subjekten gemacht wird und Subjekte sehr verschiedene Erfahrungen, Aufmerksamkeiten, Werte- und Bedeutungskonzepte haben, können auch deren Wahrnehmungen lediglich subjektive Konstruktionen sein. Sie sind, was sie sind und können von Außenstehenden streng genommen nicht beurteilt werden. Dies gilt für alle sogenannten psychischen Prozesse wie Lernen, Erleben, Erfahren, Fühlen, Empfinden, aber auch für Bewegung. Aus der Erstpersonperspektive sind sie so, wie sie sind, nicht richtig, nicht falsch, nicht gut, nicht schlecht, sondern die zum gegenwärtigen Zeitpunkt mögliche und passende Antwort auf innere oder äußere Bedingungen. Vor diesem Hintergrund wird der folgende Satz verständlich:
Alles was ein Mensch tut, macht für ihn Sinn, sonst würde er es nicht tun oder sonst würde er etwas anderes tun.
Jede Bewegung des Säuglings, jedes Gähnen beim Fernsehkrimi, jedes Verschlafen bei einem wichtigen Termin, jede schnelle Reaktion bei einem drohenden Zusammenstoß, jedes Gameboy-Spielen unter der Schulbank, ja sogar jeder Bankraub machen aus der Sicht der handelnden Personen Sinn, denn sie konstruieren ihre jeweilige Wirklichkeit. Dass etwas für den betreffenden Menschen Sinn macht, hat nichts damit zu tun, dass er oder dass andere es auch für sinnvoll im moralischen Sinne halten, vielmehr ist es das, was von ihm (bewusst oder unbewusst) unter den gegebenen Bedingungen als Lösung gewählt wurde. In pädagogischen, rehabilitativen oder therapeutischen Zusammenhängen beinhaltet dieses Postulat den Auftrag, das Sinnmachende für die jeweilige Person herauszufinden, um daran anschließen zu können. Was dies konkret bedeuten kann, möchte ich an einem Beispiel verdeutlichen:

Ein blinder Junge, 9 Jahre alt, zeigte ein ungewöhnliches Bewegungsverhalten, das darin bestand, auf der Stelle zu laufen und dabei einen
Gegenstand, den er in der rechten Hand hielt – er bevorzugte alle Arten
von Schlüsselbund – in die linke Handfläche zu schlagen. Die Eltern
machten sich Sorgen, weil er dieses Verhalten häufig zeigte und von
diesem Tun nicht abzubringen war. Hinzugezogene Fachleute sprachen
von einem stereotypen Bewegungsverhalten. Therapeutische Interventionen bestanden in einer sogenannten Verhaltensmodifikation. Der
Junge wurde mit Eis belohnt, wenn er das Verhalten nicht zeigte und
mit Eisentzug bestraft, wenn er das unerwünschte Verhalten zeigte.

Therapeutische Intervention setzt hier an dem Verhalten des Jungen
direkt an. Es geht weniger darum, das Verhalten zu verstehen, als es
zu beenden.

   Was glauben Sie, würde der so behandelte Junge später einmal mögen oder nicht mögen: seine Bewegungen, Eis oder den Therapeuten?
Oder spielen solche Fragen keine Rolle, wenn es um Therapie geht?

Diese Geschichte, die sich tatsächlich zugetragen hat, hat noch eine   **Stereotypie als**
andere Variante. In einem eher systemtheoretisch-pädagogischen Zu-   **individuelle**
sammenhang wurde das Verhalten des Jungen ebenfalls diskutiert und   **Lösungsstrategie**
es wurden zunächst einmal die Zusammenhänge angeschaut, in denen
dieses Verhalten auftrat. Es wurde deutlich, dass er, sobald er von der
Schule nach Hause kam, etwa eine halbe Stunde mit dieser Bewegung
beschäftigt war. In dieser Zeit war er kaum ansprechbar, danach durch-
geschwitzt, aber auch gelassener und nicht mehr so angestrengt. Das
Bewegungsverhalten trat aber auch auf, sobald er sich nach eigener
Aussage langweilte. In der Schule oder in anderen Situationen mit vielen Menschen zeigte er diese Bewegungen offensichtlich dann, wenn
die Situation zu unklar, zu diffus oder zu chaotisch wurde. Diese Beobachtung beruhte nicht auf einer Selbstaussage, sondern war Interpretation der Beobachter (Lehrerin, Eltern). Die Bewegungen selbst sahen, wenn man sie mit Musik unterlegte, wie ein Tanz aus. Unter dieser
Perspektive betrachtet, macht das gezeigte Verhalten Sinn, es dient
dem Stressabbau oder es bedeutet Suche nach Aktivität. Demzufolge
sieht das Angebot an den Jungen anders aus. Seine Strategie, Stress
abzubauen, wurde ihm nicht weggenommen, sondern hierfür wurde
sogar Zeit eingeräumt: „Das ist jetzt deine halbe Stunde nach der Schule, da kannst du tanzen." Um das Bewegungsrepertoire zu erweitern,
gab es ein bewegungs- und tanzpädagogisches Angebot, in dem er
lernen konnte, welche Bewegungsmöglichkeiten er ausgehend von
seinem Bewegungsmuster noch entwickeln konnte.

In diesem Zusammenhang wird das Verhalten des Jungen nicht als
ein sinnloses, stereotypes Verhalten gewertet, sondern als eine für den
Jungen sinnmachende Aktivität gesehen. Seine Lösungsstrategie erhält Raum, sie wird wertgeschätzt als *eine Möglichkeit.*

Vor diesem Hintergrund werden ihm andere Alternativen angeboten, sein Handlungsrepertoire zu erweitern. In dem einen Fall, der Verhaltensmodifikation, wird das gezeigte Verhalten selbst als das Problem angesehen und soll beseitigt werden. In dem anderen wird das gezeigte Verhalten als eine Lösung angesehen und es werden Angebote gemacht mit dem Ziel, dem Jungen ein Spektrum von Möglichkeiten zu eröffnen, in der Hoffnung, dass er die Wahl hat, welche davon er aufgreifen wird. Eine solche Vorgehensweise erfordert eine sehr differenzierte und kontextsensitive Beobachtung, die sich nicht mit einfacher Kategorisierung zufrieden gibt.

4.1.2   Nichtwissen und Neugier

verstehen wollen und erklären

Die Handlungen einer anderen Person verstehen zu wollen bedeutet, keine vorschnellen Erklärungen zuzulassen. Erklärungen – dies wurde in dem fiktiven Metalog über Behinderung deutlich (**Kap. 3**) – sind Ursache-Wirkungs-Zusammenhänge, deren Gültigkeit nicht mehr hinterfragt wird. Wenn zum Beispiel das etwas ungewöhnliche Verhalten eines Kindes mit *Wahrnehmungsstörung* bezeichnet wird, dann ist dies eine Erklärung, mit der sich viele zufrieden geben mögen, aber was ist damit gesagt? Wahrnehmungen spielen sich im Gehirn, im Kopf ab. Außergewöhnliche Wahrnehmungen eines anderen können wir nicht beobachten, was wir sehen, sind Handlungen, Bewegungen, Verhaltensweisen. Wahrnehmungsstörung wäre somit ein Erklärungsprinzip ohne nachprüfbare Basis. Eigentlich findet mit dem Begriff Wahrnehmungsstörung die pathologisierende Bewertung eines Phänomens statt. Nicht das Phänomen Wahrnehmung hat die Eigenschaft gestört, sondern diejenigen, die Verhalten so wahrnehmen, dass sie es für gestört halten. Das ist im Übrigen gut so, denn dadurch fühlen sie sich aufgefordert zu handeln und das wahrgenommene Problem zu lösen (Klaes/Walthes 2002).

Dialog

„Erklärungsprinzipien", sagt Bateson, „werden dort eingesetzt, wo man mit dem Fragen aufgehört hat" (1981, 73ff.). Verstehen wollen bedeutet hingegen nicht Wissen, nicht Erklären, aber Wissen wollen. Zum Verstehen wollen gehört die Neugier, über den anderen, seine Strategie, seine Denkweise etwas kennenlernen zu wollen, zum Verstehen gehört der Dialog.

Vorschlag und Gegenvorschlag

Gehe ich von der Annahme des Sinnmachenden jeder Handlung aus, dann begreife ich die Äußerungen des anderen Menschen als den Vorschlag, den er zur Gestaltung der Situation einbringt. Dieser Vorschlag kann zum Beispiel bezogen auf Kinder oder Menschen mit komplexen Schädigungen Abwendung oder Hinwendung sein, er kann auf einer Spannungsveränderung beruhen oder in einer erhöhten Atemfrequenz, in minimalen Bewegungen wie in einer intensiven und lautstarken Äußerung. Was sich aus diesem Vorschlag ergibt, hängt davon ab, mit welchem Gegenvorschlag ich antworte. Mein Gegenvorschlag ist der Versuch zu verstehen. Mit ihm stelle ich mich genauso zur Disposition wie der andere.

Vorschlag und *Gegenvorschlag* sind ein Begriffspaar, das der italienische Neuropädiater Milani-Comparetti eingeführt hat, um die dialogische Grundstruktur jedes Kontaktes zu kennzeichnen (1997).

4.1.3 Kontexte sehen

Eine zweite Annäherung, die Handlungen eines anderen Menschen zu verstehen, ist eine kontextuelle und bezieht sich auf die Frage: Was muss ich alles zueinander in Beziehung setzen, um die Handlungen, die Äußerungen eines anderen verstehen zu können?

Ein sehr wichtiger, auch in anderen Zusammenhängen bedeutsamer **Zeit** Kontext ist *Zeit*. Ich kann Äußerungen, Handlungen anders verstehen, wenn ich sie in einen anderen zeitlichen Rahmen stelle. Dann kann ich z.B. Äußerungen als Antworten wahrnehmen, die mir ansonsten als nicht einzuordnende erscheinen.

In der Zusammenarbeit mit einem Mädchen, das aufgrund eines Hirntumors eine Halbseitenlähmung hatte, über keine Lautsprache mehr verfügte und bei dem viele basale Steuerungsfunktionen modifiziert waren, brauchte ich geraume Zeit, um festzustellen, dass meine an sie gerichteten Fragen durchaus beantwortet wurden. Anfangs hatte ich nicht darauf geachtet, dass sie den Mund in einer bestimmten Weise geöffnet hielt, als bejahende Antwort auf meine Frage. Denn diese Antwort erfolgte etwa 1–2 Minuten, nachdem ich die Frage gestellt hatte. Nachdem ich gelernt hatte, ihre Antwort zu verstehen, konnten wir zuverlässiger und besser miteinander kommunizieren.

Beobachten Sie sich im Umgang mit Kindern oder Menschen, die Ihnen langsamer oder schneller in ihren Reaktionen erscheinen, als Sie es erwarten. Wie gehen Sie damit um? Wie lange können Sie warten?

Ein zweiter Kontext ist *Raum*, verstanden als räumliche Umwelt **Raum** im Sinne der Wahrnehmbarkeit von Umgebungsbedingungen (mit bestimmten klanglichen Qualitäten, Kühle, Wärme etc.); Raum, der mir für meine eigenen Handlungen, für meine Äußerungen zur Verfügung steht. Sind z.B. Handlungen besser zu verstehen, wenn sie großräumig sein können? Wie verstehe ich eine Bewegung, wenn ich sie von der gemachten Bewegung aus gedanklich vergrößere bzw. verkleinere?

Und schließlich Raum, verstanden als Setting mit unterschiedlichen Materialqualitäten. Wird eine Äußerung verständlicher, wenn ich sie in Abhängigkeit zur Unterlage (Teppich, Steinfußboden, glattes Parkett etc.) betrachte?

 Eine Familie, die ich im Rahmen eines frühpädagogischen Projektes betreute, bat mich, sie bei einer Untersuchung in einer entwicklungsneurologischen Abteilung zu begleiten. Der Junge, zu diesem Zeitpunkt 14 Monate, liebte es, lange und kräftig so zu strampeln, dass seine Fersen kräftig auf dem Boden aufschlugen. Dieses Verhalten wiederum bereitete dem zuständigen Frühförderer Sorgen, weshalb er eine Überprüfung des Entwicklungsstandes des Kindes vorschlug. Die Untersuchung in der Klinik verlief zunächst ausgesprochen positiv. Der zuständige Arzt betonte seine Wertschätzung der elterlichen Kompetenz und der Junge machte alles mit. Der behandelnde Arzt nahm ihn vom Untersuchungstisch und stellte ihn auf den Boden, mit der Bemerkung: „So, jetzt wollen wir uns anschauen, wie schön du stehen kannst", aber der Junge blieb nicht stehen, klammerte sich an den Arm des Arztes. Die Eltern waren überrascht, hatten sie doch gerade dem Arzt geschildert, dass ihr Sohn schon sicher stehen könne und wohl demnächst im Begriff sei, laufen zu lernen. Alle Versuche von Arzt und Eltern, alles Zureden nützte nicht, im Gegenteil, die Situation wurde schwieriger und schwieriger, da der Junge nun anfing zu weinen. Ich beobachtete, dass er bei allen Stehversuchen immer nur auf einem Bein stand, das andere Bein hochhob und sich mit seinem ganzen Körper gegen die Person lehnte, die ihn gerade festhielt. Wir alle wussten nicht, was zu tun sei, eine gewisse Ratlosigkeit stellte sich ein und eine Änderung der Atmosphäre. Irgendwann hatte ich die Idee, dass das Verhalten des Jungen etwas mit dem Boden zu tun haben könnte, auf dem er stand: Fliesen. Ich glaubte mich zu erinnern, dass die Wohnung der Familie Holz-, vor allem aber Teppichfußböden enthielt und fragte die Eltern danach. Es stellte sich heraus, dass er kalte Fliesen nicht kannte. Ein Teppichläufer wurde daraufhin besorgt, der Junge darauf gestellt und er stand alleine, kein Problem für ihn.

Umgangs- und Handlungskultur Als dritten Kontext möchte ich die beteiligten Personen mit ihren Beziehungen und Vorstellungen sowie die bestehende Umgangs- und Handlungskultur benennen und setze damit insbesondere an der Differenz von Blindheit und Sicht an. Setze ich die Äußerungen des Kindes zu dieser Kultur in Bezug, komme ich möglicherweise zu anderen Verstehensweisen. In einer Umgangskultur, die überwiegend auf rationalen Auseinandersetzungen beruht, sind die Handlungsanlässe und Aufforderungen möglicherweise andere als in einem Kontext, der unmittelbar körpernahe Interaktionen bereitstellt. Wie schwierig es für Sehende ist, die bestehende visuozentristische Handlungskultur zu hinterfragen, verdeutlicht Spittler-Masolle:

„Eine Studentin berichtete […] von folgender Situation, die sich zwischen einem Blinden und seinem Mobilitätstrainer abgespielt habe: Der Blinde habe wiederholt den Wunsch geäußert, Fußball zu spielen. So ging der Mobilitätstrainer mit ihm auf einen Fußballplatz. Sie stellten sich gegenüber und begannen, einen Ball hin und her zu spielen. Nach einer Weile fühlte sich der Trainer aufgerufen, den Blinden – ich nenne ihn hier aus Gründen, die sich Ihnen gleich erschließen werden, Torsten – auf das Tor aufmerksam zu machen und sprach: ‚Was hältst du davon, wenn wir jetzt einmal Torschüsse probieren?' Torsten stimmte zu. Der Trainer merkte an: Dazu musst du dich aber in das Tor stellen.' Der Blinde antwortete: Dort stehe ich doch.' Der Trainer lächelte etwas verlegen und sprach: Du irrst dich, du stehst vor einem Pfosten, das Tor ist zwischen diesen Pfosten.' Ich verfolge diesen Dialog hier nicht weiter und möchte folgende Differenz festhalten […]: Der Sehende hat die Vorstellung, ein Tor sei ein Raum, der durch zwei Pfosten (und eine Latte) begrenzt ist. Der blinde Torsten steht vor dem einen Pfosten und ist der Meinung, dies sei das Tor. Wenn wir uns darauf einlassen, von der üblichen und zugegebenermaßen weit verbreiteten Meinung abzusehen, dass das Verständnis des Trainers richtig zu sein scheint, wird hier deutlich, dass die Tordefinition von Torsten exakt seinen Möglichkeiten entspricht. Spielt ein Sehender den Ball auf ein Tor in üblicher Weise, so wird ein blinder Torsteher (Tor-sten) kaum eine Chance haben, den Ball zu halten. Wenn wir weiter davon ausgehen, dass das Geräusch des Schusses und des Balles nicht genügend Hinweise gibt, um sich der bei dieser Übung entstehenden Geschwindigkeit des Balles blind angemessen zu verhalten, dann ist die Wahrscheinlichkeit, den Ball zu halten, dort am größten, wo der Torwart steht. Konsequenterweise ist es auch in einem blinden System am günstigsten, mit dem eigenen Körper das Tor weitestgehend abzudecken. Und dies ist bei einem Pfosten gegeben, wenn der Pfosten zum Tor erklärt wird. Zudem berücksichtigt diese konnotative Besetzung des Begriffs Tor von Torsten die Bedingungen, unter denen das Spiel erfolgt: Ein Blinder soll einen Ball halten, der von einem Sehenden geschossen wird." (1998, 207f.)

Kommt Ihnen dieses Beispiel etwas merkwürdig vor? Haben Sie eine Vorstellung, weshalb?

Ein Umgang mit der Vorstellungs- und Handlungswelt von Torsten, der darin besteht, seine Konstruktionsweise als falsch und korrekturbedürftig zu erklären, wäre fatal, berücksichtigt er doch die Relativität der eigenen Vorstellung nicht und setzt das eigene Verständnis absolut.

Ein vierter, im Zusammenhang mit komplexen Schädigungen und progredienten Erkrankungen nicht zu unterschätzender Kontext ist die *Medikation*. Diese, insbesondere wenn es sich um Neuroleptika handelt, ist ein ganz entscheidender, allerdings erschwerender Faktor im Hinblick auf das Verstehen des Kindes, Jugendlichen oder Erwachsenen.

Medikation

Die genannten sind mögliche, nicht regelhaft vorzufindende Kontexte, die das Verstehen mitbedingen und deren Beachtung möglicherweise ein Verstehen erleichtern kann.

Eine auf Verstehen ausgerichtete Pädagogik mag komplex und in ihrem Verstehensprozess zunächst langwierig erscheinen. Sie ist jedoch ein bedeutsamer Weg im Verständnis von Kindern, die aus dem Rahmen der üblichen Interpretationen fallen.

4.1.4   Selbstbestimmung akzeptieren und Selbstständigkeit ermöglichen

Selbstständigkeit   Selbstständigkeit kann man als das Schlagwort in der Pädagogik bei Blindheit und Sehbeeinträchtigung bezeichnen. Kein pädagogischer Beitrag, der nicht darauf abzielt, die Notwendigkeit von Selbstständigkeit zu betonen, die Überwindung des auf Hilfe Angewiesenseins als Ziel zu formulieren, die Entwicklung von mehr Selbstständigkeit einzufordern. Selbstständigkeit wird verbunden mit Selbermachen, erwachsen und unabhängig sein und impliziert die Vermittlung und Aneignung konkreter Fertigkeiten. Ein Beispiel aus dem Orientierungs- und Mobilitätstraining:

 Der Lehrer berichtet verzweifelt, dass seine Schülerin, eine junge Frau von 18 Jahren, es einfach nicht schaffe, alleine über eine ampelgeregelte Kreuzung zu gehen. Ohne diese Fertigkeit werde sie sich aber niemals selbstständig im Straßenverkehr bewegen können. Auf meine Frage, was sie denn tue, antwortet er: „Kaum steht sie an einer Ampel, kommt immer jemand und fragt sie, ob er ihr helfen kann. Sie sieht einfach so aus, dass jeder sich bemüßigt fühlt, sie anzusprechen".

Abgesehen davon, dass der letzte Satz lediglich die Wahrnehmung und Annahme des Lehrers beschreibt, stellt sich die Frage nach dem Selbstständigkeitsbegriff, der hier zugrunde liegt.

 Die beschriebene Frau und die Menschen, die sie ansprechen, bilden ein höchst selbstständiges soziales System, das über wesentlich mehr Aspekte und Fähigkeiten verfügt, als die Fertigkeit der Ampelüberquerung jemals erzeugen kann. Kein anderer als der Lehrer zeigt in dieser sozialen Situation offensichtlich kein Vertrauen in die Handlungsweise seiner Schülerin.

„Wenn das grundsätzliche Vertrauen nicht vorhanden ist, werden Lösungswege vorgegeben, Entscheidungen stellvertretend getroffen und Aufgaben abgenommen. Dieser professionelle Aktionismus wird häufig als fürsorgliche Belagerung beschrieben, die vermeintlich dem Wohl und Schutz der Betroffenen dienen soll" (Lenz 2002).

Wird Selbstständigkeit ausschließlich im Sinne der Unabhängigkeit und des Selber-Machens gesehen und werden damit Forderungen an Menschen mit Behinderung verbunden, die man an Menschen ohne Behinderung nicht richten würde, dann gerät Selbstständigkeit zum Gegenbegriff von Selbstbestimmung. Diese Tendenz ist innerhalb der Pädagogik bei Blindheit und Sehbeeinträchtigung heute nur noch selten zu finden. Vielmehr hat sich die Erkenntnis durchgesetzt, dass Fertigkeiten und Fähigkeiten in Relation zum sozialen Kontext gesehen werden müssen (Klee 1998).

Der Begriff Selbstbestimmung im Bedeutungszusammenhang der **Selbstbestimmung** *Selbstbestimmt-Leben-Bewegung* ist zunächst einmal ein sozialpolitischer, emanzipatorischer Begriff, wendet sich gegen Fremdbestimmung, Diskriminierung und Aussonderung und zielt darauf, die Regelungs- und Handlungskompetenzen den Menschen mit Behinderung selbst zu überlassen. Drolshagen und Rothenberg nennen in Anlehnung an Miles-Paul (1992) sechs Grundsätze der Selbstbestimmt-Leben-Bewegung:

1. Forderung nach der Verabschiedung von umfassenden und einklagbaren Gleichstellungs- und Antidiskriminierungsgesetzen für behinderte Menschen (inzwischen teilweise eingelöst, R.W.).
2. Bestreben der Entmedizinisierung von Behinderung.
3. Das Prinzip der Nichtaussonderung und größtmöglichen Integration in das Leben der Gemeinde.
4. Forderung nach größtmöglicher Kontrolle über die eigenen Organisationsformen durch Behinderte.
5. Forderung der größtmöglichen Kontrolle über die Dienstleistungen für Behinderte durch Behinderte.
6. Selbstverpflichtung der Mitglieder der Selbstbestimmt-Leben-Bewegung zu Peer Counseling und Peer Support (Beratung und Unterstützung von Behinderten durch Behinderte) als Schlüssel zur Ermächtigung Behinderter" (1998, 251).

Selbstbestimmung wird hier als Gegenbegriff zu einer institutionel-   **Fremdbestimmung** len, normativen und strukturellen Fremdbestimmung verstanden. Fremdbestimmung findet häufig statt über Ordnungen und Bestimmungen z.B. in Heimen und Werkstätten (Wacker et al. 1998), über Erwartungen an Menschen mit Schädigungen, dies oder jenes alleine machen zu können, über Sachzwänge – „Wenn Sie diesen Saal mit dem Rollstuhl erreichen wollen, dann müssen Sie sich tragen lassen" –, strukturelle Zwänge wie z.B. das geringe Spektrum an Berufsmöglichkeiten für blinde oder sehbeeinträchtigte Menschen.

Für Pädagogik und Rehabilitation ist Fremdbestimmung v.a. unter der Perspektive der Fremdbestimmung durch Expertentum und Hilfe zu betrachten. Wenn Betreuerinnen und Betreuer glauben, besser zu wissen, was für die betreute Person richtig ist – wenn das Ablehnen eines optischen Hilfsmittels, weil das Sehen dadurch anstrengender sei, als Ausrede ignoriert wird, wenn für die Pflege Standardmaterialien verwendet werden, obwohl sie der zu pflegenden Person unangenehm sind, dann findet Fremdbestimmung statt, die auf der anderen Seite Gefühle von Abhängigkeit und Ohnmacht erzeugen kann. Hierzu gehören viele pflegerische und Versorgungsmaßnahmen, die erfolgen, weil man glaubt, die zu betreuende Person bekomme das doch nicht richtig mit.

 Irblich, D. (2004): Gewalt ist, wenn man´s trotzdem macht. Über fachlich legitimierte Formen der Gewalt in der Arbeit mit behinderten Kindern . In: Geistige Behinderung, 43, 15–35

persönliche Assistenz Selbstbestimmung durch persönliche Assistenz ist innerhalb der Behindertenbewegung ein wichtiges Konzept, um Fremdbestimmung zu begegnen.

„Mit Hilfe von Assistenz werden aus hilfebedürftigen Behinderten ‚selbstbestimmte behinderte Arbeitgeber und Arbeitgeberinnen', die die benötigten Hilfen organisieren und koordinieren, und aus wohl wollenden Helfern und Helferinnen ‚persönliche Assistenten und Assistentinnen', die von ihren ArbeitgeberInnen entsprechend beschäftigt und bezahlt werden, aber auch entlassen werden können" (Drolshagen/Rothenberg 1998, 254).

Bewegung und Selbstvertrauen Selbstbestimmung bedeutet aus pädagogischer Perspektive die Unterstützung von Selbstwertgefühl und Selbstvertrauen. Die Entwicklung von Selbstvertrauen basiert im Säuglingsalter auf Bewegung, sie ist die bevorzugte Äußerungsmöglichkeit. Was mag es für Säuglinge und Kleinkinder, was für Kinder und Jugendliche bedeuten, wenn sie in diesem elementaren Bereich ständig Korrekturen erleben? Eltern und Fachleute versprechen sich von einer frühzeitigen und konsequenten Korrektur bestimmter Bewegungen und Verhaltensweisen, dass sich die Gefahr von Folgeproblemen verringert. Für das Kind – und gerade für einen Säugling, der seine Bewegungsäußerungen, damit aber auch seine Wahrnehmungs-, Handlungs- und Kommunikationsmöglichkeiten noch nicht in aller Vielfalt erproben und entwickeln konnte – kann eine permanente Korrektur seiner Bewegungen andere als die erwarteten Auswirkungen haben. Zum Beispiel könnte das Kind mit den Korrekturen folgende Botschaft verbinden:

„Das, was ich von mir aus tue, findet keine Resonanz; ich mache alles falsch; ich kann von mir aus nichts alleine tun; ich brauche immer jemanden, der mich korrigiert; ich mache andere traurig mit dem, was ich tue..." und vieles mehr.

Auch wenn solche Erlebnisse und Erfahrungen nicht verbalisierbar sind, so können sie doch dazu führen, dass das Kind sich immer mehr dem fügt, was mit ihm getan wird und damit die Grundlage für die eigene Aktivität und die Aneignung von Umwelt zu verlieren droht: das Zutrauen in die eigenen Bewegungen, zur eigenen Handlungs- und Kommunikationsfähigkeit und damit zu sich selbst. Dieses Beispiel würde missverstehen, wer nun glaubt, damit würden Physio- oder andere Therapieformen kritisiert.

Vielmehr soll aufgezeigt werden, dass es zwei Seiten gibt: die Fachlichkeit der Professionellen, die einen Handlungsbedarf sehen, und die Seite des Selbsterlebens. Wird diese andere Seite von den Professionellen nicht berücksichtigt und ständig übergangen, dann findet Fremdbestimmung bereits hier statt.

Anforderungen an Fachleute

Saerberg, S. (2006): Geradeaus ist einfach immer geradeaus. Eine lebensweltliche Ethnographie blinder Raumorientierung. Konstanz: UVK

Es sind oftmals die kleinen Verhaltensweisen, an denen deutlich wird, ob eine respektvolle Haltung gegenüber der Seinsweise einer anderen Person eingenommen wird oder nicht. Selbstbestimmung erfordert von den Professionellen ein prinzipielles Anerkennen und Vertrauen in die Selbstregulationsfähigkeiten jedes Einzelnen; wenn man die pädagogische Fachliteratur daraufhin kritisch überprüft, dann besteht hier ein großer Nachholbedarf. Der einzelnen Person Selbstbestimmung zuzugestehen und sie als Expertin in eigener Sache zu begreifen, kann konkret bedeuten:

Respekt vor dem Gegenüber

- den Entschluss einer Person, auf ein Hilfsmittel zu verzichten, zu akzeptieren;
- die Entscheidung gegen eine Operation mitzutragen;
- die Entscheidung eines Kindes, nicht zu schlucken, trotz aller Bemühungen von außen, zu akzeptieren;

- die Entscheidung eines Kindes, nicht auf visuelle Stimulation zu reagieren, zu akzeptieren;
- die Entscheidung einer Familie, diese Therapiemaßnahme zu beenden, zu akzeptieren, wenn sie aus der professionellen Perspektive auch nicht immer zu verstehen ist.

Gerade im Umgang mit Kindern, deren Selbstbestimmungsmöglichkeiten und auch -fähigkeiten in der Entwicklung begriffen sind, ist eine solche Haltung manchmal eine Gratwanderung und erfordert daher einerseits ein hohes Maß an kritischer Selbstreflexion, andererseits viel Kommunikation sowohl mit den Klienten als auch im Team oder durch Supervision.

4.2   Organisationen und Institutionen

Struktur des Gesamtsystems Selbsthilfe, Pädagogik, Rehabilitation, Missionsarbeit/Entwicklungshilfe und Ökonomie kennzeichnen das Gesamtsystem, das sich um die Themen Blindheit und Sehbehinderung im Laufe von mehr als 200 Jahren entwickelt hat. Hierbei ist die Trennlinie zwischen diesen Bereichen nicht eindeutig zu ziehen, da es häufig zu Überschneidungen kommt.

- Der Deutsche Blinden- und Sehbehindertenverband (DBSV) hat einen eigenen Bildungsausschuss und nimmt über diesen Einfluss auf pädagogische Belange.
- Der spanische Blindenverband ONCE (Organización Nacional de Ciegos Españoles) ist Träger aller Ressourcenzentren für blinde und sehbeeinträchtige Menschen in Spanien, Arbeitgeber für Tausende von Losverkäufern und war unter anderem Besitzer eines der erfolgreichsten Unternehmen im Radrennsport.
- Der Schweizerische Zentralverein für das Blindenwesen versteht sich als Dachorganisation für etwa 50 unterschiedliche Organisationen, ist der größte Anbieter von Weiterbildungen für Themen der Blinden- und Sehbehindertenpädagogik in der Schweiz, führt eigene Forschungen durch und vertreibt Literatur und Hilfsmittel.
- Der Verein zur Förderung der Blindenbildung (VzFB) entwickelt und vertreibt Hilfsmittel für blinde und sehbeeinträchtige Menschen in Deutschland, ist jedoch auch Mitglied im Verband für Blinden- und Sehbehindertenpädagogik – beide sind wiederum korrespondierende Mitglieder des DBSV.
- In Österreich versteht sich der Blinden- und Sehbehindertenverband Österreich (BSVÖ) als Dachorganisation der Selbsthilfegruppen, betreibt ebenfalls eine Lotterie und ist Träger einer Schulungseinrichtung für blinde und sehbehinderte Menschen (SEBUS).
- Die edition bentheim, ein Verlag mit Publikationen im Bereich Blindheit und Sehbehinderung, ist Teil der Johann-Wilhelm-Klein

Akademie, die sich um Weiterbildungsangebote im Feld der Pädagogik bei Blindheit und Sehbeeinträchtigung kümmert. Diese Akademie wiederum wird als gemeinnützige Einrichtung von verschiedenen Institutionen für Blinde und Sehbehinderte in Deutschland, Österreich und der Schweiz und dem Verband für Blinden- und Sehbehindertenpädagogik getragen.

Es handelt sich bei diesem System also um ein sehr enges Geflecht mit vielfältigen Interessensüberschneidungen. Daher ist es nicht verwunderlich, dass sich die Systeme in den deutschsprachigen Ländern ähneln.

Diese Struktur ist historisch gewachsen. Sie war in der Spezifik der Anforderungen begründet. Der Nachweis der bürgerlichen oder gesellschaftlichen Brauchbarkeit blinder Menschen durch Bildung hatte eine parallele Entwicklung des schulischen und beruflichen Systems zur Folge gehabt (Rath 1985). Die anfangs für und mit blinden Menschen entwickelten Berufe wie Bürstenbinder, Korbflechter oder Klavierstimmer haben ein spezielles berufliches System erzeugt: eigene Werkstätten, meist in der Nähe der Schulen. Auf diese Weise wurde auch die Entwicklung von Selbsthilfeorganisationen in Verbindung mit den großen Blindenbildungsanstalten unterstützt (Demmel 2006). Die großen Blindenbildungsanstalten des 19. Jahrhunderts waren für das Leben blinder Menschen von der Schule bis zum Lebensende zuständig, ja manchmal von der Wiege bis zur Bahre, wie es in einigen der älteren Schriften steht (Pielasch/Jaedicke 1971; Rath/Drewes 2006). Diese Situation hat eng aufeinander bezogene und miteinander verwobene Organisationen zur Folge gehabt, Verflechtungen, die nicht nur national, sondern auch international zu finden sind. Dies hat vor allem drei Gründe:

historische Entwicklung

a) die Zahl der Menschen mit einer Sehbeeinträchtigung war in den Industrieländern relativ gering und beanspruchte einen Sonderstatus,
b) bei der Entwicklung von Know-how für diese Gruppe konnte man nicht nur auf eine kleine nationale Gruppe bauen und
c) die große Zahl blinder Menschen in den Ländern des Globalen Südens erforderte starke und finanzkräftige Hilfsorganisationen von internationalem Zuschnitt.

Gründe für frühe Internationalisierung

So ist heute zum Beispiel der Verband für Blinden- und Sehbehindertenpädagogik Mitglied sowohl der europäischen Sektion als auch des Weltverbandes des International Council for Education of People with Visual Impairment (ICEVI), kooptiertes Mitglied der European Blind Union (EBU) und der World Blind Union (WBU). Diese internationalen

Organisationen arbeiten wiederum in enger Kooperation mit den für die Entwicklungsunterstützung zuständigen Missionen und Organisationen wie Christoffel Blindenmission (CBM), Perkins International, Sightsavers oder Royal National Institute for the Blind (RNIB), um nur einige der großen weltweit operierenden Organisationen zu nennen. Ausdruck dieser gemeinsamen Anstrengungen ist das Projekt „Vision 2020", ein Projekt der UNESCO und aller Organisationen des sogenannten Blindness-Systems (www.iapb.org/vision-2020). Aufgabe dieses Projektes ist es, Blindheit in den Ländern des Globalen Südens zu reduzieren und eine medizinische Grundversorgung zu gewährleisten. Dieses Ziel, die Lebenssituation von blinden Menschen zu verbessern und auf den unterschiedlichen Ebenen für deren Rechte einzutreten, eint die zahlreichen Aktivitäten der verschiedenen Organisationen.

Folgende Organisationen sind zum Beispiel in der Bundesrepublik, der Schweiz und Österreich Teil des Systems:

Institutionen im System

- Selbsthilfe: DBSV (Deutscher Blinden- und Sehbehinderten-Verband), BSVÖ (Blinden- und Sehbehindertenverband Österreich), Schweizerischer Blindenbund zuständig für blinde und sehbehinderte Menschen, DVBS (Deutscher Verein der Blinden und Sehbehinderten in Studium und Beruf), BFS (Bund zur Förderung Sehbehinderter), PRO RETINA, Bund der Kriegsblinden, Elternorganisationen, Vereine
- Pädagogik: Schulen aller Schulformen (staatliche, konfessionelle, in freier Trägerschaft), Schulen für hörsehbeeinträchtigte Schülerinnen und Schüler, Frühfördereinrichtungen, Sonderkindergärten, Einrichtungen für berufliche Bildung, Internate, Kompetenzzentren und mobile Dienste, Verband für Blinden und Sehbehindertenpädagogik VBS e.V.
- Rehabilitation: RES (Rehabilitationseinrichtung für Sehgeschädigte, Marburg), IRIS (Institut zur Rehabilitation und Integration Sehgeschädigter, Hamburg), Beratungs- und Serviceeinrichtungen in Deutschland, Österreich und der Schweiz, Berufsbildungswerke (BBWs – Basel, Chemnitz, Graz, Frankfurt, Marburg, Nürnberg, Soest, St. Gallen, Stuttgart, Wien), Berufsförderungswerke (BFWs – Düren, Halle, Linz, Mainz, Veitshöchheim), Altersheime für Menschen mit einer Sehbeeinträchtigung, Berufsvereinigung der Orientierungs- und Mobilitätslehrer/innen für Blinde und Sehbehinderte e.V. (BOMBS), Berufsverband der Rehabilitationslehrer/innen für Blinde und Sehbehinderte, DBBW (Deutsches Blindenbildungswerk)
- Hilfsmittel: VzfB (Verein zur Förderung der Blindenbildung, SZB (Schweizer Zentralverein für das Blindenwesen); Blindendruckverlag Wien; Firmen für elektronische und optische Hilfsmittel, Blindenhörbüchereien, Punktschriftbibliotheken, wie z.B. die deutsche Zentralbücherei für Blinde zu Leipzig, Medienzentren (viele sind in der Mediengemeinschaft für blinde und sehbehinderte Menschen zusammengeschlossen), Punktschriftverlage

- Entwicklungshilfe/Missionsarbeit: Christoffel Blindenmission, Hildesheimer Blindenmission, Deutsches Blindenhilfswerk, Deutsches katholisches Blindenwerk sowie Stiftungen, die sich ausdrücklich der Unterstützung von Menschen mit einer Sehbeeinträchtigung annehmen.

Die Tendenz, an einem Mikrokosmos des Blinden- und Sehbehinder-**Blindness-System** tenwesens weiterzuwirken und die Vernetzung mit anderen Sozialsystemen zu vernachlässigen, war früher wesentlich ausgeprägter als heute.

Walter Thimm, Soziologe an der Universität Oldenburg und kritischer Beobachter der Entwicklungen dieses Systems, hat das von ihm so gekennzeichnete „Blindness-System" der 1960er Jahre wie folgt beschrieben:

„Bewerber um Aufnahme in den Stand der Blindenlehrerschaft sahen sich einer Welt gegenüber mit ehrwürdigen Traditionen, mit klaren Organisationsstrukturen und Hierarchien, einer pädagogischen Provinz mit eigenständiger Praxis und dazugehörigem Überbau. Äußerlich auch dadurch gekennzeichnet, daß Blindenanstalten zumeist neben der Schule einen (fast) alles umfassenden Lebensraum für Zöglinge wie für Personal, nicht selten auch für ältere blinde Menschen, darstellten. Durch eine Pforte mit Pförtner betrat man einen großen Komplex mit Internatseinrichtungen, Personalwohnungen, Schule, Vorschule, Ausbildungswerkstätten, zentralen Versorgungseinrichtungen, Sportstätten, Gärtnerei usw. Als Kandidat wurde man probeweise in diese Welt aufgenommen und nach einem Jahr wurde entschieden, ob der Kandidat zur nächst höheren Weihe zugelassen wurde, dem Aufbaustudiengang zum Blindenlehrer. Nach erfolgreicher Absolvierung gehörte man zum Kreis der ‚Blindenfreunde'. Man lernte allmählich, von den offiziellen Vertretern der Blindenorganisation als ‚Weiser durch Profession' (Goffman) akzeptiert zu werden, insofern man als Vertreter der Blindenlehrerschaft grundlegende Selbstverständlichkeiten der sogenannten ‚Blindenschaft' teilte, deren Vertreter zum Teil selbst aus dem Blindenbildungswesen hervorgegangen waren. Das ‚Ehrenstigma' (Goffman) ‚Blindenoberlehrer' verlieh einem ganzen Stand ein relativ hohes Prestige (einschließlich hervorgehobener Bezahlung). Deutlich abgesetzt z. B. vom Status des Hilfsschullehrers" (Thimm 1990, 62).

Heute gibt es dieses in sich geschlossene „Blindness-System" nicht **Spezifität des** mehr und alle Institutionen weisen vielfältige Kooperationen auf. Die **Wissens** Einstellungen und Vor-Urteile gegenüber Blindheit und Sehbeeinträchtigung führen jedoch immer wieder dazu, dass eine Pädagogik für und ein Umgang mit blinden und sehbeeinträchtigten Menschen als große Herausforderung und etwas sehr Besonderes angesehen wird. Die Wissenskultur um Blindheit und Sehbeeinträchtigung dient diesem System auch heute noch als Existenzrechtfertigung und als Begründung für die hohe Spezifität (Walthes 2006).

Bevor die verschiedenen pädagogischen Einrichtungen vorgestellt werden, gilt es die Frage zu klären, welche dieser Einrichtungen denn pädagogisch, welche andragogisch (Erwachsenenbildung) oder geragogisch (auf Altenbildung bezogen) und welche rehabilitativ genannt werden können. Auch greift auf Grund der Komplexität der Einrichtungen so vieles ineinander, dass jede Trennlinie künstlich gezogen scheint.

Geflecht der einzelnen Institutionen

Nehmen wir eine fiktive Einrichtung als Beispiel. Auf einem großen Gelände, das der Kirche gehört, befinden sich eine Schule für Blinde und Sehbehinderte, ein Ambulanzlehrerinnensystem für die Unterstützung von blinden und sehbeeinträchtigten Kindern in anderen Schulformen, eine Frühförderstelle, eine Werkstatt für blinde und sehbehinderte Menschen und ein Altersheim für Menschen mit einer Sehschädigung, das von der Kirche in Kooperation mit einem Landesverband des Deutschen Blinden- und Sehbehindertenverbandes geführt wird. Alte Menschen erhalten dort nicht nur die in Altersheimen übliche Unterstützung, sondern bei Alterserblindung auch, wie alle anderen Klienten dieses Systems, Unterricht oder Training in Orientierung und Mobilität sowie in alltagsbezogene Aktivitäten. Sie lernen, wie sie bei Blindheit mit amtlichen Dokumenten umgehen, ihr Bankkonto weiterführen können etc. Gegebenenfalls erhalten sie bei Späterblindung auch psychologische Unterstützung für die Bewältigung dieses kritischen Lebensereignisses.

Es handelt sich hierbei sowohl um pädagogische, wie um andragogische Aufgaben mit einem hohen Anspruch an Professionalität. Letztere gehören nicht in den Zuständigkeitsbereich von Lehrerinnen und Lehrern. Professionalität beschränkt sich in diesem Bereich nicht auf Lehrerinnen und Lehrer, Frühförderinnen und Werkstattmeister, sondern umfasst ein weites Spektrum (sozial-)pädagogisch, rehabilitativ und therapeutisch orientierter Berufsgruppen.

Orientiert am Lebenslauf von Menschen mit einer Sehbeeinträchtigung finden wir heute streng genommen immer sowohl noch den be-sonderen Weg über die Sondereinrichtungen als auch den Weg der Inklusion und Integration. Der individuelle Lebensweg eines Individuums mag zwischen diesen beiden Möglichkeiten hin und her oszillieren und ein ganz eigenes Webmuster erzeugen. Die Tatsache, dass es diese Möglichkeiten gibt, erlaubt das Finden individueller Lösungen. Zu wünschen wäre eine größere Flexibilität beim Wechsel zwischen den verschiedenen Systemen.

VN-BRK   Mit der Ratifizierung der Konvention der Vereinten Nationen über die Rechte von Menschen mit Behinderung (Behindertenrechtskonvention, VN-BRK) und des Fakultativprotokolls haben sich in Deutschland und Österreich die politischen, insbesondere die bildungs- und arbeitsmarktpolitischen Grundlagen verändert. Benachteiligungen von Menschen mit Behinderung in allen gesellschaftlichen Bereichen werden als Menschenrechtsverletzungen verstanden und können einer Monitoringstelle berichtet werden. Die Bundesregierung hat sich verpflichtet der UN regelmäßig über die Situation von Menschen mit Behinderung zu berichten.

Bundesministerium für Arbeit und Soziales (BMAS) (2013): Teilhabebericht der Bundesregierung über die Lebenslagen von Menschen mit Beeinträchtigungen. Bonn

Frühförderung

Von den 62 Frühfördereinrichtungen für Kinder mit einer Sehbeeinträchtigung in Deutschland sind 58 an Einrichtungen für Blinde und Sehbehinderte angesiedelt, nur vier arbeiten in schulunabhängiger Trägerschaft. In Österreich gibt es 15 Frühfördereinrichtungen für blinde und sehbeeinträchtigte Kinder, in der Schweiz sieben. Da Frühförderung ein Unterstützungsangebot für Familien mit einem Kind mit Behinderung darstellt, steht es den Eltern frei, sich für eine allgemeine Frühförderung (örtlicher Träger, interdisziplinäre Frühförderstelle) oder für eine sonderpädagogische Frühförderung zu entscheiden bzw. beide Angebote in Anspruch zu nehmen. Mit der Aufnahme des Kindes in den Kindergarten endet häufig die allgemeine Frühförderung, die sonderpädagogische steht für eine weitere Begleitung von Kind und Familie auch während der Kindergartenzeit zur Verfügung. Die Organisation der Frühförderung ist in allen drei Ländern, in Deutschland aber auch in den einzelnen Bundesländern höchst unterschiedlich und wird teils von frühpädagogisch oder frühtherapeutisch qualifizierten Personen, teils von Blinden- und Sehbehindertenpädagoginnen durchgeführt.

Schulsystem

Die Kulturhoheit der Bundesländer und Kantone hat ein je spezifisches, wenn auch in den Grundzügen ähnlich gegliedertes Schulsystem zur Folge. Die allgemeinen Schulen stehen blinden und sehbeeinträchtigten Schülerinnen und Schülern im Prinzip offen (**Kap. 4.3.3**) und werden von diesen auch zunehmend besucht. 2011/2012 gingen laut der Statistik der Kultusministerkonferenz der Länder in Deutschland 2.393 Schülerinnen und Schüler mit einer Sehbeeinträchtigung in eine allgemeine Schule, 4.804 an eine Schule für Blinde und Sehbehinderte (KMK 2012). Innerhalb der Schulen für Blinde und Sehbehinderte existieren gegenwärtig folgende Schulformen: Schulen für Blinde, Schulen für Sehbehinderte, Schulen für Blinde und Sehbehinderte, Schulen für Kinder und Jugendliche mit komplexen Beeinträchtigungen und einer Sehbeeinträchtigung, Schulen, die sich für sehende Schülerinnen und Schüler geöffnet haben sowie Kompetenzzentren, die ausschließlich oder überwiegend Beratung und Unterstützung für blinde und sehbeeinträchtigte Kinder an allgemeinen Schulen und anderen Sonderschulen anbieten. Von der Grundschule bis zu zwei Gymnasien für Blinde und Sehbehinderte, verschiedenen Berufsschulen und Berufskollegs finden sich alle Schultypen innerhalb dieses Sondersystems.

berufliche Bildung   Auch im Berufsbildungs- und -förderungsbereich hat sich neben dem allgemeinen ein Sondersystem etabliert. In den spezifischen Berufsbildungs- und Berufsförderungswerken gibt es spezielle Angebote für Menschen mit einer Sehbeeinträchtigung. Jugendliche können dort staatlich anerkannte Ausbildungsberufe absolvieren bzw. Erwachsene mit erworbener Blindheit oder Sehbeeinträchtigung umgeschult werden. Das Angebot der Berufsförderungswerke richtet sich an Menschen über 18 Jahre, wohingegen die Berufsbildungswerke ihren Schwerpunkt bei der Erstausbildung Jugendlicher haben.

Arbeit   Da der allgemeine Arbeitsmarkt trotz der Verpflichtung, in einem gewissen Umfang sogenannte schwerbehinderte Menschen zu beschäftigen, zu wenige Arbeitsplätze zur Verfügung stellt, hat sich als weiterer Arbeitsmarkt derjenige der Werkstätten für Menschen mit Behinderung (WfbM) entwickelt. Eigene Werkstätten für Blinde und Sehbehinderte existieren bereits seit mehr als 150 Jahren.

Altersheime   Orientiert am Lebenslauf muss noch auf ein Sondersystem hingewiesen werden: Altersheime für Menschen mit Blindheit oder einer Sehbeeinträchtigung. Diese Altersheime wurden ursprünglich vor allem von den Landesverbänden des Deutschen Blinden- und Sehbehindertenverbandes für blinde und hochgradig sehbehinderte Mitglieder oder von den großen Blindenanstalten für deren Mitarbeiter im Ruhestand eingerichtet.

aktuelle Fragen   Das Gesamtsystem Blindheit und Sehbehinderung ist historisch im Zuge der Ausdifferenzierung des Rehabilitations- und Sonder-, Heil- oder Behindertenpädagogiksystems entstanden. Heute, da die Zahl von Kindern und Jugendlichen mit einer okularen Sehbeeinträchtigung weiter zurückgeht, komplexe sowie cerebral bedingte Sehbeeinträchtigungen zunehmen sowie die Zahl alter Menschen mit Blindheit oder Sehbeeinträchtigung steigt, stellen sich folgende Fragen und Aufgaben:

Wird sich das System weiterhin durch innere Ausdifferenzierung erhalten können? Oder wird es neue Organisationsformen finden, die stärker auf Interdisziplinarität ausgerichtet sind? Gegenwärtig liegt in der Loslösung von überkommenen Strukturen einer traditionellen Blinden- und Sehbehindertenbildung und der Erschließung neuer

Aufgabenfelder durch Interdisziplinarität und Internationalität eine außerordentliche Herausforderung des gesamten „Blindness-Systems". Die Entwicklung von Strukturen, die eine adäquate Unterstützung bei Sehbeeinträchtigung im Alter ermöglichen, scheint ebenfalls eine dringende noch weitgehend ungelöste Aufgabe zu sein.

Bender, C. (2010): Sehverlust im Alter – (k)ein Thema in Rehabilitation und Pädagogik? In: Schildmann, U. (Hrsg.): Umgang mit Verschiedenheit in der Lebensspanne, 288–296. Bad Heilbrunn: Klinkhardt

Einen sehr interessanten ethnografischen Blick auf das System und seine Kommunikationsstrukturen wirft:

Länger, C. (2002): Im Spiegel von Blindheit. Eine Kultursoziologie des Sehsinns. Stuttgart: Lucius & Luius

4.3 Aufgabenfelder

Überblickt man den 200-jährigen Zeitraum institutionalisierter Blindenpädagogik, kann man feststellen, dass es immer wiederkehrende Aufgabenfelder gibt, dass sich aber auch die Aufgaben einer Pädagogik bei Blindheit und Sehbeeinträchtigung mit den gesellschaftlichen Strukturen und Anforderungen gewandelt haben.

Zu den Aufgaben, die in diesem Zeitraum relativ stabil geblieben sind, gehören die schulische Bildung und berufliche Ausbildung sowie das Eintreten für die Rechte von blinden und sehbeeinträchtigten Menschen.

Frühförderung, Hilfen im Alter und vor allem Zusammenarbeit mit Eltern, Angehörigen und Bezugspersonen haben sich hingegen erst im Laufe der Zeit entwickelt.

Auf die gesellschaftlich bedingten Veränderungen pädagogischer Aufgaben kann nur kurz eingegangen werden. Sie bestanden z.B. für das beginnende 19. Jahrhundert darin, die Bildungsfähigkeit blinder Menschen zu beweisen. In der Zeit des NS-Regimes galt es, blinde, sehbehinderte und mehrfachbehinderte Menschen vor Euthanasie und Sterilisation zu schützen.

Heute wird die pädagogische Aufgabe mit dem Begriff *Inklusion*, d.h. einer Teilhabe am gesellschaftlichen und sozialen Leben mit allen Rechten und Pflichten von Anfang an umschrieben. Die Beispiele machen deutlich, dass Aufgabenfelder einem permanenten Wandel unterworfen sind und daher einen ständigen Abgleich von Systemanforderungen und pädagogischer Antwort benötigen.

4.3.1   Kooperation und Zusammenarbeit

pädagogisches Handeln im sozialen Kontext

Eine Pädagogik, die sich ausschließlich auf den pädagogischen Bezug zwischen Pädagoginnen und Heranwachsenden stützt, die im Wissen um die Gesetzmäßigkeiten kindlichen Wachstums Kinder von schädigenden Einflüssen fern halten will, braucht sich keine Gedanken um Kooperation zu machen. Sie konzentriert sich auf die heranwachsende Person und setzt die Machbarkeit und Wirksamkeit von Erziehung voraus. Die Zusammenarbeit mit Bezugspersonen (Eltern, Angehörige) und die Kooperation mit allen im jeweiligen System arbeitenden Pädagoginnen und Therapeutinnen als eine der wichtigsten Aufgaben einer Pädagogik bei Blindheit und Sehbeeinträchtigung zu begreifen, ordnet pädagogisches Handeln in soziale Kontexte ein, geht davon aus, dass der Text (hier das *Kind*) nicht ohne den *Kontext (soziales Umfeld)* zu verstehen ist. Ein Verständnis von Behinderung, das diese als nicht gelungenen Umgang mit Verschiedenheit versteht, verortet Veränderungsbemühungen nicht in der Person, sondern im Umgang und damit in den Kontexten, in denen eine Person lebt.

Pädagogik bei Blindheit und Sehbeeinträchtigung in diesem Sinne begreift sich als *absichtsvolle Kontextgestaltung* und als *subsidiär*, d.h. einer allgemeinen Pädagogik, einer allgemeinen Sozialisation nachgeordnet. Sie hat dort und nur dort ihren Auftrag, wo im Zusammenleben und gemeinsamen Lernen Unterstützungsbedarf besteht.

Zusammenarbeit mit Eltern, Angehörigen und Bezugspersonen: Die Zusammenarbeit mit Eltern, Angehörigen und Bezugspersonen wird heute als eine der wichtigsten Aufgaben der Pädagogik bei Blindheit und Sehbeeinträchtigung begriffen. Es ist zugleich jedoch auch dasjenige Feld, das noch ausbaufähig und für Profilierung offen ist.

Die größten Erfahrungen existieren verständlicherweise im Bereich der Frühförderung, da hier ein sehr unmittelbares Angewiesensein auf Zusammenarbeit deutlich wird. Schule und berufliche Bildung, Therapie und Rehabilitation haben das Thema Zusammenarbeit in all seinen Facetten nur zum Teil ausgestaltet, vielfach herrscht hier noch das veraltete Bild eines einseitigen Expertentums (auf der Seite der Fachleute) vor. Eine Zusammenarbeit mit den Eltern, Angehörigen und nahen Bezugspersonen hat heute von folgenden Fragestellungen und Prämissen auszugehen:

Frage: Wie werden Eltern, Angehörige gesehen?

Prämisse: Eltern, Angehörige und langjährige Bezugspersonen sind diejenigen, die mit dem Kind bzw. Jugendlichen mit einer Sehbeeinträchtigung leben und in der Lage sind, gemeinsam Kommunikationsmuster und -strukturen aufzubauen, die den Alltag gestalten und die vielfach Adressaten des (Un-)Verständnisses der sozialen Umwelt sind. Sie werden als Expertinnen und Experten für ihr Kind gesehen, wie auch das Kind, der Jugendliche als Experte in eigener Sache gesehen wird.

Frage: Wie sollte eine Zusammenarbeit aussehen?

Prämisse: Zusammenarbeit kann gelingen, wenn Zuständigkeiten geklärt, Kommunikationsformen gefunden werden und wechselseitige Akzeptanz vorhanden ist. Eltern müssen Eltern bleiben dürfen und nicht veranlasst werden, die Rolle von Ko-Therapeuten, Ko-Lehrerinnen oder Ko-Technologen zu übernehmen. Ohne eine Klärung der Erwartungen der Eltern kann deren Unterstützung nicht gelingen.

Frage: Welche Erwartungen haben Eltern an Fachleute?

Als Ergebnis einer Untersuchung zur Situation von Familien mit einem blinden, mehrfachbehinderten oder sehbehinderten Kind (Walthes/Klaes 1994) können wir folgende von Eltern geäußerte Erwartungen zusammenfassen:

1. „Eltern erwarten von den Fachleuten nicht, daß diese ihre Probleme lösen. Ebensowenig gehen sie davon aus, daß ihnen Entscheidungen in Bezug auf ihr Kind abgenommen werden. Sie wünschen sich vielmehr eine Unterstützung im Umgang mit ihrem Kind und Orientierungshilfen im Prozeß der vielfältigen Entscheidungen, die sie zu treffen haben" (Walthes/Klaes 1994, 361). Sie erwarten Verständnis für ihre Fragen, Anliegen und Probleme sowie einen respektvollen Umgang mit ihnen und ihrem Kind.

2. „Eltern versprechen sich von Fachleuten spezifische Kompetenzen, die diese für einen förderlichen Umgang mit ihrem Kind zur Verfügung stellen und erhoffen sich ebenso fachkompetente Antworten auf spezifische Fragen. Sie wünschen sich Interpretations- und Deutungshilfen, die ihnen einen verständnisvollen Umgang mit ihrem Kind in Alltagssituationen erleichtern." (362)

3. „Eltern gehen davon aus, daß sie selbstverständlich von den Fachleuten mit wichtigen Informationen wie z.B. über Hilfe anbietende Einrichtungen oder rechtliche Belange usw. ausgestattet werden. Zudem wünschen sie sich eine Kommunikationssituation, die durch ein hohes Maß an Transparenz und Offenheit gekennzeichnet ist." (363)

4. „Eltern erhoffen sich in der Zusammenarbeit mit unterschiedlichen Fachleuten ein gewisses Maß an Übereinstimmung der fachspezifischen Beiträge." (363)

5. „Eltern erwarten, daß ihr Wissen und ihre Erfahrungen im Zusammenleben mit ihrem Kind von Fachleuten geschätzt und auch in den Überlegungen zu geeigneten Maßnahmen und Behandlungen genutzt wird." (364)

In einer weniger auf kontextuelle Zusammenhänge, vielmehr auf das Belastungserleben ausgerichteten Studie (Lang et al. 2012) äußern zwei Drittel der Eltern Zufriedenheit mit der Frühförderung, aber immerhin ein Drittel beklagen, dass der Alltag der Familien zu wenig Berücksichtigung findet und Fachleute Schwierigkeiten haben, die Situation der Familien zu verstehen.

Den von Eltern in Interviews geäußerten Erwartungen könnten sich Jugendliche, Erwachsene und alte Menschen mit einer Sehbeeinträchtigung mit Sicherheit anschließen, wenn sie gefragt würden. Leider existieren immer noch zu wenige Studien, die die Perspektive der Betroffenen gegenstands- und komplexitätsadäquat erheben.

Kooperation, Interdisziplinärität, Transdisziplinärität: Jede im Feld der Pädagogik und Rehabilitation bei Sehbeeinträchtigung arbeitende Fachperson kommt nicht umhin, mit anderen Fachleuten zu kooperieren. Diese Kooperation beginnt beim Augenarzt, geht über die Kolleginnen und Kollegen des Frühförderteams oder des schulischen Kollegiums der allgemeinen Schule oder der Sonderschule, die Kolleginnen und Kollegen in der beruflichen Bildung, die Fachleute für Orientierung und Mobilität oder für alltagsbezogene Aktivitäten, die zuständigen Erzieherinnen, Sozialarbeiterinnen, Zivildienstleistenden, bis zu den Fachleuten der psychologischen Dienste sowie den Therapeutinnen und Sachbearbeitern im Sozialamt. So sehr sich Pädagogik bei Blindheit und Sehbeeinträchtigung immer wieder in ihrer Spezifität und Besonderheit darstellt, die Lebenswirklichkeit zeigt, dass sie ohne solche Kooperationen nicht auskommt.

Interdisziplinarität, die in anderen Einrichtungen vorhanden ist, **Interdisziplinarität**
wie z. B. an der Körperbehindertenschule, an Schulen für Kinder mit
komplexen Beeinträchtigungen (Physiotherapeuten, Ergotherapeuten,
Lehrerinnen) oder in interdisziplinären Frühförderteams, muss häufig
in den Institutionen der Pädagogik bei Blindheit und Sehbeeinträchtigung durch externe Kooperation hergestellt werden. Hierdurch geht
diesen Institutionen die Möglichkeit zu einer echten transdisziplinären
Arbeit verloren, in der zum Beispiel das gemeinsame Tun mit einem
Kind, die wechselseitige Beobachtung, der Austausch der handlungs-
leitenden Prinzipien oder eine Einigung über die weitere Vorgehensweise zu einem intensiven Diskurs und wechselseitigen Verständnis
führen können. Findet trans- oder interdisziplinäres Arbeiten nicht
statt, kann es vorkommen, dass zum Beispiel von einem Kind in unterschiedlichen Situationen miteinander unvereinbare Verhaltens- und
Handlungsweisen gefordert werden und das Kind oder die Familie die
Aufgabe hat, diese Unterschiede zu integrieren. Kooperation, Zusammenarbeit mit Eltern und Fachleuten erfordert Kompetenzen, die man
keinesfalls erwirbt, dass man es gut meint oder nur „das Beste" für
Kind und Eltern will.

Interaktions- und Kommunikationsprozesse erfordern eine hohe
Aufmerksamkeit und großes Know-how und bedürfen einer spezifischen Schulung, Ausbildung und Supervision im Bereich von Beratung, Teamarbeit, Zusammenarbeit mit Familien.

4.3.2 Frühförderung

Frühförderung als eine Aufgabe der Pädagogik zieht sich durch die
Geschichte der Pädagogik bei Blindheit und Sehbehinderung seit ihren ersten Anfängen. Frühförderung als institutionalisiertes Angebot
existiert jedoch erst seit etwa 50 Jahren. Wenn man davon ausgeht,
dass die Weltaneignung überwiegend visuell vollzogen wird, dann
folgt daraus eigentlich zwangsläufig, dass diese Welt blinden und sehbeeinträchtigten Kindern gezeigt und erklärt werden muss. Je früher
einem blinden Kind Welt vermittelt werde, desto besser sei dies für
seine Entwicklung, so könnte man annehmen. Daher kann man in der
200-jährigen Geschichte der Pädagogik bei Blindheit und Sehbehinderung Bemühungen einer frühen Förderung von Kindern finden.

Im Vordergrund standen die Schulfähigkeit blinder Kinder und **Frühförderung in**
Maßnahmen gegen deren Verwahrlosung. Viele der Kinder, die im **der Geschichte**
Alter von durchschnittlich zwölf Jahren in die wenigen Blinden-
schulen aufgenommen wurden, zeigten – nach den Aussagen der

damaligen Blindenpädagogen (z.B. Klein, Pablasek, Knie oder Georgi) – Anzeichen von Verwahrlosung oder Überbehütung. Die häufige Kombination von Blindheit und Armut auf der einen Seite und die Überbehütung blinder Kinder in bürgerlichen oder adeligen Familien auf der anderen Seite hatten offensichtlich vergleichbare Effekte, nämlich Unselbstständigkeit im Alltag, ungepflegtes Aussehen, körperliche Probleme und ungewöhnliche Verhaltensweisen. Diese Erscheinungsweisen wurden in der damaligen Zeit meist als unmittelbare Konsequenz der Blindheit gesehen und unterstützten das bestehende Vorurteil von der Bildungsunfähigkeit blinder Kinder. Es lag daher im Interesse der Blindenpädagogen, diese Zustände zu ändern, um damit die Voraussetzungen für den Nachweis der Bildungs- und Arbeitsfähigkeit von blinden Menschen unter Beweis zu stellen (Moldenhawer 1873, 42).

Frühförderung meint daher zu dieser Zeit Förderung vor Beginn des Schuleintritts und umfasst eher den Zeitraum zwischen dem sechsten und dem zehnten Lebensjahr. Frühförderung bedeutete damals nicht die konkrete Zusammenarbeit zwischen einem Blindenpädagogen und einem Kind und seiner Familie, sondern eher eine indirekte Zusammenarbeit über Elternschriften und Bücher. So wurden bereits im 19. Jahrhundert kleinere Schriften in Umlauf gebracht, die den Eltern einerseits die Besonderheiten der Entwicklung ihres blinden Kindes erklären und andererseits Ratschläge zur Förderung vermitteln sollten.

Die damaligen Vorschläge zur Förderung blinder Kinder haben sich ausgesprochen lange gehalten, sie sind zum Teil auch heute noch Gegenstand der Frühförderung im Kleinkindalter. Sie sollen daher kurz mit Originalbeispielen veranschaulicht werden.

historische Konzepte

1. Übungen des Tastsinns

„Von selbst lernt es [das Kind] keinen Handgriff und bleibt lebenslänglich in der kindischsten Ungeschicklichkeit und Abhängigkeit ohne die nötige Anweisung" (Georgi 1857, 15). Daher müssten dem Kind unbedingt die verschiedensten Gegenstände zur Anregung und Selbstbeschäftigung nahe gebracht werden. Georgi schlägt vor, ein sogenanntes „Allerlei" anzulegen. Was ist ein solches, sympathisch klingendes „Allerlei"?

„Zu diesem Behufe nimmt man einen Kasten mit vielen Fächern, oder auch eine Anzahl kleiner Schachteln oder Pappkästchen, worin die Gegenstände des Allerlei gesondert aufbewahrt werden. Kein Gegenstand darf größer sein, als daß ihn das Kind in einer, höchstens in beiden Händen fassen kann. Um den Unterschied der Form anschaulich zu machen, wähle man Dinge von einerlei Stoff (Oberflächenmaterial, R. W.) aber verschiedener Gestalt, für die zweite Übung Körper von einerlei Gestalt aber verschiedenen Stoffen, also z.B. Kugeln und Würfel von Holz, Glas, Horn, Metall und Thon [...]. Von denselben Stoffen oder von Blech, Pappe, Tuch, Leinwand sc. Hierbei lasse man das Kind sorgfältig darauf achten, welche von den Dingen rund, eckig, drei-, vier- oder vieleckig, welche flach, erhaben, glatt oder rau, hart, weich, schwer, leicht sind. Tausend Dinge werden sich im Hause, Hofe und Garten finden, welche tastbar und tragbar sind und wenigstens eine zeitlang und bis sie ihren Zweck erreicht haben, dem Allerlei einverleibt werden können. Mischt man von Zeit zu Zeit neue, dem Kind noch unbekannte Sachen darunter, so erhält sich hierdurch der Reiz des Neuen." (Georgi 1857, 27)

2. Übungen für den Geruchs- und Geschmackssinn
Das Kind müsse folgende Lebensmittel unterscheiden lernen: „Wie riechen Bohnen, Gurken, Spargel, Kartoffeln, Kohl, Möhren, Petersilie, Kümmel, im frischen und gekochten Zustande? Wie unterscheiden sich Honig, Syrup, Oel, Essig, Wein, Branntwein, Bier sc. Durch den Geruch? Welches ist Nelke, Zimmt, Müskatnuß, Pfeffer, Ingwer, Kalmus, Pfefermünze, Anis, Fenchel? Unterscheide durch den Geruch Rose, Nelke, Veilchen, Lindenblüthe, Orange, Salbei, Vanille, Spick, Reseda, Basilikum?" (Georgi 1857, 24).
   Wer probiert hat, diese Lebensmittel nur durch Riechen und Schmecken und nicht gleichzeitig auch durch die anderen Sinne zu unterscheiden, der weiß, welch immens hohe Anforderungen Georgi hier stellt.

Probieren Sie dies einmal mit ihrer Partnerin, ihrem Partner aus, und zwar, indem sie über längere Zeit eine Schlafbrille oder Augenbinde aufsetzen, so dass Sie sich nicht jedes Mal visuell vergewissern können. Weitere konkrete Vorschläge Georgis beziehen sich auf

3. Geh- und Orientierungsübungen,
4. Übungen des Gehörs und der übrigen Sinne,
5. Erlangen von Selbstständigkeit in alltäglichen Verrichtungen und Situationen,
6. Stereotypien und Benimmregeln,
7. Übungen zur Entwicklung der geistigen Fähigkeiten.

Die spezifischen Inhalte der frühen Förderung von Kindern mit einer Sehschädigung wurden bis zur Mitte des 20. Jahrhunderts beibehalten, auch wenn sich die institutionellen Rahmenbedingungen in diesen 100 Jahren deutlich wandelten. Nach dem Naziregime und dem Zweiten Weltkrieg und mithin nach einer Zeit, in der die Infragestellung des Lebensrechtes von Kindern mit Behinderung jede inhaltliche Auseinandersetzung im Keim erstickte, waren es Blinden- und Hörgeschädigtenpädagogen, die Ende der 1950er Jahre mit Elternschriften an die Tradition der frühen Förderung sinnesgeschädigter Kinder anschlossen.

Wurzeln des heutigen Systems

Das System früher Hilfen und die Frühförderung von Kindern mit einer Sehschädigung: Das heutige System der Frühförderung von blinden und sehbeeinträchtigten Kindern hat mindestens zwei Wurzeln. Die bereits benannte frühe, d.h. vorschulische Förderung zunächst blinder, später dann auch sehbehinderter Kinder wurde von den Lehrern der Blindenschule Düren, namentlich Theodor Düren, Hugo Schauerte und Wolfgang Strehle seit Mitte der 1950er Jahre initiiert und durch Gründung einer Arbeitsgemeinschaft Frühförderung von Kindern mit einer Sehschädigung institutionalisiert (Düren 1986).

Die zweite Wurzel stellen die Empfehlungen des Deutschen Bildungsrates „Zur pädagogischen Förderung behinderter und von Behinderung bedrohter Kinder und Jugendlicher" von 1973 dar (Thurmair 1998). Auf der Basis dieser Empfehlungen wurde es möglich, ein dichtes Netz interdisziplinärer Frühförderung insbesondere auch für Kinder mit komplexen Beeinträchtigungen zu knüpfen (Fuchs/Zeschitz 1998). Diese beiden Wurzeln prägen auch heute noch das Gesicht der Frühförderung von Kindern mit einer Sehbeeinträchtigung und unterscheiden diese von der allgemeinen, interdisziplinären Frühförderung.

enge Verknüpfung mit Schulen

Die Frühförderung von Kindern mit einer Sehbeeinträchtigung hat sich als ein eigenständiges Angebot innerhalb des Gesamtsystems der frühen Hilfen behauptet und wird in allen Bundesländern entweder direkt von den Schulen für Blinde und Sehbehinderte durchgeführt oder erfolgt in organisatorisch und inhaltlich enger Kooperation mit diesen. Die Frühfördereinrichtungen sehen ihre Aufgabe in einer spezifischen Förderung von Kindern mit einer Sehbeeinträchtigung oder komplexen Beeinträchtigung. In vielen dieser Einrichtungen arbeiten ausschließlich Lehrerinnen und Lehrer und setzen damit die Tradition der Blinden- und Sehbehindertenpädagogik fort, in anderen Einrichtungen versucht ein interdisziplinäres Team, den komplexen Anforderungen zu begegnen. Die Ursachen für diese Unterschiede sind weniger inhaltlich als vielmehr sozial- und bildungspolitisch begründet und liegen in der Verantwortung der einzelnen Bundesländer.

Hörsehbeeinträchtigung

Frühförderung hörsehbeeinträchtigter Kinder geht in der Bundesrepublik von drei Institutionen aus: dem Taubblindenwerk Hannover, dem Oberlin-Haus in Potsdam und der Blindeninstitutsstiftung Würzburg (Schule für Hörsehgeschädigte). Sie besteht nur in seltenen Fällen in direkter Zusammenarbeit mit den Familien, dann nämlich, wenn eine Familie im Einzugsgebiet der jeweiligen Einrichtungen lebt. In allen anderen Fällen besteht sie in regelmäßiger Beratung der Frühfördereinrichtungen vor Ort, die mit der Familie zusammenarbeiten.

Frühförderung richtet sich an behinderte und von Behinderung be- **Formen der**
drohte Kinder und deren Eltern bzw. Bezugspersonen und versteht **Frühförderung**
sich als Unterstützungsangebot, nicht als obligatorische Maßnahme.
Die Frühförderung von Kindern mit einer Sehbeeinträchtigung reicht
von der Geburt eines Kindes bis zu seiner Einschulung in die Primar-
stufe. Je nach der persönlichen Situation des Kindes und der Familie
findet die Frühförderung als sogenannte *Hausfrühförderung* oder *mobile Frühförderung* im Elternhaus statt oder begleitet das Kind, wenn
es älter ist, in den Kindergarten und die vorschulische Einrichtung.

Um einen Überblick über dieses doch recht komplexe Gebiet der
Frühförderung wenigstens annähernd geben zu können, ist die Betrachtung folgender Grundprinzipien und Ziele der Frühförderung
erforderlich:

- Die Früherkennung von Sehbeeinträchtigung,
- die Organisation der Frühförderung,
- die Inhalte der Frühförderung,
- das Verhältnis von spezifischer und allgemeiner Frühförderung.

Die Früherkennung von Sehbeeinträchtigung: Vergleicht man die **Früherkennung**
inzwischen vielfach verwendeten Prävalenzen für das Auftreten von
Blindheit (0.021%), Sehbehinderung (0.247%) und Sehbeeinträchtigung in Verbindung mit komplexer Beeinträchtigung (0.067%) mit den
durch die 62 Frühfördereinrichtungen in der Bundesrepublik betreuten
Kindern, dann muss man eine höchst unterschiedliche Betreuungs-
dichte feststellen. Diese Unterschiede haben sehr viel mit dem Problem der *Früherkennung* zu tun. Während bei Blindheit alle Kinder im
Kontakt mit einer sehspezifischen Frühfördereinrichtung stehen, sind
es bei einer komplexen Beeinträchtigung in Kombination mit einer di-
agnostizierten Sehbeeinträchtigung durchschnittlich 67% und bei einer
Sehbeeinträchtigung nur durchschnittlich 20% der Kinder.

Wie im Zusammenhang mit cerebral bedingten Sehbeeinträchtigun
gen dargelegt (**Kap. 3.5.2.1**), muss von einer sehr viel höheren Zahl
von Kindern mit visuellem Unterstützungsbedarf ausgegangen werden. Hinzu kommen Kinder, die bei einer guten Sehschärfe visuelle
Probleme mit Liniencodierung, Linienrichtungen zeigen und Schwierigkeiten sowohl bei Detailanforderungen in der Nähe, wie auch bei
der Orientierung im Raum zeigen können. Ihre Themen könnten als
Teilleistungsprobleme benannt werden und beziehen sich zum Teil auf
sehr spezifische Funktionen, wie z.B. die Gesichtererkennung. Trotz
verschiedener Studien und Aufforderungen, verbesserte Sehscreening-
verfahren im Vorschulalter zu etablieren (Beyer, Bücher 2006) kommt

eine Studie des Instituts für Qualität und Wirtschaftlichkeit des Gesundheitswesens (2008) zu dem Schluss, dass ein Vorschulscreening bezüglich des Sehens wenig erfolgversprechend sei (IQWiG 2008).

Probleme der Früherkennung Wie in **Kapitel 2** ausführlich dargelegt, sind Sehen und visuelle Wahrnehmung Prozesse, die von außen nicht direkt beobachtbar sind. Zwar gelingt es mit den verschiedenen ophthalmologischen und neuro-ophthalmologischen Methoden, Schädigungen des Auges sowie auch der vorderen Sehbahnen zu erkennen und auch visuelle Potenziale in der Sehrinde abzuleiten. Diese Methoden sind aber lediglich in der Lage zu sagen, ob ein Sehvermögen vorhanden ist, aber nicht genau, unter welchen Bedingungen der Mensch was und wie sieht.

Inzwischen gibt es eine Fülle von Test- und Beobachtungsverfahren, um auch bei Säuglingen und Kleinkindern differenziert die verschiedenen Sehfunktionen zu überprüfen (**Tab. 6**), doch bis diese Untersuchungen tatsächlich durchgeführt werden, vergeht in der Regel viel Zeit.

Zeitpunkt der Diagnose Wie verschiedene ältere Untersuchungen zeigen (Walthes/Klaes 1994; Zeschitz 1998), wird Blindheit innerhalb des ersten Lebensjahres diagnostiziert, doch dauert es hier auch oftmals mehrere Monate, bis aus der Unsicherheit über das Verhalten des Kindes die Gewissheit einer Blindheit wird. Sehbehinderung im traditionellen Verständnis wird unterschiedlich früh diagnostiziert. Die Zahlen, die von den einzelnen Frühförderstellen vorliegen, weisen sehr große Schwankungen auf, mit Schwerpunkten im dritten und sechsten Lebensjahr.

Beeinträchtigungen in einzelnen Teilleistungen Nicht berücksichtigt sind auch hier die Kinder mit einer guten Sehschärfe und Beeinträchtigungen in einzelnen visuellen Funktionen. Diese werden in der Regel erst dann bemerkt, wenn es um Detailanforderungen in der Nähe, also um Lesen und Aufgaben der räumlichen Konstruktion geht. Da jeder Mensch das sieht, was er sieht, und Unterschiede nur bei Vergleichen deutlich werden, können Schwierigkeiten nur dann offensichtlich werden, wenn diese differenziert mit der Fragestellung „Sehen" weiterverfolgt werden. Für jedes Kind ist das, was es visuell wahrnimmt, in sich vollständig und alles, was es zur Verfügung hat. Da es zudem bei den meisten Überprüfungsverfahren erforderlich ist, dass die Personen Auskunft geben müssen, was sie wie sehen, ist es bei Kleinkindern nur schwer möglich, das Sehvermögen differenziert zu überprüfen (**Kap. 3.6.1**).

Testverfahren für Kinder Die meisten Testverfahren, die heute zur Überprüfung des Sehvermögens bei Kindern eingesetzt werden, wurden von der finnischen Ophthalmologin Lea Hyvärinen entwickelt und werden weltweit angewandt. Folgende der in **Kapitel 3.4** besprochenen Verfahren sind für Kinder besonders geeignet: Lea Puzzle zur Überprüfung von

Farb- und Formzuordnung, Visustafeln mit Lea Symbolen, Lea Gratings zum Bestimmen der Gittersehschärfe, Low Contrast Test Hiding Heidi, Low Contrast Gratings, Cone Adaptation Test (Hell-Dunkel-Adaption), Quantitativer Farbsehtest (PV 16), PV-Mail-Box für das Raum-Lage-Verständnis, Heidi Expressions für Gesichtererkennen, Waggoner Farbtest, Titmus-Test zum Stereosehen (**Abb. 28**).

Abb. 28: Testverfahren für Kinder

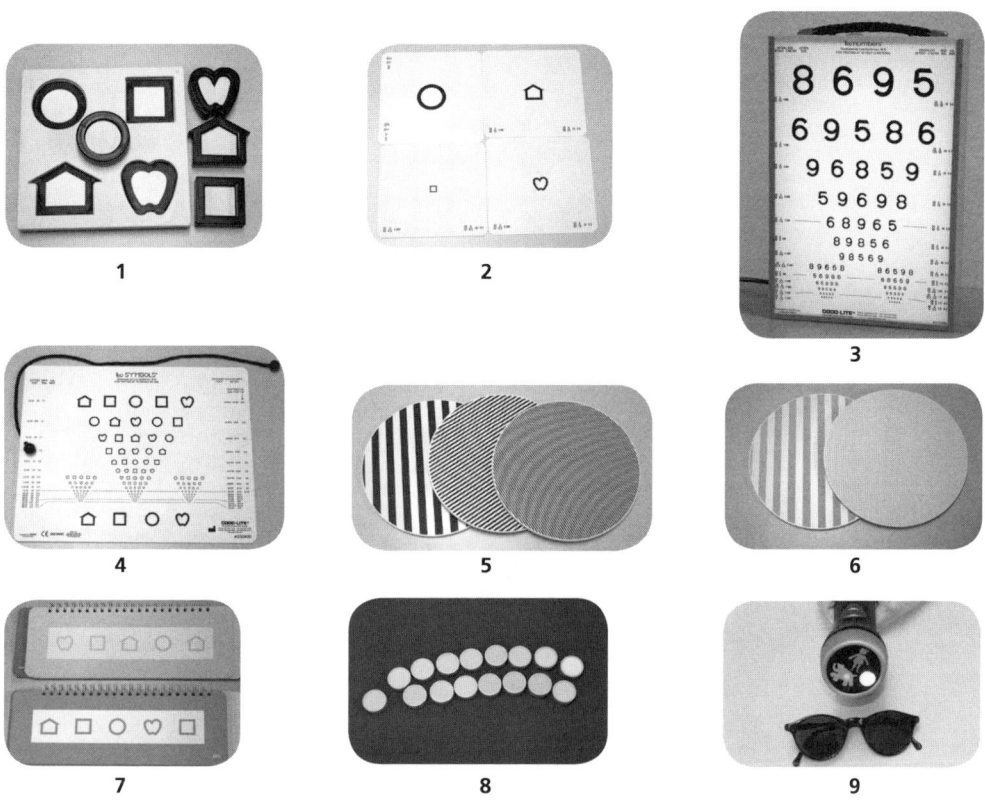

1   Lea-Puzzle (Formerkennung, Kennenlernen der Symbole)
2   Lea Single Symbol Flashcards Einzelsymbole
3   Lea Numbers Line Test Distance (Lightbox Visustafeln Ferne)
4   Lea Symbols Line Test Near (Visustafeln für die Nähe)
5   Lea Gratings zur Überprüfung der Gittersehschärfe, Liniencodierung, -richtungen
6   Lea Low Contrast Gratings, Contrastsehen, Liniencodierung
7   Lea Low contrast visual acuity Flipchart (Nähe)
8   Colour Vision Test Farbsehtest (PV 16)
9   Berens Kinderbilder (rot-grün)

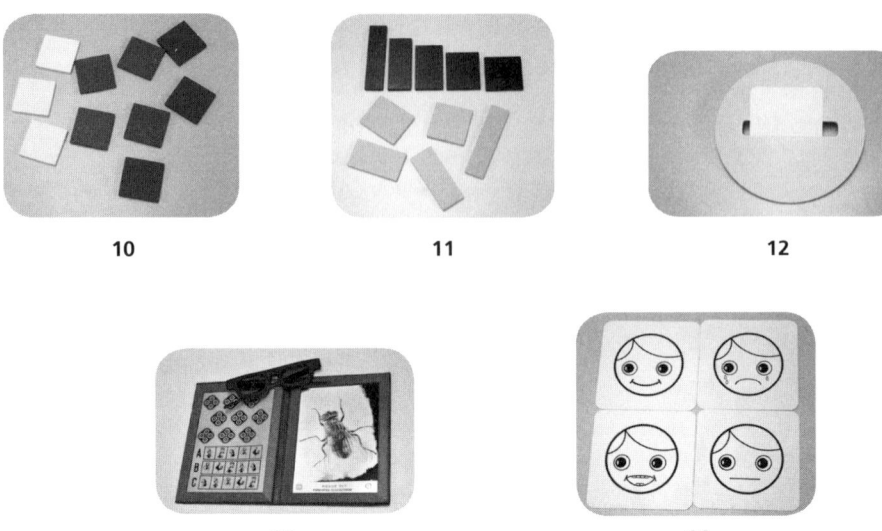

10 Cone Adaptationtest (zur visuellen Adaption im Dunkeln)
11 Lea Rectangles Linienlängen (mit und ohne Auge-Handfunktion)
12 Lea -Mailbox (Linienrichtungen mit Auge-Handfunktion)
13 Titmus-Test (Stereosehen)
14 Heidi Expressions (Mimikerkennung)

Für eine erste Gesichtsfeldüberprüfung wurde von der Schweizer Low-Vision-Spezialistin Rosemarie Nef-Landolt der nach ihr benannte Nef-Trichter entwickelt, mit dem eine spielerische Überprüfung des Gesichtsfeldes stattfinden kann (**Abb. 29**).

Abb. 29: Überprüfung des Gesichtsfeldes mit dem Nef-Trichter

Leider werden diese Testverfahren sowie eine genaue Beobachtung des funktionalen Sehvermögens nicht von den Augenärzten selbst durchgeführt. Es ist daher häufig erforderlich, dass die Diagnose des Augenarztes durch eine Low-Vision-Spezialistin (auch Orthoptistin oder Optiker mit Spezialausbildung) hinsichtlich aller Aspekte des funktionalen Sehens erweitert wird. Eine genaue Verhaltensbeobachtung des Kindes in den unterschiedlichen Alltagssituationen ist hierfür Voraussetzung (**Kap. 4.4.1**).

Die Organisation der Frühförderung: Die Frühförderung von Kindern mit einer Sehbeeinträchtigung unterscheidet sich in einigen wesentlichen Punkten von der allgemeinen Frühförderung. Diese Differenzen beziehen sich im Wesentlichen auf die Klientel, die beteiligten Berufsgruppen, die Struktur des Angebotes und auf die Inhalte (**Tab. 10**).

	Allgemeine Frühförderung	**Sehgeschädigtenspezifische Frühförderung**
Klientel	Alter 0 – 3 Jahre	Alter 0 – 6 Jahre bzw. Schuleintritt
Berufsgruppen	Interdisziplinäres Team oder: Ärzte, Psychologinnen, Physiotherapeuthinnen, Ergotherapeuten, Sonderpädagoginnen, Heilpädagogen (Sozialpädagoginnen)	Sonderschullehrerinnen und -lehrer mit den Fachrichtungen Blindenpädagogik bzw. Sehbehindertenpädagogik
Struktur des Angebotes	Ambulant, d. h. die Frühförderung findet in der Frühförderstelle (z. B. des Landkreises) statt, nur in seltenen Fällen mobil	Mobil, d. h. die Frühförderin fährt in die Wohnung des Kindes und die Frühförderung findet zu Hause statt, nur in seltenen Fällen ambulante Frühförderung
Inhalte	Entwicklungsförderung	Unterstützung der Aneignung einer visuell dominierten Welt, Schulvorbereitung
Häufigkeit	Ein- bis mehrmals wöchentlich	im Durchschnitt alle zwei Wochen, in den Ferien, keine Frühförderung
Finanzierung	Mischfinanzierung, Krankenkassen und BSHG	in den meisten Bundesländern ein kostenloses Angebot der Kultusministerien

Tab. 10: Unterschiede zwischen allgemeiner und sehspezifischer Frühförderung

Kontaktaufnahme   Der Zugang zum Angebot „Frühförderung für Kinder mit einer Sehbeeinträchtigung" ist nicht geregelt. Daher sind die Wege, wie Eltern eines Kindes mit Sehbeeinträchtigung in Kontakt zu einer Frühförderstelle gelangen, vielfältig und verschlungen. Die schrecklichen Erfahrungen mit den Auswirkungen einer Meldepflicht für Menschen mit Behinderung in der Zeit des NS-Regimes haben zu dem Verbot einer personenbezogenen Meldepflicht in der Bundesrepublik geführt. Dieses verständliche Verbot hat zur Folge, dass Informationen nicht weitergeleitet werden dürfen. Daher kann eine Frühförderstelle nur von den Eltern selbst oder von einer durch die Eltern beauftragten Person Kenntnis über ein Kind erhalten. Da jedoch diejenigen, die über diese Informationen verfügen müssten, nämlich die Ärzte und insbesondere Augenärzte, sie aus unterschiedlichen Gründen nicht haben oder oft nicht weiterleiten, sind Eltern eines Kindes mit Sehbeeinträchtigung auf Zufall oder viel Eigeninitiative angewiesen, wollen sie Zugang zur Frühförderung haben.

Inhalte der Frühförderung: In **Kapitel 3.6** wurde dargelegt, dass kindliche Entwicklung wesentlich auf der Qualität der Individuum-Umwelt-Auseinandersetzung basiert und bei Vorliegen einer Sehbeeinträchtigung häufig nicht die geeigneten Umweltangebote zur Verfügung stehen. Daher besteht die Aufgabe der Frühförderung darin, Unterstützung dort anzubieten, wo diese Auseinandersetzung unzureichend ist oder ungeeignete Angebote zur Verfügung gestellt werden. Inhalte der Frühförderung beziehen sich daher auf das Kind, die Familie und das soziale Umfeld.

kindbezogene Angebote   Entwicklungsunterstützung des Kindes bedeutet zunächst einmal eine gründliche Analyse der Stärken und Schwächen des Kindes. Für diese Analyse stehen Beobachtungs- und Analyseverfahren zur Verfügung, die Fragestellungen in der individuellen Situation leiten können. Zu nennen sind im deutschsprachigen Raum die Bielefelder Entwicklungsbögen für blinde Kinder (Brambring 1999), die Entwicklungs- und Förderdiagnostik des Sehens (Kern 1996, 1998), aber indirekt auch der Fiela-Förderplan für komplex beeinträchtigte Kinder (Nielsen 2000). Daneben existieren eine Fülle an Beobachtungsbögen und selbst-entwickelten Test- und Überprüfungsverfahren an einzelnen Einrichtungen. Das Skills Inventory des *Oregon project for visually impaired and blind Preschool Children* (Anderson et al. 1991), das Reach-Book des Projektes *Reach out and Teach (Ferell* 1985/2011) oder die drei Bände *Assessment of Low Vision for educational purposes and early intervention* (Hyvärinen 2002a), vor allem jedoch das Buch *What and How Does This Child See* von Hyvärinen und Jacob (2011) werden international häufig verwendet.

An Eltern wenden sich folgende Bücher:

Dik (2006): Babys und Kleinkinder mit visuellem Funktionsverlust.
Bemnes: Robert Weijdert (NL)

Niermann S.; Jacob, N. (2000): Helping Children who are Blind
Berkeley California: The Hesperian Foundation

... und speziell für Eltern von Kindern mit komplexen Beeinträchtigungen:
Bhandari, R.; Narayan, J. (2009): Creating Learning Opportunities.
Watertown: Perkins School for the Blind

Die Inhalte der Frühförderung blinder, komplex beeinträchtigter und **konkrete Inhalte**
sehbeeinträchtigter Kinder sind individuell abzustimmen, können je-
doch folgende Themen beinhalten:

- Unterstützung der Kopfkontrolle und Aufrichtung durch visuelle
  Angebote (bei vorhandenem Sehvermögen) oder Physiotherapie,
- Unterstützung des Greifens und der Exploration durch farbige, deut-
  lich konturierte (bei vorhandenem Sehvermögen) oder deutlich tex-
  turierte oder klingende (bei Blindheit), auf jeden Fall das Kind inter-
  essierende Objekte in Reichweite (das Allerlei von Georgi),
- Unterstützung der Fortbewegung durch vielfältige gemeinsame
  Bewegungsaktionen (gemeinsames Rollen, gemeinsames Rangeln,
  gemeinsames Krabbeln und vieles mehr) in Verbindung mit akustischen (bei Blindheit) und/oder deutlich wahrnehmbaren visuellen
  Angeboten außerhalb der Reichweite,
- Unterstützung der Sehentwicklung durch visuelle Förderung (**Kap.
  4.3.1**),
- Unterstützung der Sprachentwicklung einerseits durch begleiten-
  des Sprechen, d.h. die Dinge oder Aktivitäten nicht nur beschreiben,
  sondern sprechend begleiten, was gerade gemeinsam getan wird,
  andererseits durch Benennen von Gegenständen und Zusammenhängen,
- Aufbau eines Kommunikationssytems bei nichtsprechenden oder
  hörsehbeeinträchtigten Kindern durch gemeinsame Bewegung, das
  Aufgreifen natürlicher Gesten und die Entwicklung eines gemeinsamen Zeichensystems.

Das Spielverhalten von Kindern mit Blindheit oder einer Sehbeein- **Spielverhalten**
trächtigung kann sich deutlich von dem sehender Kinder unterscheiden, da darin Akustik, Taktilität, Gerüche eine größere Rolle spielen
als die visuelle Nachahmung. Geeignete Spiele zu finden und sich auf
die Spielpräferenzen der Kinder einzulassen ist eine noch nicht befriedigend gelöste Aufgabe der Pädagogik bei Blindheit und Sehbeeinträchtigung. Kinder sind neugierig, wenn sie das Material erhalten,
das ihre Neugier unterstützt. Auch hier gibt es Weiterentwicklungsbe-
darf innerhalb der Frühförderung blinder und sehbehinderter Kinder,

da viele Angebote letztlich doch zu sehr von der Visualität der Erwachsenen bestimmt sind.

Klicksonar

Die von dem amerikanischen Sozialpädagogen Dan Kish entwickelte Orientierungsmethode des Klicksonars (Kish 1995) – eine durch verschiedene Forschungen unterstützte Methode der Echolokalisation – zeigt, dass der akustischen Differenzierungsfähigkeit blinder Kinder bereits in der frühen Kindheit wesentlich mehr Aufmerksamkeit gewidmet werden müsste. In der Konsequenz erfordert dies Experten in eigener Sache mit Kenntnissen der kindlichen Entwicklung und Vorschulpädagogik, um spielerische Konzepte für Kinder zu entwickeln.

Eine individuelle Anpassung der Inhalte der Frühförderung bedeutet nicht, dass es in der Frühförderung von Kindern mit einer Sehbeeinträchtigung keine Konzepte, Programme oder Methoden gäbe und auch nicht, dass nicht Inhalte der allgemeinen Frühförderung, physiotherapeutische oder ergotherapeutische Unterstützung der motorischen Entwicklung oder Sprachtherapie auch Gegenstand der Frühförderung von Kindern mit einer Sehbeeinträchtigung sind. Die Vielfalt der von den Eltern wahrgenommenen Angebote und Therapien ist groß, verschiedene Untersuchungen belegen, dass Eltern im Durchschnitt 3,5 Angebote parallel konsultieren.

familienbezogene Angebote

Die Zusammenarbeit mit Familien respektive mit den Eltern ist von Beginn einer institutionalisierten Frühförderung an Thema in der Blinden- und Sehbehindertenpädagogik. Mit Elternbriefen und schriftlichen Ratschlägen wurde schon im 19. Jahrhundert, aber auch in den 50er- und 60er-Jahren des 20. Jahrhunderts versucht, den Eltern Anleitung für den Umgang mit ihrem blinden Kind zu geben. Wenn man die Inhalte dieser Briefe gründlicher betrachtet, kann man zweierlei feststellen:

1. Es ist nahezu kein Erziehungsthema ausgelassen. Das bedeutet, dass den Eltern in der Erziehung ihres blinden Kindes wenig zugetraut wurde.
2. Die Ratschläge dienten vor allem einem Zweck, nämlich die Kinder auf ein Leben im Internat der Blindenschule vorzubereiten. Eltern wurden in dieser Zeit als Laien betrachtet, denen die Experten zu sagen hatten, was zu tun war. Das elterliche Wissen und deren Kompetenz wurden wenig beachtet.

verschiedene Modelle

Im Unterschied zur allgemeinen Frühförderung, wo wir eine Entwicklung in der Zusammenarbeit mit den Eltern vom Laien- über das Ko-Therapeuten- zum Kooperationsmodell feststellen können (Speck/

Warnke 1983), kann eine solche Entwicklung innerhalb der Frühförderung blinder und sehbehinderter Kinder nicht so deutlich festgestellt werden.

Aufgrund der Tatsache, dass auch heute noch eine Frühförderin
eine Familie (außerhalb der Schulferien) etwa alle zwei Wochen besuchen kann, beschränkt sich deren Rolle im Wesentlichen auf Beratung und ist weniger auf das konkrete Tun mit dem Kind ausgerichtet
(Pretis 1999, Walthes/Klaes 1994). Eltern werden daher sehr häufig
in den Prozess der Förderung ihres Kindes einbezogen. Familienbe-
zogenes Arbeiten in dem Sinne, dass tatsächlich die ganze Familie
einbezogen ist und teilnimmt, findet sich innerhalb des Systems nur
an wenigen Stellen. Eltern-Kind-Tage sind nicht in der Lage, Themen, die die ganze Familie betreffen, zu bearbeiten. Hier bedarf es
entweder einer kontinuierlichen Einrichtung von familienbezogenen
Arbeitsformen, wie sie zum Beispiel in Eltern-Kind-Kursen (Klaes/
Walthes 1996/2013) oder Eltern-Kind-Seminaren angeboten werden
oder eines stationären Angebotes für die ganze Familie, das allerdings
in Deutschland nicht existiert.

4.3.3   Schule

Der Schulbesuch eines blinden, komplex- oder sehbeeinträchtigten **rechtliche und**
Kindes ist durch viele, zum Teil sehr unterschiedliche Vorgaben ge- **politische Rahmen-**
regelt und durch gesellschaftliche Prozesse indirekt mitbestimmt. Es **bedingungen**
geht hierbei um folgende Ebenen:

1. Rechtliche Rahmenbedingungen durch das Grundgesetz und die
   Behindertenrechtskonvention (VN-BRK)
2. Gesellschaftliche und politische Entwicklungen, die sich in Empfehlungen auf europäischer oder nationaler Ebene niederschlagen
   (Salamanca-Erklärung, Empfehlungen der Kultusministerkonferenz der Länder)
3. Schulgesetzgebung und Richtlinien der einzelnen Bundesländer

Artikel 3, Absatz 3 des Grundgesetzes besagt:

„Niemand darf wegen seiner Behinderung benachteiligt werden."

Das Gesetz zur Gleichstellung behinderter Menschen von 2002 lautet: **Gleichstellungs-**
gesetz
„Ziel dieses Gesetzes ist es, die Benachteiligung von behinderten Menschen zu beseitigen und zu verhindern sowie die gleichberechtigte
Teilhabe von behinderten Menschen am Leben in der Gesellschaft zu

gewährleisten und ihnen eine selbstbestimmte Lebensführung zu ermöglichen. Dabei wird besonderen Bedürfnissen Rechnung getragen" (Behindertengleichstellungsgesetz – BGG 2002).

VN-BRK Die VN-BRK ist in ihren grundlegenden Prinzipien noch differenzierter:

> „Die Grundsätze dieses Übereinkommens sind: a) die Achtung der dem Menschen innewohnenden Würde, seiner individuellen Autonomie, einschließlich der Freiheit, eigene Entscheidungen zu treffen, sowie seiner Unabhängigkeit; b) die Nichtdiskriminierung; c) die volle und wirksame Teilhabe an der Gesellschaft und Einbeziehung in die Gesellschaft; d) die Achtung vor der Unterschiedlichkeit von Menschen mit Behinderungen und die Akzeptanz dieser Menschen als Teil der menschlichen Vielfalt und der Menschheit; e) die Chancengleichheit; f) die Zugänglichkeit; g) die Gleichberechtigung von Mann und Frau; h) die Achtung vor den sich entwickelnden Fähigkeiten von Kindern mit Behinderungen und die Achtung ihres Rechts auf Wahrung ihrer Identität" (Bundeministerium für Arbeit, Soziales und Konsumentenschutz 2009, Artikel 3).

Diese menschenrechtlichen und gesetzlichen Regelungen bereiten prinzipiell den Boden für ein anderes Verständnis und einen anderen Umgang mit Behinderung. Gleiches gilt für die verschiedenen Erklärungen zu Bildung und Erziehung. Die UNESCO hatte bereits 1994 eine Erklärung verabschiedet, die den verstärkten Bemühungen um Integration Ausdruck und Unterstützung verleihen sollte. In diesen als *Salamanca-Erklärung* bekannt gewordenen Empfehlungen heißt es:

Salamanca-Erklärung „Wir glauben und erklären,

- dass jedes Kind ein grundsätzliches Recht auf Bildung hat und dass ihm die Möglichkeit gegeben werden muss, ein akzeptables Lernniveau zu erreichen und zu erhalten,
- dass jedes Kind einmalige Eigenschaften, Interessen, Fähigkeiten und Lernbedürfnisse hat,
- dass Schulprogramme entworfen und Lernprogramme eingerichtet werden sollen, die dieser Vielfalt an Eigenschaften und Bedürfnissen Rechnung tragen,
- dass jene mit besonderen Bedürfnissen Zugang zu regulären Schulen haben müssen, die sie mit einer kindorientierten Pädagogik, die ihren Bedürfnissen gerecht werden kann, aufnehmen sollen,
- dass Regelschulen mit dieser integrativen Orientierung das beste Mittel sind, um diskriminierende Haltungen zu bekämpfen, um Gemeinschaften zu schaffen, die alle willkommen heißen, um eine integrierende Gesellschaft aufzubauen und um Bildung für Alle zu erreichen; darüber hinaus gewährleisten integrative Schulen eine effektive Bildung für den Großteil aller Kinder und erhöhen die Effizienz sowie schließlich das Kosten-Nutzen-Verhältnis des gesamten Schulsystems" (Österreichische UNESCO Kommission 1994, 9).

Die VN-BRK geht insofern über die Empfehlungen der Salamanca Erklärung hinaus, als dass sie auch im Bildungsbereich eindeutige Forderungen stellt und Benachteiligungen als Diskriminierungen versteht. Wegen der Relevanz dieser Konvention soll der entsprechende Paragraph zitiert werden. Dabei wird auf die englische Fassung zurückgegriffen, da deutsche Fassungen unterschiedliche Übersetzungen zentraler Begriffe beinhalten.

Forderungen im Bildungsbereich

Article 24: Education

1. States Parties recognize the right of persons with disabilities to education. With a view to realizing this right without discrimination and on the basis of equal opportunity, States Parties shall ensure an inclusive education system at all levels and life long learning directed to:
(a) The full development of human potential and sense of dignity and self-worth, and the strengthening of respect for human rights, fundamental freedoms and human diversity;
(b) The development by persons with disabilities of their personality, talents and creativity, as well as their mental and physical abilities, to their fullest potential;
(c) Enabling persons with disabilities to participate effectively in a free society.

2. In realizing this right, States Parties shall ensure that:
(a) Persons with disabilities are not excluded from the general education system on the basis of disability, and that children with disabilities are not excluded from free and compulsory primary education, or from secondary education, on the basis of disability;
(b) Persons with disabilities can access an inclusive, quality and free primary education and secondary education on an equal basis with others in the communities in which they live;
(c) Reasonable accommodation of the individual's requirements is provided;
(d) Persons with disabilities receive the support required, within the general education system, to facilitate their effective education;
(e) Effective individualized support measures are provided in environments that maximize academic and social development, consistent with the goal of full inclusion.

3. States Parties shall enable persons with disabilities to learn life and social development skills to facilitate their full and equal participa-

tion in education and as members of the community. To this end, States Parties shall take appropriate measures, including:

(a) Facilitating the learning of Braille, alternative script, augmentative and alternative modes, means and formats of communication and orientation and mobility skills, and facilitating peer support and mentoring;

(b) Facilitating the learning of sign language and the promotion of the linguistic identity of the deaf community;

(c) Ensuring that the education of persons, and in particular children, who are blind, deaf or deafblind, is delivered in the most appropriate languages and modes and means of communication for the individual, and in environments which maximize academic and social development.

4. In order to help ensure the realization of this right, States Parties shall take appropriate measures to employ teachers, including teachers with disabilities, who are qualified in sign language and/or Braille, and to train professionals and staff who work at all levels of education. Such training shall incorporate disability awareness and the use of appropriate augmentative and alternative modes, means and formats of communication, educational techniques and materials to support persons with disabilities.

5. States Parties shall ensure that persons with disabilities are able to access general tertiary education, vocational training, adult education and lifelong learning without discrimination and on an equal basis with others. To this end, States Parties shall ensure that reasonable accommodation is provided to persons with disabilities (UN 2006).

inklusive Bildungssysteme Im Klartext bedeutet dies, dass alle Unterzeichnerstaaten sich verpflichten, ein inklusives Erziehungs-, Bildungs- und damit auch Schulsystem zu gewährleisten, damit für alle Kinder die Möglichkeit geschaffen wird, gemeinsam zu lernen. Für Länder wie die Bundesrepublik, Österreich und die Schweiz mit ausgebauten Sondersystemen von der Frühförderung bis zum Leben im Alter bedeutet die Umsetzung dieser Konvention eine sehr große Herausforderung, der – das zeigt der Teilhabebericht der Bundesregierung (BMAS 2013) – gegenwärtig und in naher Zukunft noch nicht entsprochen werden kann.

Da in Deutschland die Kultusministerien der jeweiligen Länder für die Bildungspolitik zuständig sind, bedarf es einer Abstimmung der

Bundesländer untereinander, um die Vergleichbarkeit der Bildung auf allen Ebenen zu sichern.

In der ständigen Konferenz der Kultusminister (KMK) sind alle **KMK** Bundesländer vertreten. Sie gibt Empfehlungen zu allen Schulformen heraus. Diese Empfehlungen basieren auf einem gemeinsamen Konsens aller Kulturminister und sind daher immer als der kleinste gemeinsame Nenner zu sehen, auf den sich die Bundesländer mit ihren verschiedenen Interessen und Strukturen einigen konnten. 2011 hat die KMK Empfehlungen zur Inklusiven Bildung von Kindern und Jugendlichen mit Behinderungen in Schulen herausgegeben. In diesen Empfehlungen wird versucht, die Grundzüge eines inklusiven Bildungssystems offen zu beschreiben, ohne die Relevanz von Förderschulen als zeitlich befristete Sonderwege aufzugeben. Dieser Spagat kann nur gelingen, wenn man einem eigenschaftsorientierten Behinderungsverständnis folgt, wie es der Titel der Empfehlungen bereits nahelegt.

Ein inklusives Schulsystem sollte dem Selbstverständnis nach für alle Kinder und Jugendlichen gelten und nicht nur für eine besondere Gruppe. Es wäre zu wünschen, dass sich die Kultusministerkonferenz dem Verständnis von Behinderung und Beeinträchtigung des Teilhabeberichtes (BMAS 2013) anschließt, denn nur wenn die behindernden Faktoren – in diesem Fall die Exklusionsrisiken – in den Blick genommen werden, bestehen Chancen für substantielle Veränderungen im Bildungssystem.

Exklusionsrisiken sind auf verschiedenen Ebenen zu verorten, sie **Exklusionsrisiken** reichen von unzureichenden finanziellen und strukturellen Bedingungen über professionsspezifische Themen bis hin zu Vorurteilen und Abwehrmechanismen aufgrund fehlender Kenntnisse und Vorstellungsmöglichkeiten.

Mit den KMK-Empfehlungen von 1994 (die auch heute noch gültig sind) lässt sich zwar bereits ein Wandel in der Betrachtung der sonderpädagogischen Förderung feststellen, die strukturellen wie auch inhaltlichen Veränderungen benötigen allerdings viel Zeit.

Die Veränderungen lassen sich im Wesentlichen an drei Aspekten festmachen:
1. Von der Defizitorientierung zur Ressourcenorientierung
2. Von der Rehabilitation zur Selbstbestimmung
3. Vom Institutionenbezug zum Individuum-Umwelt-Bezug

Alle drei Aspekte sind Ergebnis eines veränderten Verständnisses von Behinderung sowie eines gewandelten Menschenbildes, das die

Selbstbestimmung und das Können jedes Menschen in den Vordergrund stellt. Nicht mehr das Kind mit seinen Defiziten und einem entsprechend darauf aufgebauten (Re-)Habilitationsprogramm steht im Zentrum der Bemühungen, sondern die Kompetenz und das Selbstbestimmungsrecht jedes Menschen. Diese Schwerpunktsetzung erfordert wiederum eine Pädagogik, die sich auf die Bedürfnisse und Bedingungen der Kinder und Jugendlichen einstellt (special needs) und nicht von den Bedingungen der Institutionen, hier der Schule, ausgeht.

Auswirkungen auf das Schulsystem   Die Hauptaufgabe des deutschen Schulsystems als einem gegliederten und selektierenden Schulsystem bestand und besteht zum großen Teil auch heute noch darin zu überlegen, welches Kind in welche Schulform gehört, d.h. ob ein bestimmtes Kind in einem Gymnasium, einer Realschule, einer Hauptschule oder eine Förderschule lernen sollte. Fünf Schulformen mit unterschiedlichen kognitiven Anforderungen sind zum großen Teil damit beschäftigt, die Kinder auszusortieren, die nicht den Anforderungen der Institution entsprechen. Die von der VN-BRK und der KMK geforderte Umkehrung vom Institutionenbezug zum Individualbezug bedeutet, dass die Schülerin/der Schüler im Zentrum steht und die spezifische Unterstützung, die diese Schülerin/dieser Schüler benötigt, zur Verfügung gestellt wird, unabhängig davon, an welcher Schule sich die Schülerin/der Schüler gerade befindet. Der Sonderpädagogik kommt in diesem Zusammenhang eine subsidiäre Funktion zu, das bedeutet, dass zunächst einmal davon ausgegangen werden sollte, dass jedes Kind die wohnortnahe Schule besuchen kann.

Das gegenwärtige Problem besteht darin, die in den einzelnen Ländern getroffenen unterschiedlichen Regelungen einzuschätzen und diese im Hinblick auf ihre Exklusionsrisiken und Inklusionschancen hin zu bewerten.

Es zeigt sich sehr deutlich, dass der grundlegende Wandel, den die VN-BRK ebenso fordert wie die bildungspolitischen Institutionen, mindestens zwei große Hindernisse zu überwinden hat.

Qualifikation von Lehrkräften   Ein wesentliches Hindernis besteht in der fehlenden Qualifikation von Lehrerinnen und Lehrern der verschiedenen Schulformen. In einer überwiegend auf Wissenschaftlichkeit und didaktischer Qualität bezogenen Ausbildung kommen diejenigen Themen zu kurz, an denen gegenwärtig viele Maßnahmen scheitern: Kooperation unter Kolleginnen und Kollegen, sowohl in Beratungssituationen wie im Team-Teaching und Zusammenarbeit mit Eltern, reflexive Kompetenzen und die Bereitschaft zur Supervision.

Kosten   Das zweite wesentliche Hindernis besteht in der Annahme, diese Veränderungen seien nur mit geringen zusätzlichen Kosten zu bewerkstelligen. Soll der Wandel zu einem nicht separierenden Schulsystem gelingen, sind für einen gewissen Zeitraum zusätzliche Maßnahmen erforderlich, die es Lehrerinnen und Lehrern erlauben, sich gemeinsam mit Sonderpädagoginnen auf die neue Situation einzustellen. Mit verstärkter Schulbegleitung ist das Problem eben so wenig zu lösen, wie mit standardisiertem sonderpädagogischen Förderbedarf und geringer Deputatsreduktion.

Eine nachhaltige Professionsentwicklung kann nur stattfinden, wenn genügend Raum für Austausch, Teamarbeit und inhaltliche Gespräche eingeräumt wird, gilt es doch die Bezogenheit auf das einzelne Kind, das von der Sonderpädagogik eingebracht wird, mit der Fokussierung auf die Gruppe, die von Lehrerinnen und Lehrern anderer Schulformen präferiert wird, in ein konstruktives Miteinander zu bringen. Im Bereich der Pädagogik bei Blindheit und Sehbeeinträchtigung besteht die besondere Herausforderung darin, den Widerspruch aufzulösen zwischen der Bedeutung des Sehens und der visuellen Wahrnehmung für die kindliche Entwicklung und für das Lernen und der Tatsache, dass Sehen und visuelle Wahrnehmung bei der Beurteilung von Lern- und Verhaltensschwierigkeiten meistens nicht berücksichtigt werden.

nachhaltige Professions-entwicklung

> **„Sonderpädagogischer Förderbedarf** entsteht dort, wo zwischen den individuellen Voraussetzungen und Bedingungen und den Ansprüchen und Möglichkeiten der allgemeinen Schule langandauernde, umfassende und erhebliche Diskrepanzen bestehen."** (Walthes 2000, 212)

Die sogenannte „Feststellung des sonderpädagogischen Förderbedarfs" ist daher in zweierlei Hinsicht zu ermitteln. In der Feststellung der individuellen Voraussetzungen durch eine umfassende Kind-Umfeld-Analyse und in der Feststellung der institutionellen Voraussetzungen durch eine Analyse des Potenzials des schulischen Systems (Einstellungen des Kollegiums, materielle Ausstattung, Unterstützungskapazitäten.

sonderpädagogischer Förderbedarf

In den einzelnen Bundesländern sind die Verfahren zur Feststellung des Förderbedarfs unterschiedlich. In der Regel gehört dazu ein medizinisches Gutachten und ein pädagogisches Gutachten, das ebenfalls in der Regel unter Beteiligung einer Blinden- oder Sehbehindertenpädagogin und unter Mitwirkung der Eltern erstellt wird. Das Gutachten soll nicht nur die gegenwärtige Situation des Kindes beurteilen, sondern auch Auskunft darüber geben, welche Unterstützungsmaßnahmen und -materialien erforderlich sind. Für die Feststellung der

Länderspezifika

individuellen Voraussetzungen bezüglich des Sehens ist das Gutachten des Augenarztes die Grundlage. Es muss jedoch gegebenenfalls durch eine Analyse des funktionalen Sehens ergänzt werden, um Anhaltspunkte für den Unterricht zur Verfügung zu haben: beispielsweise hinsichtlich der Arbeitsplatzausstattung, des Vergrößerungsbedarfs, der Beleuchtungssituation, der erforderlichen optischen und elektronischen Hilfsmittel. Folgende Bereiche beziehen die Richtlinien für Nordrhein-Westfalen und für Schleswig-Holstein in die Feststellung des Sonderpädagogischen Förderbedarfs mit ein:

- Das Bewegungsverhalten des Kindes bezogen auf seine Taststrategien und im Hinblick auf großräumige Bewegung und Orientierung;
- die akustische Wahrnehmung und Orientierung;
- die sprachliche Kommunikationsfähigkeit und das kognitive Verständnis im Hinblick auf Begriffsbildung und Strukturierungsfähigkeit;
- die nonverbale Kommunikation und Interaktion;
- das Explorationsverhalten, vor allem die dabei verwendeten Seh- und Handlungsstrategien;
- Kenntnisse, Fähigkeiten und Fertigkeiten in alltagspraktischen Zusammenhängen.

In anderen sonderpädagogischen Bereichen zur Feststellung des sonderpädagogischen Förderbedarfs oder Entwicklungstandes von Schülerinnen und Schülern steht eine Fülle von Test- und Überprüfungsmaterialien zur Verfügung, aber diese sind nur in seltenen Fällen für blinde und sehbeeinträchtigte Schülerinnen und Schüler geeignet.

Hilfe zur Partizipation Die Aussagen der VN-BRK und der ICF bedeuten, dass immer dann eine Unterstützung erforderlich ist, wenn jemand in seiner Partizipation behindert wird, bzw. seine Aktivitäten nicht im gewünschten Maße zur Wirkung kommen können. Es bedarf aus dieser Perspektive für pädagogische Felder nicht der Feststellung einer manifesten Schädigung oder Störung, um Anspruch auf pädagogische Unterstützung zu haben, sondern Beeinträchtigungen auf den Ebenen Funktion, Aktivität und Partizipation ziehen die Notwendigkeit der Unterstützung nach sich. Die ICF bietet hervorragende Möglichkeiten, ein präzises Beschreibungsinstrument zu entwickeln, das in vielen Fällen Unterstützungsmaßnahmen direkt ansteuert.

Das visuelle Funktionsprofil von Verena Petz auf der Basis des Funktionsprofils von Lea Hyvärinen für pädagogische Berufe entwickelt, könnte sowohl für die Feststellung des sonderpädagogischen Förderbedarfs wie für nachfolgende Überprüfungen gut genutzt werden (**Kap. 4.4.1**).

Petz, V. (2013): Das visuelle Funktionsprofil. Konzeption eines Verfahrens zur Ermittlung kindlicher Sehbedingungen auf Basis der Internationalen Klassifikation der Funktionsfähigkeit, Behinderung und Gesundheit bei Kindern und Jugendlichen (ICF-CY). Dissertation Universität. Dortmund. Online verfügbar: http://hdl.handle.net/2003/30409 (03.09.2013)

Sonderpädagogische Förderung hat die Aufgabe, schulische Umwelten so zu gestalten, dass sie Kindern und Jugendlichen mit einer Sehbeeinträchtigung ein weitgehend eigenaktives und selbstbestimmtes Lernen ermöglicht. Wie in der Frühförderung sind diese Fördermaßnahmen auch in der Schule auf unterschiedlichen Ebenen anzusiedeln. So sprechen zum Beispiel die Richtlinien zum Förderschwerpunkt Sehen des Landes Nordrhein-Westfalen von drei Ebenen: *Gestaltung von Voraussetzungen, Inhalten und Methoden*. Degenhardt erweitert diese auf fünf Ebenen, indem er *Didaktik, Verfahren* und *Techniken, Rahmenbedingungen, pädagogisches Personal* und *gesellschaftliche Außenwirkung* als relevante Ebenen eines mehrschichtigen Interventionsprozesses bezeichnet (Degenhardt 2003).

Fördermaßnahmen

Rahmenbedingungen oder Gestaltung von Voraussetzungen: Die hier zu nennenden Rahmenbedingungen gelten im Prinzip für jeden Lernort. Sie beziehen sich auf eine den individuellen Bedingungen entsprechende Gestaltung des Arbeitsplatzes, der Räume und des Geländes sowie eine angemessene mediale Ausstattung. Die folgende Aufzählung von Gestaltungsmöglichkeiten ist der Versuch, die Aufmerksamkeit auf die jeweils möglichen Bereiche zu richten. Welche der Rahmenbedingungen jeweils geschaffen werden sollte, ist abhängig von einer möglichst guten Passung von individuellen Bedürfnissen und Anforderungen einerseits und Umweltgegebenheiten andererseits:

- *Lagerungsmöglichkeiten* (Keile, Lagerungskissen, Stühle) und Hilfsmittel (z. B. Lifter, Sitzhose, Stehständer), um zunächst einmal gute Aufmerksamkeits- und Wahrnehmungsbedingungen zu schaffen;
- Hilfreich für alle Kinder ist eine *Gestaltung von Räumen und eine Strukturierung des Schulgeländes*, die optische, taktile und akustische Orientierungshilfen und eindeutige Gliederungen aufweist (z. B. Leseecke, Ruhezone, Arbeitsbereich, Verkehrswege, Spielflächen, Parkplätze);
- eine nicht nur ausreichende, sondern *optimale Beleuchtungssituation* in den Arbeitsräumen;
- ergonomisch gestaltete *Arbeitsflächen* (höhen- und neigungsverstellbar) mit blendungsfreier, in der Lichtfarbe passender Einzelplatzausleuchtung mit optimaler Beleuchtungsstärke;

- optische, mechanische und elektronische *Hilfsmittel* (Lupen, Brillensysteme, Bildschirmlesegeräte, Punktschriftmaschinen, Braillezeilen, -drucker, Tafelkamera);
- Visuelle, taktile und akustische Medien sollten in ihrer Beschaffenheit (Struktur, Größe, Form, Farbe, Konsistenz, Kontrast) den individuellen Seh- und Wahrnehmungsfähigkeiten genügen.

Je mehr Aufmerksamkeit den Rahmenbedingungen gewidmet wird, umso leichter zeigt sich die konkrete Gestaltung der Lehr-Lern-Situationen.

Didaktik **Inhalte und deren Vermittlung:** Die Diskussion um eine wie auch immer zu gestaltende sehspezifische Didaktik, wie sie in den 1980er Jahren intensiv geführt wurde, gilt als überholt (Degenhardt 2003) und scheint der Entwicklung einer *Pädagogik der Vielfalt* (Prengel 1993) wie auch der zentralen Aufgabe des *Umgangs mit Heterogenität* nicht förderlich zu sein. Darüber hinaus zeigt es sich, dass diejenigen Elemente, die als blinden- oder sehspezifisch diskutiert werden, nicht auf der didaktischen Ebene, sondern eher auf der Ebene der Methoden zu finden sind.

Lang, M.; Hofer, U.; Beyer, F. (2008): Didaktik des Unterrichts mit blinden und hochgradig sehbehinderten Schülerinnen und Schülern. Bd. 1 Grundlagen. Stuttgart: Kohlhammer

Lang, M.; Hofer, U.; Beyer, F. (2010): Didaktik des Unterrichts mit blinden und hochgradig sehbehinderten Schülerinnen und Schülern. Bd.2 Fachdidaktiken. Stuttgart: Kohlhammer

Die Argumentationsebenen haben sich zudem deutlich angenähert. So wird zum Beispiel Handlungsorientierung sowohl in der Pädagogik bei Blindheit und Sehbeeinträchtigung als auch in der Grundschuldidaktik gefordert, lediglich die Begründungen sind unterschiedlich. Hat *Handlungsorientierung* innerhalb der Pädagogik bei Blindheit und Sehbeeinträchtigung die Aufgabe, die geringeren direkten (visuellen) Auseinandersetzungsmöglichkeiten mit der Umwelt zu relativieren, so wird sie innerhalb der Grundschuldidaktik als Reaktion auf eine Visualisierung der Welt und im Sinne der konkreten Anbindung an Erfahrungen und Erlebnisse gefordert.

„Ist es in der Sehgeschädigtenpädagogik der Mangel an visueller Information, der handlungsorientierte Unterrichtsgestaltung herausfordert […], so ist es in der allgemeinen Pädagogik der Überfluss an visueller Information, dem Symptome wie Aufmerksamkeitsstörungen, Visualismus im Sinne eines Erfahrungsgewinns aus zweiter Hand, Reizüberflutung etc. zugeschrieben werden" (Walthes 1997, 26).

Auf diese Diskussion soll hier nicht vertiefend eingegangen werden. Auf der Ebene der *Inhalte* sind zunächst einmal die Lehrpläne der allgemeinen Schule verbindlich. Die Herausforderung besteht in der Vermittlung dieser Inhalte.

Da Lernen durch direktes Beobachten oder Nachahmen häufig nicht möglich ist und die visuelle Dominanz der Vermittlungsstrukturen ebenso häufig nicht erkannt wird (Degenhardt 2003, 6), sind zunächst vor allem diese Strukturen zu analysieren und Wahrnehmungsbedingungen zu schaffen, die es dem Kind ermöglichen, den Lerninhalt überhaupt zu erfassen. Alltägliche Äußerungen wie „schau einmal da", „du dort hinten" sind von einem blinden Kind ebenso wenig zu verstehen wie der Tafelanschrieb, der Bezüge zwischen einzelnen Komponenten zum Beispiel durch Pfeile darstellt und nicht erläutert wird. Spezifische Inhalte beziehen sich auf:
(Randnotiz: Wahrnehmungsbedingungen)

- die Orientierung und Bewegung im Raum, sowohl auf der Ebene des Tastraums als auch in Bewegungsräumen;
- die Erarbeitung von Zusammenhängen durch Bewegung;
- die Deutung von Geräuschen und akustischen Signalen sowie das Verhalten im akustischen Raum (Klick-Sonar);
- die Förderung der visuellen Aufmerksamkeit, der Hand-Auge-Koordination, der Raum-Lage-Wahrnehmung, der Wahrnehmung von bewegten Objekten, des funktionalen Sehvermögens;
- die Kommunikation mit nichtsprechenden und/oder hörsehbeeinträchtigten Kindern;
- den Umgang mit wechselnden visuellen Bedingungen,
- den Umgang mit den inadäquaten Bedingungen und Reaktionen der materialen und sozialen Umwelt;
- Ordnungs- und Suchstrategien, Taststrategien;
- alltagspraktische Fertigkeiten;
- verschiedene Schriftsysteme (z.B. Vollschrift, Eurobraille, Kurzschrift, Mathematik-, Chemie- oder Musikschrift), auf die Benutzung elektronischer, mechanischer oder optischer Hilfsmittel (z.B. Braillezeile, Punktschriftmaschine, Computer mit Vergrößerungssoftware oder Sprachausgabe, Bildschirmlesegerät, Monokular, Lupen);
- den Schriftspracherwerb.

(Randnotiz: spezifische Inhalte)

Die für pädagogisches Handeln und für die Vermittlung von Inhalten geltenden allgemeinen Grundprinzipien werden in **Kapitel 4.4** gesondert diskutiert. Degenhardt macht – bezogen auf Unterricht – in diesem Zusammenhang auf ein Grundproblem aufmerksam, das hier bereits angesprochen werden soll.

„Die Tatsache, dass eingeschränktes oder fehlendes Sehvermögen die (für die Außenbetrachtung) ‚spontane', ‚unorganisierte' und ‚beiläufige' Aufnahme von Erscheinungen und Prozesse der Umwelt und damit auch Einbettung in Konzepte von Welt erschwert, führt zu einer Zunahme organisierter Begegnungen mit der Umwelt. Diese Situation ist zutiefst zwiespältig: auf der einen Seite sind (organisierte, geschaffene) Angebote dringend erforderlich, da erwiesenermaßen der spontane ‚Aufforderungscharakter' der Umgebung durch eine Beeinträchtigung des Sehens stark abgesenkt ist, auf der anderen Seite kann eine vollkommen durchorganisierte Begegnung mit der Umwelt in die Gefahrenzone einer defizitären Wertung der Entwicklung des sehgeschädigten Menschen führen" (2003).

Dies gilt umso mehr, je stärker „besonders" und je weniger lebendig-komplex schulische und unterrichtliche Situationen gestaltet sind. Heterogenität wirkt aus dieser Perspektive betrachtet präventiv, Homogenität, wie sie innerhalb des Sonderschulsystems und generell innerhalb des selektierenden Schulsystems angestrebt werden muss, eher hinderlich.

Infragestellen der eigenen Wahrnehmung

Die Selbstverständlichkeit, mit der alle von der Homogenität der eigenen Wahrnehmung ausgehen und diese als gegeben setzen, verhindert die Berücksichtigung vielfältiger Wahrnehmungsweisen. Was für Kinder wie Erwachsene im Alltag selbstverständliche und unsere Handlungsfähigkeit sichernde Aktivität ist, muss für alle Situationen, in denen es um pädagogische, therapeutische oder rehabilitative Zusammenhänge geht, infrage gestellt werden. Aus dieser Perspektive ist eine notwendige Forderung für den Umgang mit Vielfalt und Verschiedenheit ein professionelles Infragestellen der eigenen Wahrnehmung und das Entwickeln von Methoden der divergenten Wahrnehmungssicherung. Ein Ausbrechen aus den Routinen der gewohnten Beobachtungen gilt als notwendige Voraussetzung um Vielfalt wahrnehmen und Vielfalt nutzen zu können (Walthes 2011).

Eine das Nicht- oder Anders-Sehen-Können reflektierende Vermittlung könnte allen Kindern zugute kommen. Diesen Zusammenhang erarbeitet in ganz hervorragender Weise das Buch von Juliane Leuders am Beispiel der Zahlbegriffsentwicklung.

 Leuders, J. (2012): Förderung der Zahlbegriffsentwicklung bei sehenden und blinden Kindern. Empirische Grundlagen und didaktische Konzepte. Wiesbaden: Vieweg + Teubner

Erfahrungen von Lehrerinnen und Lehrern im integrativen Unterricht zeigen, dass viele traditionell verwendete Konzepte und Methoden an den Erfahrungs-, Wahrnehmungs- und Verstehensmöglichkeiten vieler Kinder vorbeigehen und ein aisthetischer, im wörtlichen Sinne alle Sinne ansprechender und auf den Lösungsprozess statt auf das Ergebnis ausgerichteter Unterricht der Heterogenität der Lernstrategien aller Schülerinnen und Schüler wesentlich stärker entspricht.

So sind auch die folgenden Aufmerksamkeiten nicht als spezifisch für Menschen mit einer Sehbeeinträchtigung zu sehen, sondern als Bedingungen, die ein Gelingen von Kommunikation und Interaktion insgesamt erleichtern können. Sie betreffen

Gelingens-bedingungen

- Maßnahmen zur sprachlichen Begleitung von Handlungen und verbale Erläuterungen visueller oder taktiler Materialien (Gegenstände, Grafiken, Bilder, Modelle);
- basale Kommunikationsformen, Hand- und Fingeralphabete, die nicht nur bei Kindern und Jugendlichen mit Hör-Sehbeeinträchtigungen eingesetzt werden, sowie Maßnahmen der Unterstützten Kommunikation, die den individuellen Bedingungen jedes Kindes und Jugendlichen anzupassen sind;
- unterstützende Gebärden;
- Kriterien für die Gestaltung von Materialien, die auf die individuellen Wahrnehmungsmöglichkeiten eingehen sollten.

Zur Erläuterung soll folgendes Beispiel dienen: Bei blinden Kindern und Jugendlichen ist es erforderlich, Anschaulichkeit möglichst über reale Gegenstände zu vermitteln. Ein Paket Kaffee wird nicht dadurch erkennbar, dass es das entsprechende Logo und die Farbe des Kaffeeherstellers aufweist. Größe, Gewicht, das Fühlen-Können der Kaffeebohnen und anderes mehr dienen hier eher der Veranschaulichung.

Daher sind bei der Auswahl und Gestaltung von Anschauungsmaterialien vor allem folgende Faktoren zu berücksichtigen: die Oberflächenbeschaffenheit, Eindeutigkeit der Form, der Konsistenz, der Größe, der Gliederung und Anordnung, das spezifische Gewicht, die Struktur, Geruch, Geschmack.

Bei Kindern mit einer Sehbeeinträchtigung sind bei der Materialgestaltung zusätzlich Kontrast, Farbe und Vergrößerung zu optimieren.

- In Zusammenhängen, bei denen für Sehende unmittelbare Anschaulichkeit gegeben ist, müssen Kinder und Jugendliche mit einer Sehbeeinträchtigung häufig kognitive Leistungen, insbesondere Gedächtnisleistungen und eine hohe Konzentration beim Erfassen und Erkennen der spezifisch zu lernenden Aspekte aufbringen. Daher ist grundsätzlich darauf zu achten, dass die Anschauungsgegenstände so leicht zu decodieren sind, dass sie den Lernprozess ermöglichen und unterstützen.

- Rhythmisierung im Tages- und Unterrichtsablauf, vor allem jedoch Ankündigung und Rhythmisierung als Methode der Bewegungs- und Handlungssteuerung ermöglichen die Antizipation von Ereignissen und vermitteln Sicherheit. Dies gilt insbesondere auch bei pflegerischen Maßnahmen (Lee/Mac William 1994; 2008).
- Sehförderung ist ein schwieriger, aber häufig gebrauchter Begriff, mit dem die Bereitstellung attraktiver, im Sinne von neugierig machenden, Sehumwelten wie auch eine die Eigenaktivität unterstützende Aufforderung, das individuelle Sehvermögen einzusetzen, verbunden ist.

Sehanforderungen und -angebote

Ein angemessener Wechsel der Sehanforderungen, die Auswahl von Sehangeboten aus dem Erfahrungs- und Lebensbezug des Kindes und Jugendlichen, eine optimale Beleuchtung, der Einsatz optischer Hilfsmittel, die Vermeidung von Blendung sind eher allgemeine Aspekte. Die Erarbeitung von Text- und Anschauungsmaterialien, die den individuellen Lesestrategien der Schülerinnen und Schüler entsprechen (Schriftgröße, -typ, Zeichen- und Zeilenabstand, Kontrast, aber auch zum Beispiel die Anordnung der Buchstaben: z.B. von oben nach unten, wenn dies das Lesen erleichtert), sowie die Bereitstellung von Möglichkeiten der sehr nahen Betrachtung von Prozessen und Versuchen, zum Beispiel in den Unterrichtsfächern Biologie, Chemie und Physik, sind eher spezifische Aspekte, die es zu berücksichtigen gilt.

Die genannten Aufmerksamkeiten können nicht nur für den Lernprozess von Schülerinnen und Schülern mit einer Sehbeeinträchtigung hilfreich sein, sondern erweisen sich als bereichernd für alle. Die Erfahrungen im integrativen Unterricht zeigen, dass viele Schülerinnen und Schüler von einer Vermittlung profitieren, die für blinde oder sehbeeinträchtigte Schülerinnen und Schüler entwickelt wurde. Die Möglichkeiten des Voneinander-Lernens scheinen vielfältiger nutzbar zu sein, als man es sich üblicherweise vorstellt. Voraussetzung hierfür ist jedoch ein Interesse an den heterogenen Lern- und Aneignungsstrategien der Kinder. Wenn Sehende ein sachliches Interesse an dem spezifischen Beitrag blinder und sehbeeinträchtigter Menschen, an deren spezifischer Strategie und Auseinandersetzung mit der Wirklichkeit, hier der Unterrichtswirklichkeit, entwickeln können, dann leisten sie möglicherweise das, was sie selbst ständig von beeinträchtigten Menschen fordern: die Beschäftigung mit der Wahrnehmungs- und Auseinandersetzungsweise des Anderen.

4.3.4 Berufliche Bildung

Berufliche Bildung von Jugendlichen mit einer Sehbeeinträchtigung ist abhängig von vielen Faktoren, die hier nur genannt, nicht weiter ausgeführt werden können:

a) Dem allgemeinen Arbeitsmarkt, mit den Tendenzen zur Technologisierung und Dienstleistung, zur Individualisierung, Flexibilität und Mobilität, der nach wie vor nur wenige Ausbildungs- und Arbeitsplätze für blinde und sehbeeinträchtigte Menschen zur Verfügung stellt.

b) Den rehabilitationsspezifischen Rahmenbedingungen, die in den Bestimmungen des Sozialgesetzbuchs III und IX festgelegt sind und die bestimmen, welche berufliche Rehabilitationsmaßnahme bei wem gefördert wird und welche nicht.

c) Den Bestimmungen zur Bekämpfung der Arbeitslosigkeit Schwerbehinderter, die die Beschäftigungspflichtquote von Menschen mit Behinderung festlegt oder eine Ausgleichsabgabe fordert, mit der wiederum die in b) genannten rehabilitationsspezifischen Maßnahmen durchgeführt werden können.

Geschichte

Die berufliche Bildung von blinden und sehbeeinträchtigten Jugendlichen hat eine ebenso lange Geschichte wie die institutionalisierte Blindenbildung, war doch deren vorrangiges Ziel, die gesellschaftliche Brauchbarkeit und Nützlichkeit blinder Menschen darzulegen. Wie anders konnte dies geschehen als durch den Nachweis ihrer Arbeitsfähigkeit. Ausbildungen zum Korbflechter oder Bürstenbinder stehen daher am Anfang der Geschichte der beruflichen Bildung. Obwohl in den großen Blindenanstalten immer auch Ausbildungsbereiche und eigene Werkstätten existierten und die Zahl der zu erlernenden und durch die Handwerkskammer anerkannten Berufe zugenommen hat, hatte sich an der Struktur der beruflichen Ausbildung von Menschen mit einer Sehbeeinträchtigung lange Zeit wenig geändert. Diese traditionelle Struktur sah folgendermaßen aus:

Das Spektrum der anerkannten Ausbildungsberufe (ca. 40) war gering, umfasste einen großen Bereich von Helfer- und Zurichterberufen und galt noch zu Beginn der 1990er Jahre als veraltet.

„Wahrscheinlich charakterisiert derjenige die Situation für Blinde in den Berufsbildungswerken nicht falsch, der feststellt, daß die Dynamik der Entwicklung sich mehr in der Ergänzung des angebotenen Fächerkanons von Berufen im Vorfeld der eigentlichen Ausbildung auf der Helferebene und in der Angleichung des Bildungsangebotes zwischen den Bildungswerken erschöpft hat als in seiner Weiterentwicklung" (Waidner 1992, 76).

Tab. 11: Gesetzesgrundlagen für die Integration von Menschen mit einer Behinderung (Bundesanstalt für Arbeit 1998, 39; Schäfer 2001, 171f)

Gesetzliche Regelung	Bezug
Sozialgesetzbuch III (SGB III)	Berufliche Eingliederung durch berufliche Rehabilitationsmaßnahmen (z. B. berufsfördernde Maßnahmen und (finanzielle) Leistungen)
Sozialgesetzbuch IX (SGB IX)	Regelt die Rahmenbedingungen der medizinischen, beruflichen und sozialen Rehabilitation (Fokus auf die selbstbestimmte Teilhabe am gesellschaftlichen Leben)
Rehabilitationsangleichungsgesetz (RehaAnglG)	Einheitliche Verfahrensregelungen zur Rehabilitation, Zuständigkeit und Zusammenarbeit der Reha-Träger
Berufsausbildungsgesetz (BbiG) und Handwerksordnung (HwO)	Regelungen der betrieblichen Berufsausbildung, Ausbildungs- und Prüfungsregelungen für Menschen mit Behinderung
Schwerbehindertengesetz (SchwbG)	Rechte sogenannter Schwerbehinderter im Berufs- und Arbeitsleben (einschließlich Werkstatt für Behinderte)
Bundessozialhilfegesetz (BSHG, SGB XII)	Hilfen zum Lebensunterhalt und in besonderen Lebenslagen (BSHG, SGB XII)

neuere Entwicklungen

Seit Mitte der 1990er Jahre hat sich diese Situation deutlich verändert. Diese Veränderung ist mit dem Stichwort *supported employment*, unterstützte Beschäftigung, zu charakterisieren. Diese Entwicklung hatte im Wesentlichen zwei Ursachen, die beide mit den gesellschaftlichen Tendenzen hin zu mehr Integration und Normalisierung verbunden sind.

Normalisierungsprinzip

Menschen- und Bürgerrechtsbewegungen, die sich gegen soziale und institutionelle Diskriminierungen von Minderheiten wehrten, hatten einen ebenso starken Einfluss auf die Interessenvertretung von Menschen mit Behinderung wie das in der norwegischen Sozialpolitik entwickelte sogenannte Normalisierungsprinzip (Nirje 1974, 1994), das als gegen die soziale und berufliche Segregation von Menschen mit Behinderung gerichtet interpretiert wurde. Wolfensberger, der diese Ideen in den USA verbreitete, versteht unter Normalisierung drei Aspekte:

1. The use of culturally value means, in order to enable people to live culturally valued lives.
2. Use of culturally normative means to offer persons life condition at least as good as that of average citizens, and to as much as possible enhance or support their behavior, appearances, expierence, status and reputation.
3. Utilization of means which are as culturally normative as possible, in order to establish, enable or support their behavoir, appearances, experiences and interpretations which are as culturally normative as possible" (Wolfensberger 1980, 8).

Supported Employment wurde in den 1970er Jahren in den USA entwickelt und geht von folgenden Prinzipien aus:

Supported Employment

● Niemand soll aufgrund der Art und Schwere seiner Behinderung vom allgemeinen Arbeitsmarkt ausgeschlossen werden. Das bedeutet, es geht nicht um die Frage, wer für eine unterstützte Beschäftigung geeignet ist, sondern darum, welche Unterstützung die jeweilige Person benötigt, um auf dem allgemeinen Arbeitsmarkt beschäftigt werden zu können.

„The idea is in direct contradiction to traditional vocational rehabilitation services which centered on the idea of employability. Employability implies that some people are „ready" for employment while others not. […] What makes supported employment different is that there is a presumption of employability for everyone in some sort of job related to a person's interests and skills. What remains is to figure out the types and levels of support to ensure success in a meaningful job that leads to a satisfying career for the individual" (Hagner/Dileo 1993, 7f.).

● *Training on the job:* Das traditionelle Argument der beruflichen Rehabilitation bestand darin, Menschen mit Behinderung zunächst in Spezialeinrichtungen auszubilden und sie dann erst in den allgemeinen Arbeitsmarkt zu integrieren. Diese „train and place" genannte Vorgehensweise wird im Konzept der unterstützten Beschäftigung umgekehrt und „place and train" genannt. Dies bedeutet, dass die betroffene Person bereits auf dem allgemeinen Arbeitsmarkt ausgebildet wird.
● *Job coach*, eine Person, die am Arbeitsplatz unterstützt, einweist oder trainiert und sowohl in der Ausbildungsphase als auch bei einem Jobwechsel dafür sorgt, dass die Leistung des Auszubildenden oder Arbeitnehmers auf 100% ergänzt wird, um dem Arbeitgeber vom ersten Tag an die volle Arbeitsleistung zusichern zu können (Barlsen/Bungart 1996, 8).
● *Inklusion:* Ein Schwerpunkt dieses Konzeptes liegt im Bereich der sozialen Integration. Auf das Eingebundensein des Einzelnen in die

Gruppe seiner Kolleginnen und Kollegen wird besonders geachtet, insbesondere der Job Coach sollte sein Hauptaugenmerk auf diesen Aspekt richten.

"Because inclusion in the culture is critical to job success, supported employment professionals need to invest time to better help employees to become fullfledged, accepted members of the culture of the worksite" (Hagner/Dileo 1993, 45).

Entwicklung in Deutschland

In Deutschland hat sich das Konzept „supported employment" Ende der 1980er Jahre insbesondere für Jugendliche mit Lernproblemen und im Feld der Werkstätten für Behinderte entwickelt (Roderfeld 1999, 91). Während die Bemühungen in den nordamerikanischen (USA, Kanada) und skandinavischen Staaten auf eine Ablösung der Sondersysteme gerichtet waren, hat sich das Konzept der unterstützten Beschäftigung in Deutschland zunächst als Ergänzung zu den bestehenden Systemen begriffen.

Gesetz für „Unterstützte Beschäftigung"

Seit 2009 regelt ein Gesetz „Unterstützte Beschäftigung" (§ 38a SGB IX) den Unterstützungsbedarf von beeinträchtigten Menschen im allgemeinen Arbeitsmarkt. Heute existiert eine Fülle sehr individueller und unterschiedlicher Ansätze, die von der Kooperation zwischen einer Sondereinrichtung der beruflichen Bildung mit einer entsprechenden allgemeinen Ausbildungsstätte über sogenannte ambulante Maßnahmen von Integrationsfachdiensten bis zur Unterstützten Beschäftigung reichen. Diese Vielfalt spiegelt sich seit Mitte der 1990er Jahre auch in den beruflichen Ausbildungsangeboten im Feld der Pädagogik bei Blindheit und Sehbeeinträchtigung wieder, zunächst in Form von Modellversuchen, dann als eine verzahnte Ausbildung zwischen allgemeiner Ausbildung und Berufsbildungswerk (**Abb. 30**).

Abb. 30: Heutige Struktur des Arbeitsmarktes

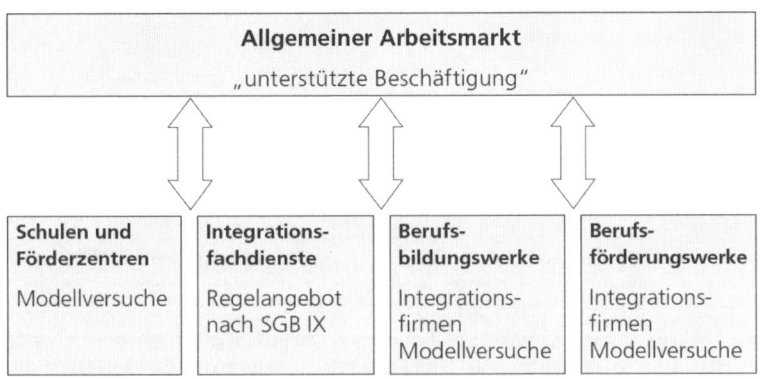

Eine Vielzahl kleiner und größerer Projekte versucht, eine wohnortnahe, flexible, modularisierte berufliche Ausbildung in einem Wechsel von unterstützter Ausbildung vor Ort und stationärer Ausbildung in den Sondereinrichtungen zu gewährleisten. Die bisherigen Ergebnisse dieser Projekte und Modellversuche zeigen, dass die Zahl der Ausbildungsberufe zunimmt und zunehmend flexibler auf die Möglichkeiten und Wünsche der Auszubildenden eingegangen wird (Appelhans et al. 1992; Appelhans/Düe 2001; Barlsen 1999).

Bezüglich des Studiums von Menschen mit einer Sehbeeinträchtigung ist in diesem Zusammenhang anzumerken, dass das Spektrum der Studienrichtungen groß und die Leistungen der Studierenden enorm sind, da sie in vielen Studienrichtungen und an einigen Universitäten nicht die Unterstützung (Arbeitsräume, Umsetzungsmöglichkeiten, Vorlesekräfte) bekommen, die für ein gleichberechtigtes Studium erforderlich wären (Deutsches Studentenwerk 2012). Im Rahmen eines „Modellversuchs zur didaktisch-strukturellen Verbesserung der Studiensituation behinderter Studierender" (Drolshagen et al. 2002) wurden die spezifischen Bedingungen analysiert und konzeptionelle Vorschläge für ein universitäres Unterstützungskonzept entwickelt, das heute zum Beispiel an der Technische Universität Dortmund mit Hilfe von DoBuS dem „Dortmunder Bereich Behinderung, chronische Krankheit und Studium im Zentrum für Hochschulbildung" realisiert wird. Spezifische Studiengänge für Menschen mit Sehbeeinträchtigungen existieren in Karlsruhe und Dresden (Informatik), ferner bietet die Fernuniversität Hagen Fernstudienmöglichkeiten in den Fächern Neuere deutsche Literaturwissenschaft, Rechtswissenschaft, Psychologie und Soziologie.

Sehbeeinträchtigung und Studium

4.3.5 Berufstätigkeit

In den Ausführungen zur beruflichen Bildung wurde deutlich, dass sich eine Unterstützung von Menschen mit einer Sehbeeinträchtigung über Frühförderung, Schule und berufliche Bildung hinaus auch auf das Feld der Berufstätigkeit und das Alter erstrecken kann. Dies ist bei weitem kein Automatismus, kann jedoch bei progredienten Krankheitsverläufen, komplexen Schädigungen und bei erworbenen Sehschädigungen im Erwachsenenalter erforderlich sein. Eine Pädagogik und Rehabilitation bei Blindheit und Sehbeeinträchtigung, die diese Aspekte nicht wahrnimmt, beschränkt ihren Zuständigkeitsbereich auf die klassischen pädagogischen Bereiche und damit auf den kleinsten Teil der Betroffenen. Die bereits genannte Aufgabe von Pädagogik und Rehabilitation bei Blindheit und Sehbeeinträchtigung besteht darin, Umwelten bereitzustellen, in denen und mit denen Menschen das Spektrum ihrer Lern-, Handlungs-, Erlebens- und Erfahrensmöglichkeiten eigenaktiv gestalten, erhalten und erweitern können. Diese Aufgabe lässt sich nicht auf eine bestimmte Lebensphase konzentrieren, sondern besteht immer dort, wo die Diskrepanz zwischen individuellen Bedingungen und Umweltanforderungen so beschaffen ist, dass Unterstützung eingefordert wird.

Arbeitslosigkeit   Diese Diskrepanz scheint im Beschäftigungssystem besonders groß zu sein. Wie sonst ist es zu erklären, dass etwa 70% der erwerbsfähigen blinden und hochgradig sehbehinderten Menschen arbeitslos sind (Schröder 1996, 298, DBSV 2011)? Es gibt viele Faktoren, die für diese hohe Arbeitslosenquote verantwortlich sind, hier sollen nur die wichtigsten genannt werden: Das geringe Berufsspektrum, die vorhandenen Bildungs- und Berufsabschlüsse, Erblindungen in der Phase der Berufsausbildung oder während der beruflichen Tätigkeit, vor allem aber die Unfähigkeit der Arbeitgeberseite, sich blinde oder hochgradig sehbehinderte Menschen als gleichberechtigte Arbeitnehmer vorzustellen, und die fehlende Unterstützung auf dem allgemeinen Arbeitsmarkt.

„Dieses enge Berufsspektrum stellt mittelfristig ein besonderes Beschäftigungsrisiko dar. Werden Arbeitsplätze in einem Tätigkeitsbereich – aus welchen Gründen auch immer – abgebaut, sind nicht ausreichend Berufsalternativen für blinde und hochgradig sehbehinderte Arbeitssuchende vorhanden" (Roderfeld 1999, 31).

Erworbene Sehschädigung im Erwachsenenalter stellt ein weiteres erhöhtes Risiko für Erwerbstätigkeit dar. Einer Studie des Landschaftsverbandes Rheinland zufolge haben nur 36% der erblindeten Männer und 23% der erblindeten Frauen nach einer Phase der Rehabilitation und Umschulung eine Erwerbstätigkeit wieder aufgenommen. Bei erworbener Sehschädigung nach dem 50. Lebensjahr wird in der Regel keine berufliche Rehabilitation mehr angestrebt (Landschaftsverband Rheinland 1995). Wer jedoch keine berufliche Rehabilitationsmaßnahme erhält, erfährt in der Regel auch keine blindentechnische Grundausbildung und erlernt daher häufig auch nicht die erforderlichen Techniken zur Alltagsgestaltung. Die Ursache für die Nicht-Erwerbstätigkeit wird in den Studien übereinstimmend nicht in einer geringen Erwerbsneigung der Betroffenen gesehen.

Wer als Blinder gar nicht erst auf den Markt kommt oder aus ihm ausscheidet, tut dies nicht, weil er nicht arbeiten will oder braucht, sondern weil er nicht arbeiten kann oder resigniert hat, weil er keine Nische im Arbeitsmarkt für sich erschließen konnte" (Landschaftsverband Rheinland 1995, 47).

Die Unterstützungsleistungen, die Menschen mit einer Sehbeeinträchtigung in ihrer beruflichen Tätigkeit beanspruchen können, sind in den Integrationsämtern, den Integrationsfachdiensten, den Berufsförderungswerken, in den Werkstätten für Blinde und den sogenannten Tagesförderstätten institutionalisiert.

Integrationsämter und Integrationsfachdienste sind im Wesentlichen für begleitende Maßnahmen am Arbeitsplatz zuständig (Ausstattung, Assistenz, Beratung, sozialrechtliche Fragen). **Integrationsämter und Integrationsfachdienste**

Berufsförderungswerke sind überbetriebliche und überregionale Ausbildungsstätten von Menschen, die vor dem Eintreten der Sehbeeinträchtigung berufstätig waren. Sie bieten berufsbezogene Grundrehabilitation, berufliche Umschulungsmaßnahmen oder auch Ausbildungsmaßnahmen für den Fall an, dass eine weitere Tätigkeit in dem ursprünglich ausgeübten Beruf nicht möglich ist. **Berufsförderungswerke**

Werkstätten für Behinderte sollen allen in diesem System arbeitenden Menschen eine möglichst wohnortnahe Rehabilitation ermöglichen. Für eine Beschäftigung in einer Werkstatt für behinderte Menschen (WfbM) wird vorausgesetzt, dass kein umfangreicher Pflegebedarf entsteht und die beschäftigte Person in der Lage ist, ein Mindestmaß an wirtschaftlich verwertbarer Leistung zu erbringen. **Werkstätten für Behinderte**

Da der Anteil blinder und sehbeeinträchtigter Menschen in den allgemeinen Werkstätten für behinderte Menschen sehr gering ist, ist eine Beschäftigung in den speziell eingerichteten Blindenwerkstätten angebracht. Für diese gelten gleiche gesetzliche Rahmenbedingungen. In den Blindenwerkstätten werden entweder sogenannte Blindenwaren (Bürsten, Besen, Korbwaren oder Textilien) hergestellt oder einfache Sortier- und Zuordnungsarbeiten vorgenommen. **Blindenwerkstätten**

In Tagesförderstätten werden Menschen betreut, die einen hohen Pflegebedarf haben bzw. das geforderte Mindestmaß an wirtschaftlich verwertbarer Arbeit aus welchen Gründen auch immer nicht aufbringen können. Ziel dieser Tagesförderstätten ist die Vorbereitung ihrer Klientel auf eine Tätigkeit in einer Werkstatt für Behinderte. Die Betroffenen haben keinen arbeitnehmerähnlichen Status und erhalten auch kein Entgelt für ihre Tätigkeiten in diesen Einrichtungen (BfA 1997). **Tagesförderstätten**

Gegenwärtig ist nicht nur das Feld der beruflichen Ausbildung in Bewegung, sondern auch der bisher sehr festgefügte Arbeitsmarkt für Menschen mit einer Sehbeeinträchtigung.

Konzepte zur Unternehmensgründung

Mit verschiedenen Projekten im Rahmen der Gemeinschaftsinitiative des Europäischen Sozialfonds EQUAL wurden zum Beispiel inhaltliche und strukturell-finanzielle Konzepte zur Unternehmensgründung entwickelt (EQUAL „Go unlimited") (Drolshagen/Klein 2009) oder die Arbeitsmöglichkeiten von Menschen mit Behinderung in Forschung und Wissenschaft (EQUAL-Tandem-Partner in der Wissenschaft) nicht nur modellhaft untersucht, sondern nach dem Abschluss dieser Initiative weitere Ausbildungs- und Arbeitsmöglichkeiten geschaffen (z.B. die Ausbildungsinitiative InkA des Paul-Ehrlich Instituts bzw. die Maßnahmen des Unternehmensforums, einem branchenübergreifenden Zusammenschluss von Unternehmen und mittelständischen Betrieben, um Menschen mit Beeinträchtigungen die Teilhabe am Arbeitsleben zu ermöglichen).

neue Berufsbilder

Neue Berufsbilder, die die spezifischen Kompetenzen blinder Menschen nutzen, wie z.B. der Beruf der medizinischen Tastuntersucherin oder eine Modernisierung traditioneller Berufe, wie sie im Bereich des Bürstenmachens oder Korbflechtens zu finden sind, aber auch Berufsbilder im Feld des Dialogmarketings erweitern die bisherigen Berufsmöglichkeiten.

Dass die Erwerbstätigkeit blinder und hochgradig sehbeeinträchtigter Menschen seit Jahren bei etwa 30% stagniert und auch die Arbeitslosenquote blinder Akademiker mit 18% vergleichsweise hoch ist (DVBS; Denninghaus 2012) zeigt, wie gering die Fortschritte in diesem System trotz erheblicher Bemühungen sind.

4.3.6 Unterstützungsangebote im Alter

Der Themenbereich Alter und Sehbeeinträchtigung hat, wie in **Kapitel 3.6** aufgezeigt, zwei Seiten: Altern als Mensch mit einer Sehbeeinträchtigung und Sehverlust im Alter. Von Sehverlust im Alter ist eine große Anzahl von Personen betroffen: Die Hauptursache für Erblindung bzw. erhebliche Sehbeeinträchtigung besteht in alterskorrelierten Augenerkrankungen bzw. visuellen Problemen nach Hirninfarkt oder Schlaganfall. So ist die Mehrheit der Menschen mit Sehbeeinträchtigung über 70 Jahre alt und hat ihr Sehvermögen erst im hohen Alter eingebüßt. Georgieff und Friedrich (1993) gehen in ihrer Studie davon aus, dass in Deutschland jährlich 8.000–10.000 Menschen erblinden, wovon etwa 75% das Rentenalter erreicht haben. Dieser mit ca. 300.000 Personen quantitativ größten Gruppe wird seitens der Rehabilitation zu wenig Aufmerksamkeit gewidmet und dem stehen gegenwärtig noch die geringsten Angebote gegenüber.

Dies hat vermutlich mehrere Ursachen. Sehbeeinträchtigung im Alter gilt als ein wenig beeinflussbares Geschehen, insbesondere, wenn es keine medizinischen Therapiemöglichkeiten mehr gibt. Es existiert ein großes Informationsdefizit auf der Seite möglicher Anbieter über die Bedürfnisse alter Menschen mit einer Sehbeeinträchtigung ebenso wie auf der Seite der Betroffenen ein nicht minder großes Informations- und Beratungsdefizit über mögliche Hilfsmittel und Angebote besteht (Himmelsbach 2009). In den letzten Jahren sind insbesondere im Bereich der Restitution des Sehens nach zum Beispiel Schlaganfall, Diabetes oder bei Makuladegeneration verschiedene Verfahren entwickelt worden, die den Betroffenen ermöglichen sollen, Gesichtsfeldeinschränkungen oder Leseprobleme durch gezieltes Training zu verbessern (Trauzettel-Klosinski/Tornow 1996; Kuyk et al. 2010; Kerkhoff 2012).

Informations- und Angebotsdefizit

Der Deutsche Blinden- und Sehbehindertenverband (DBSV) und seine Unterorganisationen bieten eine Fülle unterschiedlicher Beratungs-, Gesprächs- und Freizeitaktivitäten an, die sich auch an ältere und alte Menschen richten. Voraussetzung für deren Nutzung ist zum einen die Kenntnis des Angebots – viele Menschen, die eine Sehbeeinträchtigung im Alter erwerben, sind über die Angebote nicht oder wenig informiert – zum anderen jedoch auch deren Erreichbarkeit. Es müsste geprüft werden, ob solche Angebote zum Beispiel auch von Menschen wahrgenommen werden, deren Sehbeeinträchtigung im hohen Alter eingetreten ist. Angebote wie Orientierungs- und Mobilitätstraining oder ein Training in alltagspraktischen Fertigkeiten sind sowohl auf dem freien Markt als auch über die rehabilitativen Institutionen der Pädagogik bei Blindheit und Sehbeeinträchtigung erhältlich und sollten von den Krankenkassen auch übernommen werden. Ob sie jedoch für alte Menschen tatsächlich gut verfügbar und geeignet sind, ist bislang zu wenig erforscht. Rath und Gaekel (1998) fordern hier zu Recht eine sensible Anpassung dieser Trainingsmaßnahmen an die individuellen Strategien alter Menschen.

Während in den USA eine ganze Reihe von Studien und Maßnahmen zur Unterstützung bei Seheinbußen oder Sehverlust im Alter existieren, reduzieren sich die (nicht-medizinischen) Studien, die in Deutschland existieren, auf die Arbeitsgruppe um H.-W. Wahl in Heidelberg und einige wenige partielle Untersuchungen. Die Untersuchungen von Wahl (1997, 2001; Wahl et al. 1999; 2012 und Heyl/Wahl 2009) bezüglich der Belastungen, aber auch der Ressourcen, die alten Menschen im Umgang mit einer Sehbeeinträchtigung zur Verfügung stehen, könnten ein guter Ausgangspunkt für die Entwick-

Forschungssituation

lung von individualisierten, altersgerechten Angeboten sein. Wie in allen anderen Bereichen der Pädagogik und Rehabilitation bei Blindheit und Sehbeeinträchtigung ist auch hier dringend interdisziplinäre Zusammenarbeit mit der Gerontologie der Entwicklung von kleinen spezifischen Nischen (wie zum Beispiel einer im Prinzip denkbaren Spezialausbildung zum Umgang mit und zur Rehabilitation von alten Menschen mit einer Sehbeeinträchtigung) vorzuziehen.

Wahl, H.-W.; Schulze, H.-E. (2001): On the special needs of blind and low vision seniors. Research and practice concepts. Amsterdam: IOS-Press

Himmelsbach, I. (2009): Altern zwischen Kompetenz und Defizit. Der Umgang mit eingeschränkter Handlungsfähigkeit. Berlin: VS Research

4.4   Spezifische Angebote zwischen Pädagogik, Rehabilitation und Therapie

Ob spezifische Maßnahmen für einen Menschen mit einer Sehbeeinträchtigung als pädagogische, rehabilitative oder therapeutische eingeordnet werden, hängt weniger von der institutionellen Verortung ab als vielmehr von dem jeweiligen Theoriezusammenhang und dem Kontext. So können sowohl therapeutische als auch rehabilitative und pädagogische Maßnahmen zum Beispiel von der gezielten Veränderbarkeit von Personen durch direkte Intervention ausgehen, d.h. annehmen, dass Menschen gezielt zu beeinflussen und zu verändern sind. Orientieren sich Konzepte hingegen an der Person-Umwelt-Differenz oder sehen sie ihren Beitrag in einer absichtsvollen Kontextgestaltung, dann begreifen sie Individuen als autopoietische, in die nicht direkt interveniert werden kann und haben einen ökologischen oder systemtheoretischen Hintergrund (**Kap. 4.1**).

Die spezifischen Angebote, die für Kinder, Jugendliche und Erwachsene mit einer Sehbeeinträchtigung entwickelt wurden, finden sich sowohl in pädagogischen als auch in rehabilitativen Maßnahmen wieder, können aber auch Bestandteil therapeutischer Interventionen sein. Sie alle basieren auf einem breiten, eher pädagogischen oder entwicklungsbezogenen Fundament und haben auf dieser Basis ein spezifisches Angebot oder Training entwickelt. Im Folgenden wird daher zunächst die allgemeine Basis skizziert, anschließend werden spezifische Angebote kurz dargestellt.

4.4.1 Sehbedingungen gestalten – Low Vision oder Vision Rehabilitation

Verschiedene Sehschädigungen und deren Ursachen und Auswirkun- **Begriffsklärung**
gen zu kennen, ist eine wichtige Seite der Pädagogik bei Sehbeeinträchtigung. Den betroffenen Menschen Angebote für eine Weiterentwicklung, optimale Nutzung oder auch den Erhalt ihres Sehvermögens
zu machen, eine andere. Beide treffen sich im Gegenstandsbereich
von *Low Vision*. Der Begriff Low Vision ist in den deutschsprachigen Ländern als Terminus technicus inzwischen weit verbreitet, auch
wenn es keine Übereinstimmung hinsichtlich seiner Definition gibt.
Wie im englischen Sprachraum, so finden sich auch im Deutschen
Bestimmungen, die von der Kennzeichnung des Sehvermögens (im
Sinne der Definition von hochgradiger Sehbehinderung) über die
Kennzeichnung jeder Form von eingeschränktem Sehvermögen, gewissermaßen als Alternativbegriff zu Sehbehinderung, bis zu einer
eher systembezogenen Definition reichen, in der sowohl Diagnostik
als auch Förderung des vorhandenen Sehvermögens einbezogen sind.

Beispielhaft sollen hier zwei Definitionen des Begriffs Low Vision vorgestellt werden. Raths Plädoyer für den Gebrauch des Begriffs
Low Vision im deutschsprachigen Raum verwendet folgende Argu-
mente:

1. Durch die Anwendung des Begriffs soll vermieden werden, sich
   ständig auf Defizitbeschreibungen wie (Seh)-‚Behinderung‘, (Seh)-
   ‚Rest‘ oder (Seh)-‚Schwäche‘ zu beziehen. Wenn überhaupt, so ist
   von vorhandenem oder verbliebenem Sehvermögen zu sprechen.
2. Der Begriff ist bewusst gewählt, weil er im deutschsprachigen
   Raum bisher nicht mit Grenzwerten oder Zuschreibungen von
   Blindheits- oder Sehbehinderungsdefinitionen belegt ist.
3. Low Vision ist weniger die Beschreibung eines Zustandes als einer
   Aufgabe. Low Vision heißt: Erziehung zum Sehen und sinnvolle
   Nutzung auch des geringsten Sehvermögens, unabhängig von gesetzlichen, pädagogischen oder medizinischen Definitionen” (Rath
   1986, 190).

Im Rahmen des europäischen Projekts „Low Vision; Interdisziplinäre
Zusammenarbeit in der Frühförderung blinder, mehrfachbehinderter,
sehbehinderter Kinder in Europa“ wurde 1999 in Anlehnung an Definitionen von Jose (1992), Faye (1984) und Corn/Koenig (1996) die
folgende Definition erarbeitet:

"A vision loss that is severe enough to interfere with the ability to perform everyday tasks or activities. The impairment may be in the globe, the optic pathways, or the visual cortex. The use of low vision may be enhanced by compensatory visual strategies, low vision aids and other devices and environmental modifications" (Buultjens et al. 2001).

Sehvermögen gestalten Bevor einige Aspekte des Feldes der Habilitation und Rehabilitation des Sehens vorgestellt werden, soll kurz auf die Grundaufgabe, „**Sehbedingungen zu gestalten**", eingegangen werden. Sehen oder visuelle Wahrnehmung ist eine Aktivität, die nur einen Zeugen hat, das eigene Bewusstsein (**Kap. 2**). Kein anderer Mensch kann wissen, was ich sehe, kein anderer Mensch kann beurteilen, wie ich sehe; dies kann leider noch nicht einmal jeder für sich selbst tun. Oder können Sie sagen, wie Sie sehen? Das, was jeder einzelne Mensch für die visuelle Wahrnehmung zur Verfügung hat, ist alles, über das er gewissermaßen als Grundausstattung verfügt, es ist in sich vollständig. Das, was ein Mensch mit einer Sehbeeinträchtigung visuell wahrnimmt, soll hier als Vermögen, als Können begriffen werden und nicht, wie es in der älteren Fachliteratur häufig der Fall ist, als Sehrest oder als Defizit.

Denn es gibt entweder Sehen oder Nicht-Sehen, und wovon sollte Sehen ein Rest sein? Dies trifft auch für den Begriff Low Vision zu.

Daher wird im anglo-amerikanischen Raum auch der Begriff *vision rehabilitation* verwendet. Im deutschen Sprachgebrauch kennzeichnet die Formulierung „Sehbedingungen gestalten" die pädagogische und rehabilitative Aufgabe am besten, denn es geht darum, das Sehvermögen, über das ein Individuum verfügt, durch Schulung, Hilfsmittel, Kontextgestaltung so zu unterstützen, dass Sehen gelingt, keine große Anstrengung bedeutet und Spaß macht. Für das Säuglings- und Kindesalter bedeutet dies, Sehen als eine Wahrnehmungsweise zu entdecken, visuell neugierig zu werden und Angebote zu bekommen, die diese visuelle Neugier stützen und fördern. Im Jugendlichen- und Erwachsenenalter besteht die Aufgabe darin, Hilfsmittel und Umgebung so zu gestalten, dass das vorhandene Sehvermögen genutzt werden kann. Im Alter ist darüber hinaus das Thema wichtig, wie eine gegebene Sehfähigkeit möglichst gut und möglichst lang durch operative oder medikamentöse Eingriffe wie durch Hilfsmittel erhalten werden kann oder wie es gelingt, Seherinnerungen für die eigene Handlungsfähigkeit zu nutzen. Das Sehvermögen einer Person zum Bezugspunkt für pädagogisches Handeln wie für rehabilitative und therapeutische Maßnahmen zu machen, bedeutet:

a) Die Sehstrategien der Person kennen zu lernen und zu verstehen

b) der Sehstrategie zu folgen und darauf aufzubauen,

c) Maßnahmen und Hilfsmittel den Bedingungen (Umgebungs- wie individuellen Bedingungen) anzupassen.

Eine differenzierte und gründliche Diagnostik sollte der Ausgangspunkt eines Low-Vision-Konzeptes sein. Das ophthalmologische Gutachten steht am Anfang dieses Prozesses, eine alltagsnahe und differenzierte funktionale Diagnostik baut darauf auf. Um diese Diagnostik durchführen zu können, wird auf der einen Seite eine spezifische Ausbildung und Spezialisierung gefordert, wie sie zum Beispiel gegenwärtig Orthoptistinnen und Orthoptisten, auf Low Vision spezialisierte Optiker oder Sehbehindertenpädagoginnen und -pädagogen mit einer Zusatzausbildung in Low Vision mitbringen. **Diagnostik**

Auf der anderen Seite kann eine solche Diagnostik nur in einem interdisziplinär arbeitenden Team gelingen, in dem alle Fachleute vertreten sind, die mit der betreffenden Person arbeiten. Dies ist gerade bei Kindern und Personen wichtig, die über ihre Sehbedingungen oftmals keine verbale Auskunft geben können. Zwar geben ihre Handlungen Auskunft darüber, wie sie ihr Sehvermögen einsetzen, Handlungen sind jedoch vielfältig interpretierbar und sollten möglichst von mehreren, vor allem auch den unmittelbaren Bezugspersonen beobachtet werden. In **Kapitel 3.6** finden sich verschiedene Beispiele, die zeigen, wie schwer es ist, das Verhalten eines Kindes zu deuten, und wie häufig Missverständnisse oder Fehlinterpretationen vorkommen können. **Interdisziplinarität**

Nahezu jede Fachperson, die in diesem Feld arbeitet, könnte ähnliche Beispiele hinzufügen. Hyvärinen betont zu Recht immer wieder, wie wichtig es ist, auf ein transdisziplinär arbeitendes Team zurückgreifen zu können und Diagnoseverfahren mehrmals und unter unterschiedlichen Bedingungen durchzuführen (Hyvärinen 2002; Hyvärinen/Jacob 2011, Walthes 2013). Das Arbeitsfeld Low Vision oder Vision Rehabilitation ist ein großes und interdisziplinäres Arbeitsfeld zwischen Medizin, Rehabilitation und Pädagogik bzw. Geragogik. Es kann nur in einigen wenigen Aspekten dargestellt werden. Im Folgenden steht die Gestaltung der Sehbedingungen im Kindesalter im Vordergrund.

1. Das Visuelle Funktionsprofil (VFP) für (früh-) pädagogische und -therapeutische Berufe: Zentrales Ziel der funktionalen Diagnostik des Sehens ist es, die Sehbedingungen eines Kindes kennen zu lernen und in Unterstützungsideen zu übersetzen. Bedingungen des Sehens **Diagnostikkonzepte für Kinder**

zu beobachten folgt dem Denkmodell der ICF-CY (WHO 2011), das von einem untrennbaren Zusammenspiel von Faktoren ausgeht, die das Sehen eines Kindes gestalten. Die Ermittlung einer Schädigung von Körperstrukturen (z.B. Glaukom, Läsion im Sehzentrum) allein gibt demnach keinerlei Aufschluss über die Sehbedingungen des Kindes. Wird nach Sehbedingungen gefragt, so werden aktuelle handlungs- und alltagsbezogene Beschreibungen des Sehens eines Kindes vorgenommen. Dieses Konzept der Sehbedingungen liegt dem Visuellen Funktionsprofil (VFP) zugrunde, das aufbauend auf dem Profil visueller Funktionsfähigkeit von Hyvärinen im Rahmen einer Dissertation entwickelt wurde (Petz 2013).

„Die Bedingungen zu betrachten, erfordert analytische Genauigkeit und die Reflexion eines dynamischen Systems anstelle der Beschreibung eindimensionaler, festlegender Diagnosen. Weil auf die Interaktion eines Kindes in seinen biologischen und aktivitätsbezogenen Möglichkeiten mit seiner Umwelt abgehoben wird, regt das VFP dazu an, über die zahlreichen Facetten nachzudenken, die das Sehen gestalten" (Petz 2013, 11).

Diagnostik Grundlage einer funktionalen Überprüfung sind ophthalmologische Befunde. Insbesondere Aussagen über den Gesundheitszustand der Augen sowie die Refraktion eines Kindes sollten bekannt sein. Sitz der Brille und Passung der Brillengläser sind ebenfalls eine wichtige Voraussetzung. Da das Ziel der funktionalen Diagnostik die Entwicklung von Unterstützungsideen ist, kann sie, weil jedes Kind anders ist, nicht stets dem gleichen Schema folgen. Ein wesentlicher Anknüpfungspunkt sind Beobachtungen von Eltern, nahen Bezugspersonen und Fachleuten, die mit dem Kind zu tun haben. Diese Beobachtungen können sich auf sehr unterschiedliche Bereiche beziehen, wie z.B.: „Warum interessiert sich mein Kind nicht für Bilderbücher?" oder: „Weshalb spielt mein Kind lieber in einem abgedunkelten Zimmer als draußen in der Sonne?" oder: „Weshalb zeigt mein Kind keinen Blickkontakt?" oder: „Weshalb hat mein Kind so große Schwierigkeiten mit dem Lesen?"

Sind diese Grundvoraussetzungen sichergestellt und die Ausgangsfrage ermittelt, kann eine funktionale Diagnostik darauf aufbauen. Sehbedingungen des Kindes werden dann insbesondere in drei Faktoren diagnostisch greifbar: die individuelle Ausprägung einzelner Sehfunktionen (z.B. Detail-, Kontrast-, Farb- und Formsehen), die Aktivitäten eines Kindes (z.B. Augenbewegungen, Körper- und Kopfbewegungen) sowie die Umweltfaktoren (z.B. Größe und Bewegung des visuellen Angebots, Beleuchtung). Im Rahmen der funktionalen Sehüberprüfung werden Sehfunktionen mittels kalibrierter Verfahren (z. B. LEA Tests) erhoben und/oder in gezielt ausgewählten Spielsituationen erfasst (z. b. Spielmaterialien im VFP).

Aktivitäten des Kindes werden in Reaktion auf und in Aktion mit den visuellen Angeboten beobachtet. Zeigt das Kind bei einer Aufgabe Annäherung an das visuelle Angebot, bei einer anderen jedoch nicht, kann dies ein Hinweis sein, dass das erste visuelle Angebot eine hohe Herausforderung für das Detailsehen des Kindes darstellt. Um wichtige Umweltfaktoren (auch: Einflussfaktoren) für das Sehen des Kindes zu identifizieren, können diese aktiv vom Untersuchenden verändert werden. Hat das visuelle Angebot einen niedrigen Kontrast, so könnte dieser erhöht werden – unter Beobachtung einer etwaigen Veränderung der Aktivität des Kindes (gewählter Abstand) könnte der Umweltfaktor Kontrast als ein wichtiger Einflussfaktor auf das Sehen des Kindes festgehalten werden. **Beobachtung und Kontextbedingungen**

Auf der Basis des Visuellen Funktionsprofils wurden im Projekt ProVisIoN (www.provision-dortmund.de) Spielsituationen zu folgenden Sehfunktionen entwickelt, die als ein Screening im Einzel- oder Gruppenkontext zur Anwendung kommen können: **Das visuelle Funktionsprofil**

- Blickausrichtung (Licht und Detail)
- Konvergenz (unter Berücksichtigung der Akkommodation) (Bewegung und Detail)
- Augenfolgebewegungen (Licht und Detail)
- Sakkaden (Detail)
- Visuell geführte Bewegungen (Zielgenaues Greifen, Einstellen des Handgelenks)
- Detailsehen (Objekte, einzelne und gruppierte Optotypen)
- Kontrastsehen (Linien und Objekte)
- Farbsehen (Pastelltöne)
- Mimiksehen (abstrakt, Fotos und konkret)
- Gesichtersehen (Fotos und konkret)
- Raumsehen (Nahraum, ego- und allozentrisch)
- Formsehen (Farbe-Form, Form)
- Objektsehen (Umrisse, teilverdeckte Objekte, Perspektiven)

Überprüfungs- und Spielmaterial sowie Karten mit Anleitungen zur Spielsituation wie zu den Überprüfungsaufmerksamkeiten sichern die Qualität der Durchführung. Die Grundprinzipien augenärztlich-orthoptischer, wahrnehmungs- und neuropsychologischer Überprüfungsverfahren wurden in einen pädagogisch-funktionalen Ansatz der Beobachtung bei spezifischen Spielsituationen übersetzt. Die Beobachtungen können in einer Tabelle festgehalten und für weiterführende Diagnostik genutzt werden. Auf diese Weise kann sich sehr leicht eine Differentialdiagnostik einzelner Sehfunktionen anschließen.

Sobald die Sehbedingungen eines Kindes diagnostisch ermittelt wurden, stellt sich die Frage nach der Übertragung der Erkenntnisse in den Alltag der Kinder. Kindergarten, Schule und Familie sind Kontexte, die in der Regel wenig über das Sehen von Kindern wissen. Ohne eine konkrete Idee der Übertragung können Unterstützungsideen jedoch kaum zu Anwendung kommen. Das VFP bietet eine systematisierte Sammlung von Vorschlägen zu Sehfunktionsprüfungen, Umweltfaktoren und zu beobachtenden Aktivitäten an, die innerhalb einer Tabelle gegenübergestellt und damit systematisiert werden können. Indem der Fokus bei der Übersetzung der Befunde auf die gelingenden Situationen gelegt wird, kann im Alltag daran angeknüpft werden also NICHT: das Kind hat ein reduziertes Kontrastsehen, SONDERN: unter der Bedingung erhöhter Kontraste ist es dem Kind möglich, sich auf ein visuelles Angebot auszurichten. Bezog sich die Ausgangsfrage auf visuelle Kommunikation (z.B. mangelnder Blickkontakt) würde die Empfehlung dahin gehen, Kontraste im Gesicht des Gegenübers zu verstärken oder Emotionen zu verbalisieren, da das Kind Gesichtszüge visuell nicht auflösen kann. Indem die Prinzipien der im Rahmen der funktionalen Überprüfung gelingenden Beobachtungen weitergeben werden, ergeben sich bereits praktische Unterstützungsideen für den Alltag (Freitag et al. 2013).

Einschätzung: Das visuelle Funktionsprofil eignet sich als ein Beobachtungs- und Screeninginstrument im Feld der Frühpädagogik, es bietet eine sehr gute Möglichkeit der interdisziplinären Zusammenarbeit und aufgrund einer sehr detaillierten an den spezifischen gelingenden Bedingungen ansetzenden Beobachtung, hervorragende Anknüpfungspunkte für Unterstützungsmaßnahmen.

2. Vision for Doing (Aitken/Buultjens 1992): Vision for Doing ist ein Manual, welches speziell für die Erhebung des Sehvermögens bei Kindern mit komplexen Beeinträchtigungen konzipiert ist. Der Ansatz sieht das Sehen als einen Teil in der Gesamtentwicklung und berücksichtigt auch die anderen Sinnesbereiche. Das Buch macht Vorschläge, die jeweils auf die spezifische Situation des Kindes individuell abgestimmt und variiert werden können. [Aufbau: Awareness – Attending – Localising – Recognising – Understanding]

Einschätzung:
Vision for Doing ist eines der wenigen Konzepte, welche die Förderpraxis und das zugrunde liegende Menschenbild reflektieren und transparent machen:

- Die Eigenaktivität und Erfahrungen des Kindes sind von Bedeutung;
- Förderung erfolgt in „sinnvollen" Zusammenhängen;
- Einbezug aller Sinne;
- Handlung und Eigenaktivität sind die bestimmenden Elemente.
- Respektvoller Umgang mit dem Kind.

3. Förderung des Sehens im Alltag (Freitag 1998): Dieser Ansatz versucht, das Sehvermögen in alltäglichen Zusammenhängen zu beobachten und zu fördern und ist als pädagogische Basis des visuellen Funktionsprofils (VFP) einzuordnen. Im Gegensatz zu vielen anderen Ansätzen, die von dem Kind ein Verbleiben an einem bestimmten Ort – an dem sich die Assessment- bzw. Fördermaterialien befinden – erfordern, ist es dem Kind hier möglich, selbst in Bewegung zu sein. Diese spielerische und handlungsbezogene Überprüfung des Sehvermögens erfordert ein hohes Maß an Beobachtungs- und Interpretationsfähigkeit durch die Förderperson. Die Beobachtungsresultate werden unter Einbezug von Videoaufnahmen mit den Bezugspersonen diskutiert. Einschätzungen bezüglich der Nutzung des Sehvermögens können direkt auf die Alltagssituation übertragen werden.

4. Entwicklungs- und Förderdiagnostik des Sehens EFS (Kern 1998): Das in langjähriger Arbeit entwickelte psychodiagnostische Verfahren von Hanns Kern hat seinen Schwerpunkt im Bereich der von ihm so benannten „basalen Sehfunktionen" und richtet sich überwiegend an Kinder, die aufgrund ihrer komplexen Beeinträchtigung nur selten umfassend ophthalmologisch untersucht werden. Diese Diagnostik durchführen zu können setzt langjährige Erfahrung und intensive Auseinandersetzung mit entwicklungspsychologischen und funktionalen Aspekten des Sehens ebenso voraus wie eine spezifische Gestaltung der Diagnostikräume. Leider gibt es zu diesem Ansatz zu wenig publiziertes Material, sodass die Weitergabe des Wissens nur im Rahmen von Weiterbildungen möglich ist.

5. Die Schleswiger Sehkiste zur Beobachtung des funktionalen Sehens von Kindern und Jugendlichen unter der Fragestellung von CVI (Mundhenk 2010): Tendenziell eher auf die Bereiche Formerkennung, visuelles Ausfiltern, visuelle Exploration und Gesichtererkennung sind die Beobachtungsmaterialien bezogen, die in der Schleswiger Sehkiste zusammengefasst und ausdrücklich als Material und Ideensammlung präsentiert werden. Sie erfordern Erfahrung und Wissen im Bereich der cerebral bedingten Sehbeeinträchtigungen und bieten praxisnahe Materialien zur Beobachtung dieser Sehfunktionen. Das Buch enthält neben Beobachtungsbögen auch Vorschläge zur Gestaltung einer Sehkiste mit Überprüfungs- und Unterstützungsmaterialien.

6. InSight, An Assessment Procedure for Visual Functioning in Partially Sighted Children, 6 to 12 Years of Age: InSight wurde von einer holländischen Gruppe zur funktionalen Überprüfung der visuellen Wahrnehmung von Kindern im Alter von 6–12 Jahren entwickelt. Der umfangreiche Koffer enthält detaillierte Diagnostikbögen und Materialien zur Überprüfung von insgesamt 12 visuellen Funktionen: 1. Visuelle Strategie, 2. Farbe und Kontrast 3. Detailwahrnehmung, 4. Formdiskrimination, 5. Zwei- und dreidimensionale Objekte, 6. Visual closure (Gestalt schließen), 7. Part-whole relationship (Teil im Ganzen), 8. Visuelle Raumwahrnehmung, 9. Wahrnehmung von Symmetrie, 10. Visual-motor skills (Auge-Hand-Wahrnehmung), 11. Figur-Grund-Wahrnehmung, 12. Interpretation von Bildern. Das Instrumentarium wurde in einer zweijährigen Studie validiert.

Es bietet für psychologisch geschulte Fachleute ein umfangreiches Diagnostikmaterial, überlässt die Konsequenzen einer anschließenden Förderung des Sehens jedoch weitgehend den Nutzerinnen und Nutzern.

Stellenwert der Unterstützung Die meisten der hier dargestellten Konzepte basieren auf einer Verbindung von Beobachtung, Diagnostik und Unterstützung. Sie gehen davon aus, dass die Basis für die Unterstützung bei einer die jeweiligen Bedingungen (Licht, Größe und Beschaffenheit des zu erkennenden Materials, Abstand, Art der Sehstrategie etc.) berücksichtigenden Überprüfung des Sehens liegt.

Selbstverständlich müssen die verwendeten Materialien so gestaltet sein, dass sie den Sehbedingungen jedes einzelnen Kindes entsprechen. Mindestens ebenso entscheidend ist jedoch, welchen Stellenwert eine Gestaltung der Sehbedingungen im Rahmen zum Beispiel der Frühförderung oder der Schule erhält und wie dies durchgeführt wird.

 S. war von Geburt an als blind diagnostiziert. Im Alter von 16 Monaten stellte der Frühförderer fest, dass S. durchaus auf Licht reagierte und ein offensichtliches Interesse an Farben hatte. Er beschloss, die Sehförderung von S. mit Hilfe der Eltern zu forcieren. Entsprechende Materialien wie zum Beispiel eine Light Box wurden besorgt und die Eltern wurden angehalten, täglich mit S. zu üben. Ich lernte S. im Alter von 27 Monaten kennen, er war motorisch und sprachlich kompetent. Jeder neue Gegenstand oder jede neue Person, die S. kennen lernte oder explorierte, war mit der Frage verbunden: „Welche Farbe hat das?" Die gemeinsame Kommunikation schien bestimmt von Fragen, mit denen die Eltern und auch die Geschwister offensichtlich prüfen wollten, wie die Sehfähigkeit des Kindes beschaffen war. S. beantwortete diese Fragen, wie es schien, routiniert und ohne sichtliches Interesse, bezogen auf Farben jedoch zuverlässig. Der Aufforderung: „Schau dir das genau an!" begegnete S. damit, dass er den Gegenstand fest an die eigene Nase drückte und bei genauerer Betrachtung dabei die Augen schloss. Es sah so aus, als wolle S. sich den Gegenstand genau ansehen, doch das konnte gar nicht funktionieren, da er auf diese Weise nicht mehr zu sehen war. S. hatte gelernt, dass diese Handlung alle offensichtlich zufrieden stellte. Genau anschauen war für S. verbunden mit „auf Nase und Augen drücken". Dass Sehen etwas Faszinierendes sein und Spaß machen kann, entdeckte S. erst im Spiel mit der Lichtbox. Auch in der Schule stand zunächst das Erlernen der Schwarzschrift mit Bildschirmlesegerät im Vordergrund. Dies erwies sich als viel zu anstrengend und die Erleichterung und Freude war sehr groß, als S. endlich Braille lesen durfte und konnte.

Sehen lernen und Sehbedingungen gestalten sollte so wenig wie möglich mit Anstrengung und Training, sondern so viel wie möglich mit Freude und Neugier zu tun haben. Anstrengung führt häufig zu Verspannung und ist kontraproduktiv, zu häufiges Üben und Trainieren führen zu Langeweile und Ausweichstrategien wie im Beispiel.

In ihrem Beitrag „Förderung des Sehens im Alltag – die Gestaltung des Augen-Blicks" (1998) beschreibt Freitag ihr pädagogisches Konzept einer handlungsbezogenen Überprüfung und Gestaltung des Sehvermögens wie folgt:

„Bevor ich das Kind zu einer von mir vorstrukturierten Beobachtungssituation einlade, besuche ich die Familie und verschaffe mir einen ersten Eindruck von den Umgangsstrategien des Kindes, mit denen es sein funktionales Sehen in seinem Umfeld einsetzt. Dabei ist meine Grundhaltung eine fragende, nicht eine wissende. Gleichzeitig versuche ich die Fragen der Eltern bzgl. des Sehens ihres Kindes zu erfahren, lege Wert darauf, dass sie mir Beobachtungen mitteilen, weil diese in der Regel ausgesprochen kompetent sind, und versuche mir Informationen über die ophthalmologische Diagnose zu beschaffen [...]

In dem von mir vorstrukturierten Beobachtungsprozess, in dem Eltern und Geschwister teils als Beobachter, teils als Mitspielende dabei sein können, bewegt sich meine Haltung zwischen einem Spiel- und einem Standbein. Mit Spielbein ist tatsächlich die kreative Seite des Tuns gemeint, die es mir ermöglicht, eine Welt zu gestalten, in die das Kind mit seinen Spielideen eintauchen und vieles neu entdecken kann. So bietet der Dunkelraum beispielsweise wunderbare Möglichkeiten, die Magie, das Eigenleben von Dingen und Menschen auferstehen zu

spielerische Gestaltung

lassen: weiße Handschuhe fliegen durch die Luft, Lichtspuren wandern durch den Raum und Farben leuchten so hell wie die Sonne [...]. Im Spiel fällt es leicht, an die Kommunikationsstrategien des Kindes anzuknüpfen, ein gleichberechtigtes Hin und Her von Vorschlag und Gegenvorschlag erlaubt es dem Kind aktiv zu sein und Selbstvertrauen in die eigenen Wahrnehmungs- und Vorstellungskräfte zu haben. Die eigenen Strategien (des Kindes, R.W.) sind einsetzbar und dürfen sichtbar gemacht werden (Wegweiser sein) – Einstiege und Ausstiege sind jederzeit möglich. Mit Standbein meine ich mein Beobachtungsinteresse, das durch die mit den Eltern besprochenen Fragen geleitet wird. Ich versuche Situationen so zu arrangieren oder so zu variieren, dass ich das visuelle Verhalten auf bestimmte Aspekte hin beobachten kann" (Freitag 1998, 59ff.).

mögliche Schwierigkeiten

Sehen ist für Kinder mit einer Sehbeeinträchtigung oftmals nicht die bevorzugte Wahrnehmung, für viele sind Hören, Tasten und Fühlen wesentlich weniger anstrengend und nützlicher. Sehen will gelernt sein, und wenn dieser Lernprozess mit zu vielen Anstrengungen und Komplikationen verbunden ist, verzichten einige Kinder lieber auf diese Möglichkeit. Dieses Recht sollte ihnen prinzipiell zugestanden werden, allerdings sollte man sich als Sehbehindertenpädagogin oder Low-Vision-Spezialist zuvor einige Fragen stellen. Diese Fragen verdeutlichen zugleich, worauf es bei einer Unterstützung des Sehens ankommt:

- War das Sehangebot eindeutig oder war es zu klein, zu groß, zu schnell oder zu langsam dargeboten, zu wenig kontrastreich oder nicht in der bevorzugten Farbe?
- Wurde das Sehangebot möglicherweise nicht innerhalb der visuellen Sphäre, also des Bereiches, in dem das Kind visuell aufmerksam ist, angeboten?
- Konnte das Kind mit dem Gegenstand etwas verbinden, also etwas wiedererkennen (mit schwarzen und weißen Streifen kann man wenig verbinden, es sei denn, sie sind der Rock einer Puppe oder ein Schläger, mit dem man Ball spielt, oder eine Stoffschlange, die man explorieren kann)?
- Wie ist die Gesamtverfassung des Kindes (Müdigkeit, Wachheit, Medikamentierung)?
- Wie ist die Lagerung? Muss das Kind viel Energie darauf verwenden, z. B. den Kopf zu halten oder sein Körpergleichgewicht zu sichern, und kann sich daher dem Sehen nicht zuwenden?
- Verändern sich Atmung und/oder Muskeltonus bei einem Sehangebot?
- Stimmen Angebot und Interesse des Kindes überein? Ist eine Atmosphäre geschaffen, in der entspanntes Sehen möglich ist?
- Sind die optischen Hilfsmittel ausreichend oder kann ich bei Detailsehen in der Nähe mit einer Plusbrille eine Zuwendung zum visuellen Angebot erreichen?

- Zeigt das Kind mehr visuelles Interesse, wenn das Sehangebot mit einem Hör- oder Tastangebot verbunden wird?
- Gibt es etwas Interessanteres als das Sehangebot und was ist das Interessante daran?
- Konnte das Kind eigenaktiv sein oder war es nur passiver Zuschauer?

Diese Fragen zeigen, dass immer das Verhältnis von Beobachter (Seh-behindertenpädagogin), Beobachtetem (Kind und sein Sehverhalten) und Angebot in allen Variationen analysiert werden muss, bevor Zuschreibungen vorgenommen und Unterstützungsmaßnahmen weiterverfolgt oder verändert werden.

Innerhalb der sonderpädagogischen Diskussion wird ein solches Verfahren *förderdiagnostischer Prozess* genannt. Sehvermögen beobachten und Sehbedingungen zu gestalten bedeutet einen ständigen zirkulären Prozess von Beobachtung, Interpretation des Beobachteten, Planung der pädagogischen Vorgehensweise, Handlung, Beobachtung, Analyse des Beobachteten und so fort. In diesem Prozess spielen die Vorannahmen und Theorien der Beobachter eine große Rolle, denn sie sind verantwortlich dafür, was beobachtet wird. Ob ich die kurze Blickbewegung für zufällig halte oder für das Anzeichen eines visuellen Interesses, ob ich das Greifen als ein visuell gesteuertes betrachte oder als akustisch orientiert, hängt ab von meinem Verständnis kindlicher Handlungen und von meinem Fachwissen und nicht allein von dem, was das Kind tut.

Förderdiagnostischer Prozess

4.4.2 Bewegung und Wahrnehmung: Orientierung und Mobilität

Von der Bedeutung von Bewegung für Wahrnehmung und für die Auseinandersetzung mit der Umwelt handelte **Kapitel 2.4**. Bewegung wurde dort als die Basis für jegliche aktive Auseinandersetzung mit der Umwelt begriffen. Sie ist der Prozess, der in der Unterscheidung von Selbst und Fremd Einheiten bildet. Geht man davon aus, dass Bewegung die Basis für Wahrnehmung und Erfahrung und für jede Form des Unterscheidens darstellt, dann kann man annehmen, dass blind sein oder anders sehen können Phänomene sind, die die Bedeutung von Bewegung für das Kennen- und Begreifenlernen der Umwelt besonders hervorheben. Sich bewegen, tasten oder hören nehmen in den Wirklichkeitskonstruktionen eines blinden oder sehbeeinträchtigten Menschen einen anderen Raum ein als bei visuell orientierten Menschen, daher gestalten sie ihre Wirklichkeit anders.

Bewegung als Grundlage

Mit dem Begriff *Bewegung* werden viele unterschiedliche Bedeutungen verbunden. In **Kapitel 2.4** wurde die Bedeutung von Bewegung für die *Wahrnehmung* und die *Auseinandersetzung mit der Umwelt* skizziert. In diesem Zusammenhang ist gleichermaßen die Bedeutung von Bewegung für *Kommunikation, Identität* und *Handlung* einzubetten. Bewegung wird hier auch als ein Element des *anders Sprechens*, d.h. als Äußerung und mithin als Kommunikation begriffen.

Bewegungspädagogik als Begleitung und gemeinsame Gestaltung des Auseinandersetzungsprozesses kann daher als Basis und Zentrum jeglicher Pädagogik bei Blindheit und Sehbeeinträchtigung gesehen werden. In diesem weiten Verständnis von Bewegung ist Bewegung die Grundlage, der Gegenstand und das Medium der Auseinandersetzung mit der Umwelt.

Für pädagogisches Handeln hat die Projektgruppe zum Konzept der bewegungsorientierten Frühförderung folgende Aussagen zum Verständnis von Bewegung entwickelt:

„1. Jede Bewegung eines Kindes wird als Vorschlag verstanden, den das Kind in die Situation einbringt. Ein solcher Vorschlag ist – um sich ausgestalten und differenzieren zu können – auf einen Gegenvorschlag angewiesen. Bewegung bedarf, um als Gestaltungsprinzip wirken zu können, dieses Dialogs (Milani-Comparetti 1997).

2. Jede Bewegung als Vorschlag des Kindes wird als authentische, für das Kind sinnvolle Bewegung gesehen. Es wird nicht nach einfachen Ursache-Wirkungszusammenhängen gesucht, sondern nach den Bezügen gefragt, die durch den Bewegungsvorschlag hergestellt werden.

3. Bewegung wird als Wegweiser für die Art und Weise der Auseinandersetzung mit der Umwelt begriffen. Sie gibt Auskunft über die Ausschnitte von Wirklichkeit, die in das Tun einbezogen werden.

4. Die Bewegung des Kindes als Vorschlag für seine Konstruktion von Wirklichkeit verstehen zu wollen, heißt auch, dem Kind ein Verstehen-Können und -Wollen meiner Gegenvorschläge zuzugestehen. Diese Gegenvorschläge dürfen nicht nur verbaler Art sein, sondern sollten vielmehr die Ebene mit einbeziehen, die dem kindlichen Vorschlag entspricht, die Ebene der Bewegung. Trete ich auf dieser Ebene in einen Dialog mit dem Kind ein, dann stehen meine Bewegungen und mein Bewegungsverständnis ebenso zur Disposition wie die des Kindes.

5. Identitätsbildung und Aufbau von Selbstbewußtsein werden als Prozesse verstanden, deren Basis das Vertrauen in die eigenen Bewegungen darstellt. Diese Bewegungen haben daher unsere uneingeschränkte Aufmerksamkeit und Unterstützung" (Walthes 1991, 44).

Bewegung ist innerhalb der Pädagogik bei Blindheit und Sehbeeinträchtigung im Zusammenhang mit Wahrnehmung, Kommunikation, Identität und Handlung zu sehen und darf nicht auf sportliche Bewegung, auf Tastbewegung oder Mobilität reduziert werden. Sie ist, wie Wahrnehmung, ein subjektiver Prozess und aus der Subjektperspektive weder richtig noch falsch. Sie ist, was sie ist, nämlich das, was die jeweilige Person zur Verfügung hat, und sie sollte nicht vorschnell verändert werden. Freude an der eigenen Bewegung und Vertrauen in die eigenen, wie auch immer beschaffenen Bewegungsmöglichkeiten sind die Basis für Identitätsentwicklung. Korrekturvorhaben von Bewegungen sollten daher immer zunächst prüfen, welchen Einfluss sie auf das Selbsterleben haben können.

Verständnis von Bewegung für die Pädagogik

In der Wechselwirkung von Bewegung und Wahrnehmung geschieht Aneignung von und Auseinandersetzung mit Welt in **koordinierter Verhaltenskoordination**. Unter koordinierter Verhaltenskoordination (sensu Maturana) sollen hier die feinen wechselseitigen Abstimmungsprozesse verstanden werden, die zum Beispiel beim Stillen zwischen Mutter und Kind zu finden sind, in dem die Mutter intuitiv den Stillabstand wählt, der für die Sehschärfe des Säuglings optimal ist. Dieser antwortet wiederum mit visueller Neugier und visuellen Kommunikationsangeboten. Ohne die Prozesse der koordinierten Verhaltenskoordination würden soziale Situationen wesentlich weniger gelingen und schwerer zu gestalten sein.

Die Angebote im Feld der Blinden- und Sehbehindertenpädagogik basieren selten auf einem so weit gefassten Bewegungs- und Wahrnehmungsverständnis. Lediglich die bewegungspädagogische Arbeit von „*Bewegung im Dialog*" (Klaes 1998; Schnurnberger 1996; Klaes/ Walthes 1996, 2013) in Deutschland, die Arbeiten von Lee und Mac William (1994, 2002) der Royal Blind School in Edinburgh und das in der Hörsehgeschädigtenpädagogik gegenwärtig verwendete Konzept der Co-creating Communication (Nafstad/Rodbroe 1999) können als Realisierungen angesehen werden.

Orientierung und Mobilität ist der Terminus technicus für eine Methode, die sich der selbstständigen Fortbewegung von blinden und sehbeeinträchtigten Menschen widmet. Orientierung wird hierbei als kognitiver Vorgang verstanden, der alle Sinnesinformationen nutzt, um die eigene Position im Raum und im Verhältnis zu anderen Personen oder Objekten zu bestimmen. Mobilität meint Bewegungsfähigkeit im Sinne der Fortbewegung von einem Ort zum anderen.

Orientierung und Mobilität

„Im Unterricht in Orientierung und Mobilität (O&M) lernen die Teilnehmerinnen und Teilnehmer ihre Orientierungsprobleme anhand der folgenden Fragen zu lösen: ‚Wo bin ich? Wo will ich hin? Wie komme ich dorthin?'" (Klee 1998a, 1009).

Vorausgesetzt werden hierbei das Vorhandensein einer handlungsbezogenen Vorstellung vom eigenen Körper (Körperschema), Bewegungsfähigkeit – sei es rollend, robbend, rollstuhlfahrend oder gehend – und sogenannte basale Raumbezüge wie oben/unten und vorne/hinten. Der traditionelle Unterricht umfasst folgende Bereiche:

- Gehen mit sehender Begleitung, Begleittechniken,
- Körperschutztechniken,
- Orientierung in bekannten Innenräumen,
- Langstocktechniken (Pendeltechniken, Diagonaltechniken, Techniken für Treppen),
- Orientierung in bekannten Räumen, häusliche Umgebung in ruhigen Wohngebieten, dann kleinere Einkaufsgebiete, ampelgeregelte Kreuzungen, dann belebte Gebiete und so weiter,
- Orientierung in unbekannten Räumen,
- Benutzung öffentlicher Verkehrsmittel.

Der Unterricht findet in der Regel im Wohn- bzw. beruflichen Umfeld statt und erfolgt als Einzeltraining. Er umfasst sowohl generelle Aspekte von Orientierung wie Bereiche, die zur Verkehrserziehung gehören, und schließt auch die Nutzung anderer Hilfen (elektronische Hilfsmittel) ein.

Herkunft und Weiterentwicklung des Konzepts
Der Unterricht in Orientierung und Mobilität wurde ursprünglich in Zusammenarbeit mit kriegserblindeten Soldaten entwickelt. In dem von Richard Hoover (1944) im Valley Forge Hospital, später Hines Rehabilitationcenter entwickelten Programm spielte ein dünner Stahlstock und eine von ihm entwickelte Pendeltechnik die entscheidende Rolle. Das Ende der 1940er Jahre ausgebaute Rehabilitationsprogramm konnte von einem vorhandenen visuellen Konzept ausgehen, d.h. die erblindeten Soldaten wussten, wie Zimmer aussehen, wie Kreuzungen beschaffen sind, was es bedeutet, eine Allee entlang zu laufen, sie besaßen das topografische Konzept der Sehenden und es gelang ihnen gut, die neu erworbene Technik in dieses Konzept zu integrieren.

Das Orientierungs- und Mobilitättraining erwies sich zunächst als die Methode, die erblindeten Menschen eine weitgehend unabhängige Fortbewegung ermöglichte und ihnen damit ein Stück Bewegungsfreiheit im doppelten Sinne zurückgeben konnte. Mit seiner Verbreitung wurden auch sogenannte Zivilblinde und geburtsblinde Menschen einbezogen. Seiner Herkunft entsprechend erwies sich das

Orientierungs- und Mobilitätstraining bei geburtsblinden Menschen und bei Kindern und Jugendlichen als erweiterungsbedürftig. Die oben angeführten Elemente des Unterrichts sind bereits das Ergebnis dieser Erweiterung. Insbesondere für Kinder und Menschen mit Sehbeeinträchtigung mussten neue Methoden entwickelt werden (Fokus/ Isis 1995; Fischer 1978).

Mobilitätserziehung, gewissermaßen als Basis für Orientierung und Mobilität, ähnelt heute vielfach psychomotorischen Übungen. Lediglich in der frühen Vermittlung von Körperschutztechniken und einer deutlich größeren Systematik sind Unterschiede festzustellen. Es geht um die spielerische Auseinandersetzung mit Gegenständen und Räumen und die Entwicklung eines vielfältigen Bewegungsrepertoires. Orientierungs- und Mobilitätstraining ist eine Maßnahme der Rehabilitation und wird von der Krankenkasse finanziert als Basistraining und bei Wohnort oder Schul- und Arbeitsplatzwechsel als Aufbautraining. Als Rehabilitationslehrer im Bereich Orientierung und Mobilität kann arbeiten, wer eine pädagogische Grundqualifikation besitzt und eine Ausbildung in einer der beiden Ausbildungsstätten in Deutschland (IRIS Hamburg, RES Marburg) oder in der Schweiz (SZB) absolviert hat (Klee 1998a, 1015).

Mobilitätserziehung

Das Orientierungs- und Mobilitätstraining, das auf dieser Basis aufbaut, ist in vielen Bereichen ein Fertigkeitstraining, das sich leider zu wenig an den Strategien der Betroffenen ausrichtet, vielmehr eine Vorstellung vom richtigen Orientierungs- und Mobilitätsverhalten über die individuellen Lösungen setzt. Besonders deutlich wird dies an der Konstruktion taktiler Karten, die nach wie vor einem topografischen Konzept folgen, also Landschaften, Stadtpläne in der Draufsicht konzipieren und dabei ignorieren, dass die Draufsicht für geburtsblinde Menschen keine nachvollziehbare Perspektive darstellt. In der Wahrnehmung geburtsblinder Menschen existiert dieses Konzept nicht, Karten und Stadtpläne sind vielmehr eher interiorisierte (verinnerlichte, abstrahierte) zeitliche Abfolgen oder Routen. Routen, nicht nur als Folge von *landmarks*, also Ankerpunkten in der Landschaft, sondern als *Handlungskonzept* (Downs/Stea 1982; Golledge 1992) wurden leider nicht systematisch weiterentwickelt. Anregungen, die auf einem relationalen, handlungsbezogenen Raumkonzept basieren, kommen nicht aus der Praxis des Orientierungs- und Mobilitätstrainings, sondern aus interdisziplinären Forschungsansätzen (Millar 1994; Roderfeld 2003).

Einbezug von Strategien blinder Menschen

Das ausgesprochen interessante Klick-Sonar Konzept hat den großen Vorteil, dass Experten in eigener Sache an die Orientierungsbedin-

Klick-Sonar

gungen blindgeborener Menschen gut anschließen können. Es wäre sehr zu wünschen, dass dieses Konzept im Hinblick auf Kinder weniger fertigkeitsbezogen sondern spielerischer weiterentwickelt werden könnte. Für Menschen, die gerne mit Hunden leben, sind Blindenführhunde eine gute Unterstützung. Mittlerweile gibt es in Deutschland, Österreich und der Schweiz Blindenführhundschulen. Die Passung zwischen der blinden Person und dem jeweiligen Hund bedarf einer sorgfältigen Analyse und einer nahezu ebenso gründlichen Schulung des Menschen wie des Hundes. Führpferde, d.h. ausgebildete Minipferde haben in den USA mittlerweile den gleichen Status wie Blindenführhunde, in Deutschland gibt es bisher jedoch keine Ausbildung. Auch wird die Frage der artgerechten Haltung kontrovers diskutiert.

Die Herausforderungen, die Menschen mit komplexen Beeinträchtigungen und alte Menschen an ein Orientierungs- und Mobilitätskonzept stellen, werden zu neuen Lösungen führen müssen. Der gegenwärtige Paradigmenwandel, sowohl in sozialen Bewegungen wie auch in der Behindertenbewegung, vom Selbstständigkeits- zum Selbstbestimmungskonzept wird die Strategien und Wünsche der Betroffenen in den Vordergrund stellen und eine Veränderung des rehabilitativen Charakters des Orientierungs- und Mobilitätstrainings bewirken.

4.4.3   Alltagsorganisation in einer visuell strukturierten Welt

Alltag kann als ein komplexes Phänomen begriffen werden, das üblicherweise als das Gegebene, Vorhandene, nicht zu Befragende gesehen wird.

„Sie [die Lebenswelt des Alltags, R. W.] ist der Bereich meiner leiblichen Handlungen; sie bietet Widerstand, und es erfordert Anstrengung, diesen zu überwinden. Der Alltag stellt mich vor Aufgaben, und ich muß meine Pläne mit ihm durchführen. Er läßt mich in meinen Versuchen, meine Ziele zu verwirklichen, erfolgreich sein oder scheitern. Durch mein Wirken greife ich in die alltägliche Wirklichkeit ein und verändere sie. [...] Ich teile diese Wirklichkeit mit anderen Menschen, mit denen ich sowohl Ziele als auch Mittel zur Verwirklichung dieser Ziele gemeinsam habe. [...] Die Lebenswelt des Alltags ist jene Wirklichkeit, in der wechselseitige Verständigung möglich ist" (Schütz/ Luckmann 1979, 62).

In ihrem bedeutenden Werk „Strukturen der Lebenswelt" entwickeln Schütz und Luckmann eine soziologische Theorie der Gesellschaft. Ihr Alltags- und Lebensweltkonzept hat die wissenschaftliche Diskussion der 1970er und 1980er Jahre nachhaltig beeinflusst und auch auf rehabilitationssoziologische Theoriebildung (Thimm 1983; Wacker et al. 1998; Häußler et al. 1996) gewirkt. Die Merkmale des Alltags – Vorgegebenheit, Handlungsbezug, Wirksamkeit und Kommunikation – sind wesentliche Aspekte auch bei der Betrachtung der Alltagssituation unter der Bedingung Blindheit oder Sehbeeinträchtigung. Das So-Sein des Alltags und die damit verbundene Eigenlogik haben eine starke normative Kraft und sind nicht leicht in Frage zu stellen, da sie immer sind, was sie sind. So mögen viele Pädagogen theoretisch und in bester Absicht Menschen mit Blindheit, Sehbeeinträchtigung oder komplexen Beeinträchtigungen die Entwicklung eigener Strategien, ein großes Maß an Selbstbestimmung zugestehen, können jedoch einen links herum getragenen Pullover bei einer blinden Jugendlichen ebenso wenig tolerieren wie Essen mit den Händen oder geschminkte Lippen, die eine Tendenz zur Asymmetrie zeigen.

Wo wird die Selbstwahrnehmung von Menschen mit einer Sehbeeinträchtigung akzeptiert, nicht nur toleriert, wo durch die normsetzende Definition der Sehenden überformt? Mit der Frage der Alltagsorganisation in einer visuell strukturierten Welt beschäftigen wir uns mit einem Kernproblem der Pädagogik und Rehabilitation bei Blindheit und Sehbeeinträchtigung.

Ähnlich wie im Feld von Orientierung und Mobilität können wir auch hier in der Fachliteratur eine Kluft zwischen allgemein theoretischen Überlegungen und den entwickelten Methoden feststellen. Das, was über viele Jahre hin „Lebenspraktische Fertigkeiten" genannt wurde sind Techniken zu einer möglichst selbstständigen und eigenständigen Lebensführung, die folgende Bereiche beinhalten:

- Wohn- und Essenssituationen,
- Haushaltsgestaltung und Reinigung,
- Kleidung und Körperpflege,
- Kochen,
- Kommunikation (Umgang mit Behörden, Zahlungsmittel, Formulare, Banken),
- Medien (spezielle Hilfsmittel, Lesegeräte, Telekommunikation),
- gesellschaftliche Organisations- und Umgangsformen.

Es wird deutlich, dass diese Bereiche einem besonders großen Anpassungsdruck unterliegen. Trotz zunehmender behindertengerechter Ausstattung von Gebäuden, Automaten, der Zunahme von Hörfilmen, Gebärdensprache, Vibrationsampeln, Ampeln mit akustischen Signalen oder taktilen Orientierungshilfen sind Körperpflege und Kleidung,

Haushaltsführung und Umgangsformen Bereiche, in denen Menschen mit einer Sehbeeinträchtigung mit wenig Toleranz begegnet wird.

 Wenn blinde, sehbeeinträchtigte oder hörsehbeeinträchtigte Menschen eine Wohnung suchen, begegnen sie immer wieder Vermietern, die sich eine eigenständige Haushaltsführung nicht vorstellen können und sich auch durch Demonstrationen nicht überzeugen lassen. Wenn viele Sehende sich nicht vorstellen können, dass blinde Frauen und Männer gerne und gut kochen, dann zeigt dies nur die Spitze der Probleme auf, denen Menschen mit einer Sehbeeinträchtigung im Alltag begegnen.

Ein Training in alltagspraktischen Fertigkeiten müsste neben der Entwicklung von passenden Strategien vor allem in einer Aufklärung und Schulung der Umwelt bestehen. Obwohl die westeuropäische Kultur gegenwärtig ein hohes Maß an Toleranz gegenüber Kleidung und Umgangsformen zeigt, so endet diese sehr oft bei Menschen mit Beeinträchtigung. Phänomene des Außergewöhnlichen erhalten je nach mitgedachtem Kontext unterschiedliche Bewertungen. Klaes hat dies in einem Beispiel sehr treffend formuliert.

 „Der Jazzmusiker, der seinem Instrument ohrenbetäubende Töne entlockt, gilt als Avantgardist, der Modemacher, der den Winkelhaken in der nagelneuen Jeans kultiviert, gilt als Trendsetter. Der Manager, der sich entschließt, fortan als Fischer auf Jamaica zu leben, ist ein Aussteiger. Der von allen Konventionen Befreite ist ein Künstler oder Individualist. Der aber, der nur außergewöhnlich ist, ohne dafür das Prädikat ‚besonders wertvoll' zu bekommen, ist ein ‚Behinderter'" (Klaes/Walthes 1994, 54).

„Jeder Reha-Lehrer weiß aus Erfahrung zu berichten, wie schwer die Vermittlung der Begriffe Mode, ‚schick aussehen', passende Kleidung, etc. ist. Begrifflichkeiten, die durch ihre Wesensmerkmale vor allem als Ausdruck sehender Empfindungen bestimmt werden, erfahren auf Seiten blinder Kinder und Jugendlicher in der Regel erst dann Akzeptanz, wenn auf der Beziehungsebene zwischen LPF-Lehrer und Schüler ‚alles stimmt', wenn also Vertrauen herrscht. Ist dies nicht der Fall, werden die normativen oder subjektiven Vorgaben des LPF-Lehrers als Oktroi empfunden" (Metz 1989, 208).

Die Ästhetik des Taktilen, des Sich-Anfühlens und des Klangs oder des Geruchs, die im Erleben von Menschen mit einer Sehbeeinträchtigung eine größere Rolle spielen, drohen hierbei vernachlässigt zu werden.

Beim Erlernen von alltagspraktischen Fertigkeiten zeigt sich im Detail, welche Ziele eine Pädagogik bei Blindheit und Sehbeeinträchtigung verfolgt, wie viel Spielraum sie für eigenständige Entwicklungen, Erlebensweisen oder notwendige Erkundungsstrategien lässt, wie sie soziales Miteinander interpretiert und wo sie letztlich doch im Sinne der Anpassung an die Norm agiert.

Alltagspraktische Fertigkeiten werden im Rahmen der Frühförderung als grundlegende Basisfertigkeiten des Sich-Anziehens oder Essens sowie des Umgangs mit Materialien des Alltags spielerisch gefördert. Im schulischen Rahmen findet eine Schulung oftmals im hauswirtschaftlichen Unterricht statt oder beim Besuch einer Internatsschule im Internat. Einzelunterricht ist die häufigste Form der Vermittlung alltagspraktischer Fertigkeiten. Bei Erblindung zählt ihre Vermittlung zur sogenannten Elementarrehabilitation. Die Ausbildung für Rehabilitationslehrer (LPF) erfolgt in der Bundesrepublik an zwei Ausbildungsstätten (Institut für Rehabilitation und Integration Sehgeschädigter [IRIS], Hamburg und Rehabilitationseinrichtungen für Sehgeschädigte [RES], Marburg), in der Schweiz und Österreich in Kursen. Ob und inwieweit die Vermittlung alltagspraktischer Fertigkeiten gegenwärtig auch den Umgang mit Assistenz berücksichtigt, ist über Literatur nicht zu ermitteln und vermutlich eine Herausforderung zur Weiterentwicklung dieses Konzeptes.

4.4.4 Kommunikation und koordinierte Verhaltenskoordination: Sprache und unterstützte Kommunikation

Die Tatsache, dass wir nicht wissen können, wie ein anderer Mensch wahrnimmt und welche Wirklichkeit er konstruiert, verweist auf die Notwendigkeit von Kommunikation. Wir sind auf Kommunikation und Interaktion elementar angewiesen, um etwas von der Wirklichkeitskonstruktion eines anderen Menschen zu erfahren. Wenn wir uns dem Thema Kommunikation, Verstehen, Verständigen widmen, dann gilt es vorweg noch einmal zwei Aspekte in Erinnerung zu rufen.

● Der Gedanke der Selbstorganisation von Wahrnehmung, von Erleben. Dieser Gedanke besagt, dass es keine Möglichkeit des direkten Anschlusses an die Wahrnehmungs- und Erlebnismöglichkeiten eines anderen Menschen gibt. Ich kann nicht direkt an das, was Sie jetzt denken, fühlen, wahrnehmen mögen, ankoppeln, kein anderer Mensch kann jemals wissen, was ein anderer beobachtet, wahrnimmt, erlebt. Systemtheoretisch gesprochen bedeutet dies, dass psychische Systeme, also Bewusstsein, Wahrnehmung, Erleben, Gefühle etc. intransparent sind und bleiben (Luhmann 1992). Die ein-

Intransparenz psychischer Systeme

Dreischritt der Kommunikation

zige Möglichkeit, etwas über die Wahrnehmung und das Erleben eines anderen zu erfahren, ist Kommunikation. Doch indem ich mit einer anderen Person rede, rede ich mit ihr, nehme sie in ihren Äußerungen wahr, ich fühle nicht wie sie, ich nehme nicht wahr wie sie.
● Kommunikation schließt an Kommunikation an, nicht an Wahrnehmung, nicht an Bewusstsein. Wenn wir über Kommunikation reden, dann reden wir über Äußerungen und die Beobachtung von Äußerungen, nicht über Kognition, nicht über Bewusstsein oder andere intrapsychische Prozesse (Luhmann 1992). Jemand sagt etwas zu Ihnen, Sie beobachten seine Äußerung und bauen sie in Ihre Vorstellung ein, d.h. verstehen seine Äußerung vor dem Hintergrund Ihrer Bedingungen. Der andere kann Ihre Wahrnehmungen und Ihre Einordnungen, also Ihr Verstehen nur nachvollziehen, wenn Sie an seine Äußerung anschließen und ihm antworten, das muss nicht verbal, sondern kann auch schriftlich, gestisch oder mimisch sein. Information, Mitteilung und das Verstehen machen nach Luhmann den Kommunikationsprozess aus (Luhmann 1992). Wie jemand etwas verstanden hat, wird wiederum nur deutlich, wenn es rückgekoppelt wird, d.h. wenn eine weitere Äußerung folgt. Dieser Dreischritt ist äußerst wichtig, an ihm orientiert lässt sich die Kommunikation zwischen sprechenden und nichtsprechenden Menschen, aber auch zwischen so und zwischen anders sprechenden Menschen gut erläutern.

Bewegung als Wegweiser

Ist Lautsprache nicht möglich und gibt es Seh- und Hörbedingungen, die ein Verstehen von Lautsprache erschweren oder verhindern, dann ist Bewegung nicht nur ein, sondern das wichtigste Element des „anders Sprechens", Bewegung ist das zentrale Medium der Kommunikation. Es bedeutet, dass ich Bewegungen als Wegweiser begreife, als etwas, womit der Sich-Bewegende etwas sagt. Zu diesem Etwas-Sagen (Mitteilung und Information) gehört das Verstehen, und dieses Verstehen wiederum bedarf einer Bewegungsantwort, um den Kommunikationsprozess fortzusetzen. Dies gilt für Säuglinge und Kleinkinder, deren wichtigstes Mitteilungs- und Ausdrucksmedium Bewegung ist, insbesondere jedoch bei Hörsehbeeinträchtigung und bei nicht-sprechenden Menschen.

In **Kapitel 3.6.1** wurde die Sprach- und Kommunikationsentwicklung geburtsblinder Kinder nur kurz angesprochen, da die neuere Forschung zu dem Ergebnis einer zwar modifizierten, aber in sich passenden Sprachentwicklung gelangt ist und die Rolle der Sprache als wichtiges Umweltaneignungsinstrument eher noch betont.

„Nur das Zulassen des Gedankens, dass z.B. blinde Menschen ein ihren Wahrnehmungsstrukturen entsprechendes – und nicht ein lückenhaftes oder fehlerhaftes – Begriffssystem aufweisen, ermöglicht ein professionelles diagnostisches und didaktisches Denken, das die spezifischen Besonderheiten im Aufbau und in der Verwendung des Begriffssystems berücksichtigt" (Degenhardt 2003).

Der in der älteren blindenpädagogischen Literatur häufig gebrauchte Begriff Verbalismus zur Kennzeichnung eines Sprachgebrauchs blinder Menschen in Zusammenhängen, in denen ihnen die unmittelbare Anschaulichkeit nicht gegeben ist (zum Beispiel Himmel, Horizont oder Farben), vernachlässigt die Tatsache unterschiedlicher Referenzsysteme und Merkmalsebenen (Dobslaw 1993). Für die Gestaltung des Kommunikationsprozesses bedeutet dies, möglichst viele Referenzebenen eines Wortes oder Begriffes über Handlung nachvollziehbar zu machen.

In der Literatur zur Kommunikationsentwicklung von Kindern werden von den Autorinnen und Autoren, die zugleich die Entwicklung von Kindern mit komplexen Schädigungen berücksichtigen, folgende Prinzipien für die Kommunikationsentwicklung und -gestaltung genannt (Becker et al. 1998; Hildebrand-Nilshon 2000; Lee/Mac William 1994, 2008, 2002; Nafstadt/Rodbroe 1999; Papoušek/Papoušek 1990; Stern 1992):

1. Selbst-Urheberschaft meint, sich selbst als Urheber und Initiator von Ereignissen erleben zu können. Dies ist für alle Kinder eine wichtige Voraussetzung für Kommunikation. Für Kinder mit Hörsehbeeinträchtigung kann diese Erfahrung durch Rückmeldungen vom eigenen Körper und im gemeinsamen Bewegen mit einer anderen Person durch die Beachtung der folgenden Prinzipien unterstützt werden:

2. Synchronie ist die Form des feinen emotionalen Aufeinanderabstimmens, die in **Kapitel 4.3.2** koordinierte Verhaltenskoordination genannt wurde und die durch Zeitbezug, Imitation, gemeinsame Rhythmen, gemeinsames Bewegen hergestellt werden kann. Wichtig ist hier vor allem die zeitliche, räumliche Abstimmung.

3. Joint attention oder geteilte Aufmerksamkeit wird zwischen Kind und Bezugsperson hergestellt, indem die Bezugsperson das Kind so oft und sensibel wie möglich in den Prozess der gemeinsamen Ausrichtung auf etwas Drittes einbezieht und sehr aufmerksam auf diese Impulse beim Kind achtet (Hildebrand-Nilshon 2000, 234ff.).

4. Affect Attunement oder Affektabstimmung wird als eher intuitiver Prozess zwischen Kind und erwachsener Person (meist Mutter oder

Vater) beschrieben, bei dem die erwachsene Person ihr emotionales Verhalten, ihren emotionalen Ausdruck mit dem Kind teilt. „Klopft das Kind z.B. mit wachsender Begeisterung rhythmisch mit dem Löffel auf den Tisch, sagt die Mutter im Rhythmus und in der Dynamik der Bewegung ‚bäng, bäng, bäng'" (Hildebrand-Nilshon 2000, 236). Hier sind gemeinsam mit Kindern mit komplexen Schädigungen Ausdrucksformen zu finden, die einerseits die emotionale Ausdrucksform des Erwachsenen nicht verfälschen, denn dies merken alle Kinder sofort, andererseits aber für das Kind unmittelbar wahrnehmbar sind, wie zum Beispiel die Bewegungen der Bauchmuskulatur beim Lachen. Dazu gehört vor allem:

5. **Reziprozität,** der Wechselbezug im Dialog, von Ich und Du, Beginnen und Beenden, Pausen und Aktivität, die sich zu strukturierten Interaktionsformen und Ritualen entwickeln kann.

Diese für die Entwicklung gestischer und symbolischer Kommunikation elementaren Prinzipien sind gleichermaßen auf diese selbst anzuwenden. Auch bei der Entwicklung eines gemeinsamen Symbol- und Zeichensystems ist das Aufgreifen der spontanen Gesten und Bewegungsäußerungen des Kindes der erste Schritt zur Bedeutungsentwicklung. Wenn ich die nach unten schlagende Handbewegung, die ein Kind zeigt, als Aufforderung zum Ballspielen interpretiere und dies wieder und wieder versuche, dann kann daraus die Symbolgeste für Ball entwickelt werden, wie das Pusten in die eigene Hand zur Geste für Luftballon aufpusten, Ventilator oder Föhn werden kann. Wenn an die vorhandenen Ausdrucksmöglichkeiten und -formen der Kinder angeschlossen werden kann und damit diese als bedeutsame Handlungen, als Wegweiser begriffen werden, kann Kommunikation erfolgreich gestaltet werden. Jedes Kind äußert sich. Eltern und Bezugspersonen sind es, die auf die Äußerungen des Kindes zuverlässig reagieren können und damit die Basis für Kommunikation gemeinsam entwickeln.

Auf dieser Basis können dann Konzepte wie das der *Unterstützten Kommunikation* (Augmentative and Alternative Communication, AAC) aufbauen.

Deren Ziel besteht darin, nichtsprechenden oder wenig sprechenden Kindern alternative (symbolische, elektronische) Kommunikationsmittel zur Verfügung zu stellen, damit diese in die Lage versetzt werden, über ein breites Spektrum an Äußerungsmöglichkeiten zu verfügen. Dieses in den Anfängen überwiegend mit Bildern und Symbolen arbeitende Konzept hat sich mittlerweile auch mit der Gruppe der nichtsprechenden Kinder mit einer Sehbeeinträchtigung beschäftigt und entsprechende Hilfsmittel und Methoden entwickelt (Touch-Talker mit tastbaren Symbolen, Audiocom etc.).

„Gerade in der Unterstützten Kommunikation wird die Tatsache, dass eine Person zuverlässig ein bestimmtes Feld auf der Kommunikationshilfe ansteuert und dieses (wieder-) findet, oft als Beleg dafür gesehen, dass sie das Feld und das auf ihm befindliche Symbol gesehen hat und seine Bedeutung kennt. Das gezielte Ansteuern eines Feldes und das Erkennen des darauf befindlichen Symbols sind zwei visuelle Funktionen, die unabhängig voneinander zu betrachten sind – es kann nicht vom Vorhandensein der einen Funktion auf die andere Funktion geschlossen werden" (Freitag et al. 2013a, 226).

Es ist daher in diesem Bereich dringend eine Kooperation zwischen UK-Expertinnen und Spezialistinnen des funktionalen Sehens erforderlich.

Als Symbolsysteme für hörsehbeeinträchtigte Menschen sind feste Bezugsobjekte, Symbole, Bildsysteme, Gebärden (adaptierte Form der Deutschen Gebärdensprache wie der lautsprachlich begleitenden Gebärden), Fingeralphabet und Lormen im Gebrauch. Alle Gebärden- und Alphabetsysteme erfordern von beiden Kommunikationspartnern ein hohes Maß an Konzentration. Verschiedene Gebärdensysteme finden sich in der Einführung in die Hörgeschädigtenpädagogik von Annette Leonhardt (2010). Sie sollen hier lediglich durch das Lormalphabet ergänzt werden (**Abb. 31**).

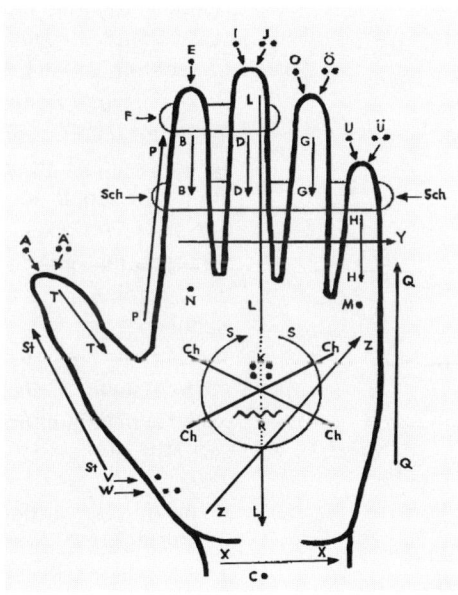

Abb. 31: Lormalphabet (Verein zur Förderung der Blindenbildung 2001a)

4.4.5 Technologien und Hilfsmittel

Die vielfältigen im Bildungs- und Rehabilitationsbereich entwickelten Materialien, Technologien und Hilfsmittel dienen alle letztlich der Erleichterung der Partizipation, unterstützen jedenfalls von der Intention her die Selbstständigkeit und sind insbesondere im Bereich der Kommunikation ein Anwendungsfeld von Selbstbestimmung.

Braille-Schrift: Als wichtigste Erfindung kann nach wie vor das Punktschrift-System von Louis Braille gelten. Das 1825 auf der Kombination von 6 Punkten entwickelte Schriftsystem benötigte zwar nahezu 50 Jahre, um sich gegen den Widerstand der sehenden Blindenpädagogen durchzusetzen, es hat jedoch auf Grund seiner bestechend einfachen Struktur nachhaltig überzeugt, ist im Prinzip einfacher zu erlernen als das Schwarzschriftalphabet und wird in seinen Grundprinzipien trotz erhöhter Anforderung durch Spezialschriften (Chemie, Computerbraille, Mathematik, Musik) erhalten bleiben. Dieses Schriftsystem wird mit Punktschrifttafeln, Punktschriftmaschinen und Punktschriftdruckern oder auf der Braillezeile am Computer dargestellt.

Die Einführung „des Computers für blinde Menschen erlaubte es, die braillesche Blindenpunktschrift als System durch blinde und sehende Menschen aktiv und parallel nutzen zu können – eine wesentliche Voraussetzung für gemeinsames Lernen in der allgemeinen Schule" (Degenhardt 2003, 16).

Computernutzung: Mit der Braillezeile und Sprachausgabe für Computer ist ein weiteres wesentliches Kommunikationsmittel für Menschen mit einer Sehbeeinträchtigung entwickelt worden, das inzwischen in allen Bereichen – von der basalen Kommunikation über Sehförderung mit dem Computer bis zur Internetnutzung, von Brailleprogrammen bis zu Vergrößerungssoftware für Menschen mit einer Sehbeeinträchtigung – nahezu für alle Probleme eine angemessene Antwort findet. Durch die Verpflichtung der VN-Behindertenrechtskonvention, einen barrierefreien Zugang zu schaffen, existieren neben den grafischen Benutzeroberflächen inzwischen auch vielfach tastenbasierte Steuerungssysteme, Screenreadersoftware, Zoom und Möglichkeiten der Farbumkehrung, die in das jeweilige System integriert sind. Menschen mit einer Sehbeeinträchtigung wird die Navigation auf diese Weise sehr erleichtert. Gegenwärtig finden sich Tablets und Smartphones mit vielen integrierten barrierefreien Programmen in der Erprobung für blinde und sehbeeinträchtigte Schülerinnen und Schüler.

Nicht-visuelle Hilfsmittel: Bei Blindheit, Hörsehbeeinträchtigung, Mehrfachbehinderung und Sehbeeinträchtigung gibt es eine Vielzahl von Hilfsmitteln. Diese sind im nicht-visuellen Bereich zum Beispiel:

- Hilfsmittel für den alltagspraktischen Gebrauch (z.B. Farberkennungsgeräte, Küchenwaage mit Sprachausgabe, Maßbänder und Messbecher mit taktilen Einteilungen oder Sprachausgabe),

- Hilfsmittel für die Selbstmedikation (z. b. Blutzuckermessgeräte mit Sprachausgabe, Autodrop – ein Kunststofftrichter, der es erleichtert, sich selbst Augentropfen zu verabreichen),
- Mobilitätshilfen (Langstock, Blindenführhund, taktile Karten, interaktive Karten, Leitsysteme),
- Hilfsmittel zum Umgang mit schriftlichen, gedruckten und digitalen Informationen (Punktschriftmaschine, Scanner, Computer mit Braillezeile und Sprachausgabe, Software, Punktschriftdrucker, Daisy-Player),
- Spiel- und Lernmaterialien (taktile Grafiken, Modelle, Punktschriftliteratur, adaptierte Spiele),
- Kommunikationshilfen.

Heute können viele Software-Applikationen (Apps) spezifische Hilfsmittel ersetzen, z. B. Navigationsapps oder eine App zur Farberkennung bzw. zur Identifizierung von Lebensmitteln mithilfe eines Strichcodes. Apps können auch Geräte nutzbar machen, die vorher von blinden Menschen nur erschwert genutzt werden konnten, wie z. b. App zur Steuerung digitaler Medienserver, App zur Steuerung von Gebäudeelementen wie Rollläden, Licht, Heizung etc. **Software und Neue Medien**

Hilfsmittel für den visuellen Bereich: Hilfsmittel für den visuellen Bereich können in optische, nicht-optische und elektronische Hilfsmittel eingeteilt werden, z. B.

- optische Hilfsmittel für den Nah- und Fernbereich (Lupenbrillen, Hyperokulare, Lupen, mobile und stationäre Lesehilfen, Monokulare, Binokulare, Kantenfiltergläser)
- nicht-optische Hilfsmittel (Beleuchtung, Leseschablonen, Großdruck, spezielle Lineaturen, kontrastreiche Stifte, Farbgebung, Kontraste, Lesepulte)
- elektronische Hilfsmittel (Bildschirmlesegeräte, Tafelkamera, Computer mit Sprachausgabe und Vergrößerungsmöglichkeiten, Tablets mit Kamerafunktion und Vergrößerungssoftware, Videoteleskope)

Der Markt der Anbieter dieser Hilfsmittel ist zwar begrenzt, aber in den Bemühungen um Barrierefreiheit und universal design, einem Konzept, das sich darum bemüht Gegenstände und Geräte so zu entwerfen, dass sie leicht und von möglichst vielen Benutzergruppen ohne Modifikation zu nutzen sind, steht eine große Fülle verschiedenster Hilfsmittel zur Verfügung. Mehrere Fachmessen bieten einen guten Überblick über neue Entwicklungen. Für Hilfsmittel in der Schule stellt die Plattform ISaR (www.isar-projekt.de/materialien. html) Informationen zur Verfügung. **Barrierefreiheit und universal design**

Hilfsmittelentscheidungen sind immer Individualentscheidungen. Dabei sollten die folgenden Überlegungen mit einbezogen werden:

- Welche Aufgaben möchte die Person mit dem Hilfsmittel bewältigen können?
- In welchem Bereich findet das Hilfsmittel Anwendung (häuslicher Bereich, schulischer Bereich, Arbeit, Freizeit)?
- Akzeptiert die betroffene Person das Hilfsmittel?
- Wie ist die Handhabbarkeit des Hilfsmittels und wie gestaltet sich das Erlernen des Umgangs damit?
- Unterstützt das Hilfsmittel die Person oder schafft es neue Abhängigkeiten?
- Ist das Hilfsmittel mobil einzusetzen oder auf Grund der Größe und des Gewichts ortsgebunden?
- Passen Person und ihre Gewohnheiten und Eigenarten und Hilfsmittel zusammen?

Es ist immer hilfreich, wenn die betroffene Person das Hilfsmittel vor der endgültigen Entscheidung im Alltag erproben kann. Die Entscheidung für oder gegen ein Hilfsmittel kann nur die betroffene Person selbst treffen. Leider gibt es zurzeit eine große Divergenz zwischen den individuellen Bedürfnissen und den finanzierenden Organisationen (Krankenkasse, öffentliche Kommunen, Sozialhilfeträger). Häufig können Menschen mit Beeinträchtigungen nicht frei entscheiden, welches Hilfsmittel von welchem Anbieter das für sie Geeignete ist, sondern sind an die Entscheidungen der finanzierenden Organisation gebunden, die nur bestimmte Anbieter akzeptiert. Trotz dieser Einschränkungen kann man inzwischen auch für Deutschland davon ausgehen, dass Hilfsmittel weitgehend den Bedingungen entweder entsprechen oder den jeweiligen Bedingungen angepasst werden können.

 Frühförderung:

Dik, M. (2006): Babys und Kleinkinder mit visuellem Funktionsverlust. Eemnes: Robert Weijdert (NL)

Leyendecker, Ch.; Horstmann, T. (Hrsg.) (2002): Große Pläne für kleine Leute. Grundlagen, Konzepte und Praxis der Frühförderung. München, Basel: Ernst Reinhardt

Pretis, M. (2005): Frühförderung planen, durchführen, evaluieren. Beiträge zur Frühförderung interdisziplinär Bd. 8. München, Basel: Ernst Reinhardt

Walthes, R.; Klaes, R. (1994): Gehen, gehen, Schritt für Schritt … . Untersuchung zur Situation von Familien mit einem blinden, mehrfachbehinderten oder sehbehinderten Kind. Frankfurt a. M.: Campus

Zeitschrift: Frühförderung interdisziplinär (2013) Schwerpunktheft „Sehen", Heft 3: München, Basel: Ernst Reinhardt

Schule:

Appelhans, P. (1993): Regelschule – Sonderschule – Alternative Möglichkeiten für sehgeschädigte Kinder und Jugendliche? In: Verband der Blinden- und Sehbehindertenpädagogen (Hrsg.): Ganzheitlich bilden – Zukunft gestalten. Kongressbericht, 31. Kongress für Sehgeschädigtenpädagogik, Marburg 26.–31. Juli 1993, 120–138. Hannover: VzFB

Csocsán, E.; Klingenberg, O.; Koskinen; K.-L.; Sjöstedt, S. (2002): Maths „seen" with other eyes – A blind child in the classroom – teacher's guide in mathematics. Esbo: Schildts

Degenhardt, S. (2003): Pädagogische Intervention bei Beeinträchtigungen der Visuellen Wahrnehmung. In: Leonhardt, A.; Wember, F. B. (Hrsg.): Behinderungen als pädagogisches Problem. Weinheim, Basel: Beltz

Degenhardt, S. (2012): Der Weg zur inklusiven Schule – Momentaufnahmen von Brückenschlägen und Grabenkämpfen und von Ansprüchen an die inklusive Beschulung blinder und sehbehinderter Kinder und Jugendlicher. In: blind – sehbehindert: Zeitschrift für das Blinden- und Sehbehindertenbildungswesen, 132, 3, 154–167.

Lang, M.; Hofer, U.; Beyer, F. (2008): Didaktik des Unterrichts mit blinden und hochgradig sehbehinderten Schülerinnen und Schülern. Bd. 1 Grundlagen. Stuttgart: Kohlhammer

Lang, M.; Hofer, U.; Beyer, F. (2010): Didaktik des Unterrichts mit blinden und hochgradig sehbehinderten Schülerinnen und Schülern. Bd. 2 Fachdidaktiken. Stuttgart: Kohlhammer

Leuders, J. (2012): Förderung der Zahlbegriffsentwicklung bei sehenden und blinden Kindern. Empirische Grundlagen und didaktische Konzepte. Wiesbaden: Vieweg + Teubner

Berufliche Bildung:

Appelhans, P.; Düe, W. (2001): Schulische Vorbereitung auf Ausbildung und Beruf für junge Menschen mit Sehschädigung in Schleswig-Holstein. In: Barlsen, J., Hohmeier, J. (Hrsg.): Neue berufliche Chancen für Menschen mit Behinderung, 257–285. Düsseldorf: Verl. Selbstbestimmtes Leben

Barlsen, J.; Denninghaus, E.; Oeser-Steinbörner, A. (2001): Wohnortnahe berufliche Bildung und Eingliederung blinder und sehbehinderter Jugendlicher. MobiliS. In: Weichenstellungen. Themenheft der Zeitschrift blind-sehbehindert, 121, 3, 197–202

Alter:

Himmelsbach, I. (2009): Altern zwischen Kompetenz und Defizit. Berlin: VS Research

Wahl, H.-W.; Schulze, H. E. (Hrsg.) (2001): On the special needs of blind and low vision seniors. Research and practice concepts. Amsterdam: IOS-Press

4.5   Übungsaufgaben zu Kapitel 4

Aufgabe 11   Worin unterscheiden sich allgemeine Frühförderung und die Frühförderung von Kindern mit Sehbeeinträchtigung?

Aufgabe 12   Was ist unter Kontextabhängigkeit zu verstehen?

Aufgabe 13   Könnte ich Sie jetzt, während Sie das Buch lesen, als Beobachter II. Ordnung bezeichnen und wenn ja, warum?

Aufgabe 14   Wo beginnt Selbstbestimmung in Ihrer Vorstellung?

Aufgabe 15   Um einige der Organisationen im Blindness-System kennenzulernen, versuchen Sie bitte, die nächste Selbsthilfeorganisation für Menschen mit einer Sehbeeinträchtigung zu finden.

Aufgabe 16   Weshalb ist die Früherkennung von Sehbeeinträchtigung ein Problem?

Aufgabe 17   Wie würden Sie folgende Situation verstehen: Ein Kind, das noch nicht sicher gehen kann, wirft am liebsten Gegenstände durch den Raum.

Nehmen Sie einmal an, Sie haben eine Tochter im schulfähigen Alter **Aufgabe 18**
und erfahren, dass in ihre Klasse ein blindes und ein sehbeeinträchtig-
tes Kind kommen wird. Was werden Sie tun?

Die Beschäftigung mit Orientierung, Mobilität und alltagspraktischen **Aufgabe 19**
Themen wurden jeweils als Kernthemen einer Pädagogik bei Blind-
heit und Sehbeeinträchtigung bezeichnet. Können Sie begründen, warum und worin die Problematik der gegenwärtigen Praxis besteht?

Information, Mitteilung und Verstehen sind nach Luhmann Bestand- **Aufgabe 20**
teile des Kommunikationsprozesses. Können Sie Beispiele entwickeln, wo die Elemente Information und Mitteilung und das Element
Verstehen verschiedene Botschaften enthalten?

5 Geschichte der Pädagogik bei Blindheit und Sehbehinderung – ein Lernfeld?

„Auf die Frage, ob man aus der Geschichte lernen könne, hört man oft die resignierte oder zynische Antwort, man könne aus der Geschichte nur die einzige Tatsache lernen, daß niemand aus ihr zu lernen willens sei" (Wehler 1988, 11).

Wenn man sich das 20. Jahrhundert nicht nur mit den beiden Weltkriegen, sondern auch mit den über 150 Kriegen in und außerhalb Europas vorstellt, dann kann man an der Lernbereitschaft und Lernfähigkeit der Menschen im Allgemeinen zweifeln, es sei denn, man hält Krieg gesamtgesellschaftlich gesehen für eine Lösung. Ich tue dies nicht.

Verhältnis von Vergangenheit und Gegenwart

Aber woran sollte man sonst lernen, wenn nicht an der Vergangenheit? Das Fundament der Vergangenheit, auf dem die Gegenwart in dünnen Scheibchen abgeschnitten wird, ist groß, denn kaum ist Gegenwart abgeschlossen, gehört sie schon wieder der Vergangenheit an. Zwar sind Menschen es gewohnt, linear und in Ursache-Wirkungs-Zusammenhängen zu denken, d.h. eine kontinuierliche Linie von der Vergangenheit über die Gegenwart zur Zukunft zu ziehen, doch auch in einer solchen Linearität ist das einzig Dauerhafte die Vergangenheit. Gegenwart ist der Ort des Handelns und der Entscheidungen mit der Idee, Zukünftiges passend zu gestalten. Sie nimmt das Material aus der Vergangenheit, der Erfahrung, dem Erlebten und dem Berichteten. Und umgekehrt speisen sich auch die Versuche, bestimmte Erfahrungen und Ereignisse nicht zu wiederholen, durch die Linearität von Gegenwart und Vergangenheit.

Was sind Anfänge?

Der Satz: „Wehret den Anfängen!" ist ein solcher Satz, der voraussetzt, dass es möglich ist, bestimmte Ereignisse bereits in der Gegenwart im Keim zu ersticken, um eine unangenehme Zukunft zu verhindern. Doch was sind Anfänge? Wer kann entscheiden, was ein Anfang ist und wovon? Um etwas als Anfang bestimmen zu können, muss ich es von den anderen Ereignissen im Strom der Ereignisse unterscheiden. Ich muss einen eindeutigen Anfang markieren können. Anfänge lassen sich nicht in der Gegenwart bestimmen, sondern erst aus der Rückschau. Sie sind die Markierung, von der aus der Beobachter sagt:

„Nun geschieht etwas anderes, nun beginnt etwas Neues" (Luhmann/
Schorr 1990).

Aus dem Geschichtsunterricht kennt jeder die Schwierigkeit, Anfänge
zu bestimmen. Wann hat der Nationalsozialismus begonnen? Wann
die Aussonderung, Sterilisation und Vernichtung von nicht zum System passenden Leben? Und sind wir heute mit der Debatte um Bio-
ethik, der verbrauchenden Embryonenforschung und Sterbehilfe auf
einem anderen, sehr viel schwieriger zu greifenden Weg in eine neue
Aussonderung? Ist diese seit nahezu drei Jahrzehnten geführte Diskussion ein Anfang, und wenn ja, ein Anfang wovon? Sind es die
überlieferten Daten des ersten Ereignisses, ist es die Entwicklung von
Gedankengut? Die Markierung liegt nicht in der Sache an und für
sich, sie ist eine im Nachhinein gezogene Unterscheidungslinie und
macht daher eher eine Aussage über denjenigen, der sie zieht, als über
die Sache selbst.

5.1   Verständnismöglichkeiten von Geschichte

Das trifft auch für die Geschichte einer Pädagogik bei Blindheit und
Sehbehinderung und für die verschiedenen Historiker zu. Sie alle haben einen Anfang gesetzt, von dem aus sie ihr Geschichtsbild entwickelt haben. Was ist unter der Geschichte einer Pädagogik bei Blindheit und Sehbehinderung zu verstehen?

Geschichte soll hier nicht mit einem versunkenen Kontinent ver- **Geschichtswissen-**
glichen werden, dessen Schätze auf dem Meeresgrund nur entdeckt **schaft heute**
und hervorgeholt werden müssen. Geschichte soll auch nicht als Herr-
schafts- und Institutionengeschichte verstanden werden. Geschichts-
wissenschaft versteht sich heute nicht mehr als ein von wenigen Schulen geprägtes System – hier Politikgeschichte, dort Sozialgeschichte
und Alltagsgeschichte – sondern ist ein vielfältiges Neben-, Mit- und
Gegeneinander unterschiedlicher Ansätze. „Stichworte sind hier die
Postmoderne und der ‚linguistic turn'" (Daniel 1997, 197). Die entscheidende Frage lautet, was heute für historisch *bedeutsam* gehalten
wird. Alle neueren Ansätze gehen davon aus,

„dass historische Fragestellungen und Themengebiete stärker als bisher berücksichtigen sollten, dass Wahrnehmungsweisen und Sinnstif-
tungsmuster, Selbstdeutungen und Weltbilder der historischen Subjekte mindestens so wichtige Tatsachen der Geschichte darstellen wie

beispielsweise ihre sozioökonomische Lage oder ihre Zugehörigkeit zu objektiv feststellbaren Ständen, Schichten oder Klassen" (Daniel 1997, 200).

Die Entscheidung, ob als Gegenstand der Beobachtung Kultur (Deutungskultur, Handeln, Nichthandeln, Verhalten) oder Text (Diskurs, Texte) gesehen wird, macht je unterschiedliche Herangehensweisen und Methoden erforderlich: im ersten Fall interpretierend, im zweiten Fall diskurs-textanalytisch. Vor diesem geschichtswissenschaftlichen Hintergrund ergeben sich eine Fülle von Aufgaben für historische Forschung im Bereich einer oder mehrerer Pädagogiken bei Blindheit und Sehbehinderung. Denn von *einer* Geschichte kann auch in einem verhältnismäßig kleinen Bereich wie dem der historischen Behindertenpädagogik nicht ausgegangen werden.

5.1.1   Texte zur Geschichte einer Pädagogik bei Blindheit

Unterschiedliche Ansätze   Die bisherigen Arbeiten zur Geschichte der Blindenpädagogik im deutschsprachigen Raum sind vor dem Hintergrund ihrer Denk- und Analysemuster ausgesprochen interessant. Sie eignen sich hervorragend für eine Analyse ihrer Ein- und Ausschließungen und ihrer Bedeutungskonstruktion. Die Arbeiten stehen alle in der europäischen Tradition der Ideen- und Sozialgeschichte und haben zum Teil ausgesprochen umfangreiches Material gesammelt und systematisiert, wie zum Beispiel die Enzyklopädie des Blindenwesens von Alexander Mell. In diesem Werk haben Fachleute aus unterschiedlichen Ländern ihre Kenntnisse und ihr Wissen zusammengetragen, es gilt in seiner Fülle bis heute als unerreicht (Mell 1899/1900).

In die Tradition sozialgeschichtlicher Forschungen sind vor allem Rath (1983/1985/2006) und Wanecek (1969) einzuordnen. Rath hat bereits 1983 in ihrem vorzüglichen Beitrag zur Blindenpädagogik einer faktenorientierten Institutionen-, Personen- und Ideengeschichte eine gründliche Absage erteilt. Ihre Beiträge zur Geschichte der Blindenpädagogik beschäftigen sich mit der Wahrnehmung der Gruppe blinder Menschen als Gruppe, dem Verhältnis von Blindenwesen und Blindenbildung sowie mit dem Begriff Blindheit und dessen Reduktion auf ein medizinisches Verständnis (1983, 52ff.).

Tradition der Blindenanstalten   Im engeren pädagogischen Zusammenhang beschreibt sie die Entwicklung der institutionalisierten Blindenbildung unter Einschluss des Fürsorgegedankens am Beispiel der großen Blindenanstalten des

19. Jahrhunderts. Diese Blindenanstalten mit ihrem von der Wiege bis zur Bahre ausgedehnten Zuständigkeitsbereich für blinde Menschen faszinieren alle, die sich mit der Geschichte der Blindenpädagogik beschäftigen. Die meisten dieser auch heute noch einflussreichen Institutionen haben anlässlich ihrer 100-, 150- oder 200-jährigen Jubiläen Festschriften herausgegeben, in denen sowohl Elemente von Alltagsgeschichte – das Leben einer Heimbewohnerin zu Beginn des 20. Jahrhunderts – als auch von Oral History – Interviews mit ehemaligen Schülerinnen und Schülern – zu finden sind. An den Blindenbildungsanstalten kann das Zusammenwirken von Pädagogik und Fürsorge und die damit verbundene weitgehende Fremdbestimmung blinder Menschen sehr gut verdeutlicht werden.

Die Geschichte der Blindenpädagogik von Wanecek (1969) ist vor allem wegen ihrer internationalen Bezüge interessant zu lesen. Seine Intention, die Entstehung der Blindenanstalten und einer Blindenpädagogik als zeitgeschichtliches Phänomen zu analysieren, wirft die zu Beginn dieses Kapitels gestellte Frage nach den Anfängen auf. Wanecek sieht in einzelnen gebildeten und gelehrten Blinden des Mittelalters und ausgehenden Mittelalters die Vorläufer und Wegbereiter einer institutionalisierten Blindenbildung. Er stellt einen ersten Wandel in den Auffassungen über blinde Menschen in der Zeit der Renaissance fest, hält einen zweiten in der Zeit der Aufklärung für gegeben und begreift die Blindenbildung als „ein typisches Kind der Aufklärung" (1969, 15). Er bezieht sich hierbei vor allem auf das Menschenbild und auf die idealistischen und humanistischen kulturellen Tendenzen dieser Zeit, die in der *Forderung nach allgemeiner geistiger Bildung für alle* ihren pädagogischen Ausdruck fanden (1969, 45ff.).

Diese Auffassung wird gemeinhin geteilt. Es wäre jedoch interessant, sie einmal kritisch auf den zugrunde liegenden Bildungsbegriff hin zu überprüfen. Denn es ist ganz offensichtlich, dass zumindest berufliche Bildung damit eigentlich nicht gemeint sein kann, sonst müsste man den Autorinnen und Autoren, die diese Auffassung vertreten, eine europazentrierte Perspektive unterstellen. Wie anders ist es sonst zu erklären, dass wir bei Wanecek Berichte von Musikergilden in China aus der Zeit der Han-Dynastie (200 v. Chr.) finden? Zu diesen Gilden gehören neben Musikern auch Wahrsager und Geschichtenerzähler, und zwar ausschließlich blinde Menschen (Mackenzie 1959, zit. in: Wanecek 1969). In Japan erhielten blinde Menschen im 9. Jahrhundert per kaiserlichem Dekret das Monopol, den Beruf des Masseurs oder Musikers auszuüben. Wanecek berichtet von einem „wohl durchdachten Erziehungssystem" in beiden Ländern, mit neunjähriger

Ausbildungszeit für Masseure, in die Sehende nicht einbezogen waren (Farell 1958; Wanecek 1969, 29), sondern die im Sinne der heutigen peer education funktionierte. Blinde bilden Blinde aus. Die Frage, weshalb sich diese Systeme in Asien entwickeln konnten und bis ins 19. oder 20. Jahrhundert hinein gehalten haben, in Europa aber erst im 18. Jahrhundert verstärkt über die Bildungsfähigkeit von Blinden nachgedacht wurde, wird bei ihm nicht weiter verfolgt.

Und ebenso wenig diskutiert er die Frage, weshalb das eine *Bildung*, das andere *Selbsthilfe* genannt wird. Solche Fragen nach den Voraussetzungen der jeweiligen Geschichtsbetrachtung sind heute nicht nur möglich, sondern notwendig, da die Idee einer Einheitsgeschichte obsolet geworden ist.

Licht, Erkenntnis und Blindheit
Bei Spittler-Massolle (2001) kann man eine plausible Interpretation zu dieser Frage nach dem Beginn der Blindenbildung finden. Er sieht einen engen Zusammenhang zwischen der Licht- und Erkenntnisthematik der Aufklärung und der Idee, Blinde zu bilden und damit ans Licht zu führen.

„Die vielschichtigen Zusammenhänge zwischen Sehen und Denken, Licht und Bewusstsein weisen deutlich darauf hin, dass an der Wende zur Neuzeit die Grundlagen dafür geschaffen wurden, dass später in der Aufklärung das Subjekt über das Sehen konstituiert wurde" (Spittler-Massolle 2001, 102). „Welches Interesse hat nun der (aufgeklärte, R.W.) Mensch in solcher Umgebung ausgerechnet an Blinden? Er repräsentiert doch gerade den Widerpart. Der Diskurs der Vernunft mit der engen Bindung an Licht, Sehen und Aufklärung formuliert neben dem Versuch der Ausmerzung des Bösen und des Unvernünftigen auch den Blinden. So kann in der Hinwendung zum Blinden ein Akt des Mitleids oder der Rettung gesehen werden. […]. Es scheint, als wollten philanthropische Rationalisten nicht den Moment verpassen, den Blinden einzubeziehen in den steten Aufstieg der menschlichen Selbstbestimmung nach seiner Fleischwerdung (Inkarnation)" (Spittler-Massolle 2001, 98).

Es finden sich zwei unterschiedliche Interpretationsweisen desselben gesetzten Anfangszeitraumes: Bei Wanecek der *kulturgeschichtliche Zugang mit sozialgeschichtlichen Bezügen*, bei Spittler-Massolle eine *diskursanalytische, dekonstruktivistische Textanalyse*. Beide eröffnen je spezifische Zugänge zu je einer Geschichte der Blindenpädagogik.

5.1.2 Texte zur Geschichte einer Pädagogik bei Sehbehinderung

Die Beschäftigung mit historischen Aspekten der Blinden- oder auch der Gehörlosenpädagogik oder der früheren Taubblindenpädagogik bewegt sich in der Vieldeutigkeit zwischen Sinnesverlust und Erkenntnisprozess. Demgegenüber erscheinen die historischen Auseinandersetzungen um das Thema Sehbehinderung recht eindeutig auf das Auge reduziert zu sein.

Übereinstimmend sehen Benesch (1971), Mersi (1985b), Rath (1987) und Solarová (1983) drei Quellen für die Entwicklung der Sehbehindertenpädagogik: die *Blindenpädagogik*, die *Ophthalmologie* und die allgemeine *Heilpädagogik*. Ausgehend von den in **Kapitel 2.0 und 5.1.1** berichteten Vorstellungen und Verbindungen von Blindheit mit der Schatten- oder dunklen Seite der Erkenntnis müsste man davon ausgehen, dass auf dieser Ebene Sehbehinderung anders bewertet wird.

Quellen zur Sehbehindertenpädagogik

Interessant ist es, in diesem Zusammenhang die Argumentationslogik zu verfolgen, die von der Blindenpädagogik ausgeht. So argumentiert zum Beispiel Zeune nicht von der Position des Sehens, sondern von der Position der Blindheit aus:

Einfluss der Blindenpädagogik

„Ebenso glauben viele, daß die Halbblinden (daß heißt diejenigen, welche noch den Licht-, auch wohl sogar den Farbenschimmer haben), geschickter in Handarbeiten und körperlichen Verrichtungen seien als die ganz Blinden. Allein auch hier bestätigt sich, daß die Halbheit zu nichts nütze ist. Jene wähnen nämlich noch über das Gesicht alles erfassen zu können, welches aber nicht stark genug ist, sicher zu leiten, worüber sie denn die Übung ihrer eigentlichen zehn Augen [das heißt der Finger], oder des Getasts vernachlässigen" (Zeune 1821, 17).

Seheinschränkungen werden zugleich als Einschränkungen des Sehens und als Einschränkungen des „Blindens" begriffen. Die für Blinde entwickelte Tastatur – verstanden als Konzept der Tasterziehung – soll nun, da sie einmal entwickelt ist, auch ihre Gültigkeit bewahren und nicht durch Schwachsichtige in Frage gestellt werden. Halbblinde sind offenbar keine richtigen Blinden, haben aber auch mit Sehen nichts zu tun. Die Problematik der Veränderung der einmal gefundenen Methode des Tastens und der dahinterstehenden Konzepte wird bei Wanecek deutlich, der nach der Gründung der ersten Sehbehindertenschulen schreibt:

„Zwischen dem grundlegenden Gedanken des Sehschwachenunter-
richts, das sehschwache Kind durchaus als sehendes einzuschätzen
und der Methode des Tastsehens scheint ein Gegensatz zu bestehen"
(Wanecek 1925, 140).

Die dahinterstehende Idee, dass es sich mit der Eindeutigkeit des sogenannten Sinnesvikariats besser leben lässt, wird im folgenden Zitat
von Axenfeld deutlich:

„Es ist übrigens von Blindenpädagogen erörtert worden, ob man nicht
diese Schwachsichtigen in besonderen Klassen von den ganz Erblindeten trennen soll, weil die Disziplin und der Unterricht durch sie erschwert werde. Bisher hat eine solche Teilung nicht stattgefunden"
(Axenfeld, zit. n. Solarová 1983, 337).

**Blindenpädagogik
als geschlossenes
System**

Das System der Blindenpädagogik erweist sich hier als ein geschlossenes System in zweierlei Hinsicht: als *geschlossenes Anstaltssys-
tem*, das die Gemeinsamkeit der Lichtlosen gegenüber der Chaotik
des Schwachsichtigen (Schwachsinnigen) bewahren soll, und als
geschlossenes Erziehungssystem, das auf Viersinnigkeit ausgerichtet
war und in dem Sehen ebenfalls als Störfaktor galt. Mersi zufolge hat
die von Klein bereits 1819 vertretene sogenannte „usus-abusus These", wonach das schwache Sehvermögen sich durch Nutzung noch
verschlechtere, sich bis in die Mitte des 20. Jahrhunderts innerhalb
der Blindenpädagogik gehalten und den Weg zu einer eigenständigen
Sehbehindertenpädagogik erschwert (1985b, 36f.).

**Einflüsse der
Ophthalmologie**

Die ophthalmologische Wurzel der Sehbehindertenpädagogik ist
nicht weniger dominant und reduziert pädagogische Fragen auf medi-
zinisch-funktionale Aspekte. Hier spielen die Konnotationen, die sich
mit Blindheit oder Sehschwäche oder Sehen verbinden, eine geringe
Rolle. Mersi sieht vier zum Teil konkurrierende ophthalmologische
Theorien, die auf die Sehbehindertenpädagogik Einfluss hatten:

„a) Die usus-abusus Hypothese,
b) die Lehre von der Schwachsichtigkeit durch Nichtgebrauch des Auges [...],
c) diejenigen Theorien zur Entstehung der Achsenkurzsichtigkeit, die
die Einwirkung exogener Faktoren annehmen, und
d) die Lehren des amerikanischen Augenarztes W. Bates und seiner
Schüler, die psychische Verkrampfungen als Hauptursache schlech-
ten Sehens annahmen" (1985b, 41).

Viele dieser Annahmen haben sich im Alltagswissen erhalten. Das können Sie leicht überprüfen, wenn Sie die Frage, wodurch Sehverschlechterung entstehen kann, mit Personen aus unterschiedlichen Generationen diskutieren. Besprechen Sie dabei auch solche Fragen wie: Welchen Einfluss hat das Lesen mit der Taschenlampe unter der Bettdecke auf die Augen? Welchen Einfluss hat das nahe Herannehmen von Texten? Welchen Einfluss hat das Lesen bei schlechter Beleuchtung? Welcher dieser Theorien lassen sich die jeweiligen Alltagsauffassungen zuordnen?

Die usus-abusus These hatte eine lange Wirkungszeit, daraus abgeleitet wurde eine Vorstellung von *Sehschonung* gegenüber der Idee der *Sehförderung*. Unter den ersten Klassen und Schulen für Sehschwache finden sich beide Konzepte vertreten (Strasbourg, Dr. E. Redslob – Sehschonung; Berlin, Dr. G. Levinsohn – Sehförderung). Die Vorstellung der Sehförderung hat sich in den USA und Deutschland fast zeitgleich etwa ab Mitte der 60er-Jahre des 20. Jahrhunderts durchgesetzt (Barraga 1964; Beermann 1966). Die Geschichte der Sehbehindertenpädagogik ist offensichtlich geprägt durch vielfältige Abgrenzungen und der Suche nach einer eigenständigen Pädagogik. Beermanns Bemühungen um ein solches Konzept zeigen das Dilemma auf, in dem sich Sehbehindertenpädagogik befand.

Sehschonung – Sehförderung

„In der herkömmlichen Sehbehindertenpädagogik und in der Ophthalmologie beruhen die *speziellen* Sehübungen auf der Annahme, daß der verbliebene Sehrest durch ein gezieltes physiologisches Training zu verbessern und das Sehvermögen, die physiologische Leistung des Auges mit seinem makularen, peripheren und stereoskopischen Sehen, sowie die muskulare Beweglichkeit des Bulbus zu steigern seien. Diese physiologischen Sehübungen, die im pädagogischen Sinne meist inhaltsarm sind, konzentrieren sich jeweils nur auf eine der vielen Komponenten des Sehvorganges. [...]

Sehübungen

Bei der *Seherziehung* handelt es sich dagegen stets um einen pädagogischen Akt. Der Lehrvorgang, die Vermittlung allgemeinbildender Inhalte ist verschmolzen mit dem Ziel der optimalen Auswertung des Sehvermögens, d.h. *aller* am Sehvorgang beteiligten Faktoren, zu einer Einheit. Alle nur punktuellen Maßnahmen und Hilfen, wie z.B. physiologische Sehübungen und optische Hilfsmittel etc. stellen innerhalb dieser umfassenden Aufgabe der Seherziehung jeweils nur Teilfunktionen dar" (Beermann 1966, 181).

Seherziehung

Mit Beermann und Barraga kann man einen Wandel in der Betrachtung des Phänomens der hochgradigen Sehbehinderung feststellen. Sah die Sehbehindertenpädagogik ihren Zuständigkeitsbereich bis zu diesem Zeitpunkt bei einem Visus zwischen 0.3 und 0.05, so ging sie

Wandel in der Sehbehindertenpädagogik

in der Folge davon aus, „daß es bei der Erziehung Sehgeschädigter heute prinzipiell kein vernachlässigbares Sehen gibt" (Mersi 1985c, 263). Die Überlegungen Mersis zur angemessenen pädagogischen Förderung hochgradig sehbehinderter Kinder und Jugendlicher markieren darüber hinaus eine Überwindung der augen- und sehbezogenen pädagogischen Argumentation der Sehbehindertenpädagogik. Seine Vorschläge zur Neuorientierung der Erziehung basieren auf einem ganzheitlichen, alle Sinne einbeziehenden ästhetischen Konzept, das schulformunabhängig und in jedem Unterricht verwirklicht werden kann und 1998, d.h. etwa 15 Jahre später, mit den KMK-Empfehlungen zum Förderschwerpunkt Sehen eine Würdigung findet (Mersi 1985c).

5.2   Historische Pädagogik bei Blindheit und Sehbehinderung

Historische Pädagogik versteht sich immer auch als eine Geschichte der Absichten, Ziele und Realisierungen und ist daher an Personen und deren Ideen und Handlungen gebunden. Die Handlungen einzelner Pädagogen sind wiederum eingebunden in gesamtgesellschaftliche Auffassungen und Trends, teilweise stehen sie jedoch auch im Widerspruch zu diesen. Eine Einführung in die Pädagogik bei Blindheit und Sehbehinderung, die nicht einige dieser Personen nennt, bliebe unvollständig, da sich ein Teil des pädagogischen Diskurses auch heute noch mit den Vorgängern (in diesem Fall sind es fast ausschließlich Männer) und deren Schriften beschäftigt.

Unter diesen im Herrschaftsdiskurs des Systems diskutierten Menschen sind sowohl blinde, taubblinde und sehbehinderte als auch sehende Frauen und Männer – Anstaltsleiter, Lehrer und Psychologen. Sie alle haben sowohl als Praktiker in den jeweiligen Einrichtungen gearbeitet als auch sich theoretisch mit Fragen der Pädagogik beschäftigt. Vermutlich gibt es neben diesen eine ganze Reihe nicht minder interessanter und wegweisender Arbeiten von Personen, die von der nachfolgenden Fachdiskussion vernachlässigt wurden, bei denen es sich aber lohnte, sie wieder zu entdecken.

Christine Pluhar (1989) hat mit ihrem Beitrag: „Betty Hirsch – weiblich, jüdisch, blind, dreifach chancenlos?" begonnen, Elemente der sogenannten „hidden history" aufzuarbeiten, Degenhardt und Rath (2001) haben in ihren Studientexten zur Geschichte der Blinden- und Sehbehindertenpädagogik eine sehr aufschlussreiche und lesenswerte

Zusammenstellung von Textauszügen von 1822 bis heute vorgelegt. Es bleibt zu hoffen, dass diesem ersten Band der Studientexte weitere folgen mögen. Zur Oral History und biografischen Geschichtsschreibung zählt das schön edierte und spannend zu lesende Buch von Drave (1996) mit dem Titel: „Hier riecht's nach Mozart und nach Tosca", in dem 27 blinde und sehbehinderte Menschen über ihr Leben erzählen. In nahezu allen bisher erwähnten historischen Arbeiten sind Darstellungen zur Institutionengeschichte zu finden, auf diese soll im Folgenden nicht eingegangen werden.

Die folgende Auswahl beschränkt sich auf diejenigen Personen, die **Pioniere** als Pioniere in dem Gebiet der Blinden-, Mehrfachbehinderten-, Sehbehinderten- und Taubblindenpädagogik angesehen werden.

Denis Diderot (1713–1783): Seine 1749 erschienenen Briefe über die **Blindenpädagogik** Blinden zum Gebrauch für die Sehenden „Lettre sur les aveugles à l'usage de ceux qui voyent" werden in der Geschichte der Blindenpädagogik als historisches Datum für den Beginn der Blindenbildung betrachtet (Wanecek 1969; Schuber 1986), jedoch in ihrer Bedeutsamkeit sehr unterschiedlich interpretiert (Spittler-Massolle 2001).

Valentin Häuy (1745–1822): Gründer der ersten Bildungsanstalt für Blinde 1784 in Paris und Wegbereiter deutscher und russischer Blindenbildungseinrichtungen. 1786 „Essai sur l'éducation des aveugles".

Johann Wilhelm Klein (1765–1848): 1805 „Beschreibung eines gelungenen Versuches, blinde Kinder zur bürgerlichen Brauchbarkeit zu bilden" (Wanecek 1969); 1808 Gründung der ersten deutschsprachigen Blindenbildungseinrichtung in Wien. Sein 1819 erschienenes „Lehrbuch zum Unterrichte der Blinden, um ihnen ihren Zustand zu erleichtern, sie nützlich zu beschäftigen und sie zur bürgerlichen Brauchbarkeit zu bilden" (1819/1991) stellt eine erste geschlossene Konzeption der Blindenbildung dar, die in ihrer Systematik beeindruckend ist und Theorie und Praxis der Blindenbildung nachhaltig und lange beeinflusst hat.

Louis Braille (1809–1852) entwickelte 1825 eine neue Systematik der Punktschrift aus einem System von 6 Punkten, das bis heute im Prinzip gültig ist. Die später nach ihm benannte Schrift konnte sich nur zögerlich gegen den Widerstand der sehenden Lehrer durchsetzen, die befürchteten, dass sich daraus eine Geheimschrift entwickeln könnte.

Johann Knie (1794–1859); August Zeune (1778–1853): Direktoren der Blindenanstalten in Breslau 1819 und Berlin 1806 und Wegbereiter weiterer Anstaltsgründungen. Zeune, A.: „Belisar. Über den Unterricht der Blinden", 1821; Knie, J.W.: „Pädagogische Reise durch Deutschland im Sommer 1835: auf der ich eilf Blinden-, verschiedene Taubstummen-, Armen-, und Straf- und Waisenanstalten als Blinder besucht und in den nachfolgenden Blättern beschrieben habe", 1837 (beide in Degenhardt/Rath 2001).

Sehbehindertenpädagogik

Franz de Paula Gaheis (1763–1809): Pädagoge, der eng mit J.W. Klein zusammenarbeitete und bereits 1802 in seinem Beitrag „Kurzer Entwurf zu einem Institut für blinde Kinder" (1802) darauf aufmerksam machte, dass es nötig sein könnte, auch eine Erweiterung des Instituts für Halbblinde vorzunehmen. Er gilt damit als der Erste, der auf eine gesonderte Beschulung sehbehinderter Menschen aufmerksam machte.

Simon Heller (1843–1922): Direktor der israelitischen Blindenanstalt Wien, führte ein systematisches Sehtraining mit einigen seiner nicht vollblinden Schüler durch und gilt als Wegbereiter einer eigenständigen Sehbehindertenpädagogik.

Die Augenärzte **M. Bartels, H. Cohn, G. Levinsohn** und **E. Redslob** gelten gemeinhin als diejenigen Ophthalmologen, die eine eigenständige Förderung und Unterrichtung Sehbehinderter forderten. **H. Herzog** wurde als Gründer von Sehbehindertenschulen mit heilpädagogischem Hintergrund bekannt (Mersi 1985b).

Taubblindenwesen

Samuel Gridley Howe (1801–1876) war Begründer des amerikanischen Blindenwesens, vor allem auch des Taubblindenwesens, und Leiter einer der ältesten Blinden- und Taubblindeneinrichtungen in den USA, der Perkins School for the Blind. Berühmte Schülerinnen waren Laura Bridgman (geb. 1829) und Helen Keller (1881–1968), die nach ihrer Schulzeit in der Perkins School for the Blind und ihrem Jura-Studium sehr erfolgreich als Fundraiser für die American Foundation for the Blind (AFB) gearbeitet hatten.

Mehrfachbehindertenpädagogik

Pauline v. Mallinckrodt (1817–1881) war die Gründerin der Blindenschule in Paderborn, die sich für mehrfachbehinderte Schülerinnen und Schüler eingesetzt hat.

Drave, W.; Mehls, H. (Hrsg.) (2006): 200 Jahre Blindenbildung in Deutschland 1806–2006. Würzburg: edition bentheim

Degenhardt, S., Rath, W. (Hrsg.) (2001): Blinden- und Sehbehindertenpädagogik. Bd. 2 der „Studientexte zur Geschichte der Behindertenpädagogik". Neuwied: Luchterhand

Mersi, F. (1985b): Geschichte der Erziehung Sehbehinderter. In: Rath, W.; Hudelmayer, D. (Hrsg.): Handbuch der Sonderpädagogik Bd. 2. Pädagogik der Blinden und Sehbehinderten, 36–46. Berlin: Marhold

Rath, W. (1985): Geschichte der Erziehung Blinder. In: Rath, W.; Hudel-mayer, D. (Hrsg.): Handbuch der Sonderpädagogik Bd. 2. Pädagogik der Blinden und Sehbehinderten, 21–35. Berlin: Marhold

Spittler-Massolle, H.-P. (2001): Blindheit und blindenpädagogischer Blick. Der Brief über die Blinden zum Gebrauch für die Sehenden von Denis Diderot und seine Bedeutung für den Begriff von Blindheit in der Gegenwart. Frankfurt a. M.: Lang

5.3   Übungsaufgabe zu Kapitel 5

Vergleichen Sie Beermanns Aufgabenbeschreibung von Seherziehung mit der in **Kapitel 4.3.3** genannten. Wo sehen Sie Gemeinsamkeiten, wo Unterschiede und worin sehen Sie diese begründet?   **Aufgabe 21**

6 Pädagogik bei Blindheit und Sehbeeinträchtigung

6.1 Theoriebildung im Umfeld einer Pädagogik bei Blindheit und Sehbeeinträchtigung

Jede Wissenschaft strebt nach Theorien als Systematisierung des Beobachteten, nach einem Erklärungszusammenhang, der in sich plausibel, widerspruchsfrei und von größtmöglicher Aussagereichweite ist. Theorien im Feld einer Pädagogik bei Blindheit und Sehbeeinträchtigung sind an der Schnittstelle von Erkenntnistheorien, Theorien der Geistes- und Sozialwissenschaften (Philosophie, Psychologie, Soziologie und Geschichte) und pädagogischem Handeln anzusiedeln. Sie sind eher als *Anwendungstheorien* denn als *Grundlagentheorien* einzuordnen und erreichen vielfach nicht den Status von Theorien, sondern sind Ansätze und Methoden einiger weniger, die im wissenschaftlichen Feld zu wenig Resonanz erhalten haben, um ein stabiles Aussage- und Begründungssystem entwickeln zu können.

 Ansätze sollen hier als Vorläufer von Theorien verstanden werden, als Handlungspläne, die sich zwar an Theorien und Modellen orientieren, sich selbst jedoch in der Phase der Systematisierung befinden. **Methoden** sind hingegen an gleichartige Probleme gebundene Schemata des Verhaltens.

Ansätze der Blindenpädagogik Eine deutliche Bezogenheit der tradionellen blinden- und sehbehindertenpädagogischen Ansätze auf soziale Entwicklungen und gesellschaftliche Diskurse ist ebenso festzustellen wie ihre enge Verbindung zur allgemeinen Erziehungswissenschaft. Die Konzepte der *Blindenpädagogik* können hinsichtlich ihrer Bezugstheorien in anthropologische, psychologische, soziologische, hermeneutisch-bildungstheoretische, handlungstheoretische und erziehungswissenschaftliche eingeteilt werden, was allerdings der Spezifik einzelner Ansätze wiederum zu wenig entspricht. So könnte man den Entwurf von Klein (1819) und den der beiden Berliner Autoren Fromm und Degenhardt (1990) zwar nicht im engeren Sinne als soziologisch fundierten Ansatz beschreiben. Im jeweiligen gesellschaftspolitischen Bezug – bei Klein die sozialkritische Gegenposition des Ständebezugs in der Pädagogik, bei Fromm und Degenhardt die Einordnung blindenpädagogischer Fragestellungen in eine sozialistische Gesellschaftstheorie – stehen sie den heutigen ökologischen und rehabilitationssoziologischen Modellen und dem heutigen relationalen Behinderungsverständnis näher als ein hermeneutischer oder moralphilosophischer Ansatz wie der von Garbe (1959) oder Petzelt (1931). Bei der Nähe zu philosophischen, erkenntnistheoretischen Fragestellungen, die ein Nachdenken über Blindheit und Erkennen von Welt mit sich bringt, verwundert es, dass phänomenologische Theoriebezüge selten hergestellt wurden. Boldt (1993) bildet hier eine Ausnahme. Seine pädagogisch-anthropologische Frage nach dem blinden Menschen zielt auf den konkreten Bezug zwischen Erzieher und Educandus und eine hieraus konzipierte Pädagogik. Eine gute Übersicht der unterschiedlichen Konzepte und Ansätze innerhalb der Blindenpädagogik findet sich bei Mersi (1985a).

Seiner Darstellung wichtiger blindenpädagogischer Ansätze von 1800 bis etwa 1970 kann an dieser Stelle nichts hinzugefügt werden.

Mersi, F. (1985a): Konzepte der Erziehung Sehgeschädigter. In Rath, W.; Hudelmayer, D. (Hrsg.): Handbuch der Sonderpädagogik II. Pädagogik der Blinden und Sehbehinderten, 49–61. Berlin: Marhold

„Große Erzählungen" im Sinne einer umfassenden Theorie der Pädagogik bei Blindheit finden sich in der gegenwärtigen Situation eher weniger, wobei dies letztlich nicht von den in diesem Feld Arbeitenden beurteilt werden kann, sondern späteren Beobachtungen vorbehalten sein muss. Einen sehr wichtigen Beitrag zur Reformulierung des Blindheitsbegriffs der traditionellen Blindenpädagogik leistet die Arbeit von Spittler-Massolle (2001). In der konsequenten Weise, quer zur bisherigen Argumentationslogik einer Blindenpädagogik zu denken und Blindheit als konstitutives Moment des Sehens zu beschreiben, benutzt er eine Unterscheidung, die zu einer Schemarevision von blind/dunkel:sehen/Licht führen könnte. Seine Dissertation kann als Beginn einer Theoriebildung *jenseits eines defektologischen Verständnisses* gesehen werden und wird dringend zur Lektüre empfohlen:

Spittler-Massolle, H.-P. (2001): Blindheit und blindenpädagogischer Blick. Der Brief über die Blinden zum Gebrauch für die Sehenden von Denis Diderot und seine Bedeutung für den Begriff von Blindheit in der Gegenwart. Frankfurt a. M.: Lang

Auf das Basis der Lebenswelttheorie von Schütz und der Wahrnehmungstheorie von Merleau-Ponty erkundet Siegfried Saerberg blinde und sehende Wahrnehmungsstile in seiner Dissertation „Geradeaus ist einfach immer geradeaus" (Saerberg 2006). Er arbeitet in autoethnografischer Weise einen blinden Wahrnehmungsstil, eine „eigensinnige Blindenkultur" im Sinne einer eigenständigen Sozialform heraus. Mit der Entwicklung eines Typisierungsmodells von Raum als

- „subjektiv innerem Raum",
- „biografischem Raum", „der im Wissen um die Orte meiner Biografie besteht" (2006, 256),
- dem „sozialen Standardraum", der eine Struktur sozialen Wissens darstellt und
- dem „kosmischen Raum", der „das Wissen um Räumlichkeit und Körperlichkeit im generellen", das Wissen von objektivierbaren Raumstrukturen beinhaltet (2009, 259),

leistet er einen bedeutsamen Beitrag zu einer blinden Theorie des Raumes, da dieses Thema als eines der schwierigsten innerhalb der Blindenpädagogik gilt. Erst wenn wir auf die Frage „'Wie bewältigt ein blinder Mensch den Raum?' eine vernünftige Antwort geben können, wird das Blindenbildungswesen auf tragfähigem, auf gesichertem Grunde stehen" (Mansfeld 1955, 165).

 Saerberg, S. (2006): Geradeaus ist einfach immer geradeaus. Eine lebensweltliche Ethnographie blinder Raumorientierung. Konstanz: Universitätsverlag Konstanz.

Konzepte der Sehbehindertenpädagogik   Ansätze und Konzepte der traditonellen *Sehbehindertenpädagogik* können in ophthalmologische, reformpädagogische, heilpädagogische, anthropologische und emanzipatorische unterteilt werden. Auch hier finden sich Überschneidungen und Ungenauigkeiten in der Zuordnung, da der individuelle Ansatz meist ein Gefüge aus unterschiedlichen Bezugstheorien darstellt. Historisch interessant sind Ansätze, die von der Idee ausgehen, das geschädigte Auge müsse geschont werden, und mit Ansätzen konkurrieren, die eine Förderung, ein Training des geschädigten Auges für unverzichtbar halten (**Kap. 5.1.2**).

Zu unterscheiden sind ferner heilpädagogisch orientierte Ansätze von blindenpädagogisch motivierten Ansätzen der traditionellen Sehbehindertenpädagogik. Während die einen ihre Herkunft in der reformpädagogisch orientierten Heil- und Hilfsschulpädagogik sahen, lehnten die anderen einen Bezug zur Hilfsschulpädagogik ab, begriffen Sehbehindertenpädagogik eher im Sinne einer Halbblindenpädagogik. Gegenüber einer definitionsstarken Blindenpädagogik bestand die schwierige Aufgabe darin, Sehbehindertenpädagogik vom Sehen aus zu konstruieren. Nach mehreren Versuchen zu Beginn des 20. Jahrhunderts gelang es schließlich Beermann (1966) und Mersi (1985b) in Deutschland und Barraga (1964) in den USA, Sehbehindertenpädagogik in einer nicht mehr zu hintergehenden Eigenständigkeit zu fundieren.

Wie in der Blindenpädagogik finden wir auch in der Sehbehindertenpädagogik zwar verschiedene Spezialisierungen und theoriebezogene Ausarbeitungen, jedoch in den letzten 30 Jahren keine Gesamtentwürfe mehr. Dies könnte mit dem „Ende der großen Erzählungen" (Lyotard 1986) und der Beschränkung der Theorien auf engere Gegenstandsbereiche zu tun haben, wie zum Beispiel die *Entwicklung didaktischer Theorien* (Schindele 1985; Austermann 1992; Degenhardt 2003; Lang et al. 2008), das *Konzept der ästhetischen Erziehung* (Mersi 1988; Pluhar/Rath 1985), *integrative Blinden- und Sehbehindertenpädagogiken* (Hudelmayer 1978; Schindele 1977; Appelhans 1983, 1988, 1993; Rath 1987, 1990) oder die Bereiche *Technologie* (Boldt 1993; Degenhardt et al. 1996), *Medien* (Degenhardt 1999), *Typhlographik* (Fromm 1993), *Frühförderung* (Brambring 1999; Düren 1986; Walthes/Klaes 1994; Walthes 1997a; Strothmann/Zeschitz 1997), *komplexe Beeinträchtigung* (Nater 1985, 1986; Rath 1975, 1985a; Solarová 1975; Degenhardt/Henriksen 2009), *Orientierung und Mobilität* (Brambring 1994; Degenhardt, R. 1990; Weinläder 1994), Diagnostik (Walthes 2003, Hyvärinen/Jacob 2011) *Low Vision* (Nef-Landolt 1990, 1992, 1993; Rath 1986), *Psychomotorik* (Krug 2001) und vieles mehr.

Es könnte aber auch mit dem in den 1970er Jahren vollzogenen Paradigmenwechsel und einer verkürzt verstandenen Orientierung am Normalisierungsprinzip zusammenhängen.

Die gerade auch in der traditionellen Blinden- und Sehbehindertenpädagogik vehement geführte Debatte um die schulische und soziale Integration vergroberte gewissermaßen die Argumentationsstruktur auf den binären Code Gegner und Befürworter, wobei die Gegner sich als Verteidiger der Be-Sonderung auf Grund besonderer Eigenschaften ebenso wenig inhaltlich differenziert äußerten wie die Befürworter sich als Verteidiger der gemeinsamen Lebenswelt und sozialen Realität darstellten. So wichtig und unverzichtbar der Integrationsdiskurs für die Weiterentwicklung der sozialen und integrationspädagogischen Elemente der Blinden- und Sehbehindertenpädagogik war und

Einzelaspekte der Pädagogik

Integrationsdebatte

ist, so wenig geeignet war dieser Diskurs für die Herausbildung differenztheoretischer Überlegungen.

Inklusion und Differenz

Mit den zunächst ebenfalls eher sozialpolitischen Überlegungen und Forderungen nach Inklusion und einer gemeinsamen, gleichberechtigten Teilhabe und Mitwirkungsmöglichkeit aller könnte der Inklusionsbegriff, weil er auf der Differenz aufbaut, eher geeignet sein, spezifische Elemente bei grundsätzlicher Anerkennung der Gemeinsamkeiten herauszuarbeiten (Hinz 2002).

Die Möglichkeiten einer Theorie der Differenz von Blindheit und Sicht sind bisher leider nicht genutzt worden, die bisherige Inklusionsdebatte hat nicht zu einem grundsätzlichen Nachdenken über die spezifischen Wahrnehmungs- und Aneignungsweisen geführt (Hinz/Walthes 2011). Die Beobachtung von Theorien der Blindenpädagogik und solchen der Sehbehindertenpädagogik muss feststellen,

> „daß jede Beobachtungsoperation eine eigentümliche Kombination von Blindheit und Sicht ist, also auch die seine [die des Beobachters, R.W.], und daß es die Blindheit für Bestimmtes ist, die Sichten auf Bestimmtes eröffnet und daß diese Sichten ohne Blindheiten nicht zustande kämen" (Luhmann/Fuchs 1989).

Dieser Satz ist nicht nur auf die beobachteten Theorien, sondern auch auf die hier vorgenommene Analyse anzuwenden.

6.2   Der Blick über den nationalen Zaun

Eine Pädagogik bei Blindheit und Sehbeeinträchtigung ist, wie auch das gesamte System, das sich um Blindheit und Sehbeeinträchtigung organisiert hat, ohne vielfältigste internationale Kontakte, ohne weitgehende Einflüsse, ohne intensive Diskussionen nicht zu verstehen. Rath stellt dies bereits für die frühe Institutionenbildung des 19. Jahrhunderts fest. Es gilt – mit Ausnahme der nationalen Beschränkungen (im doppelten Sinne des Wortes) – in der Zeit vor dem Ersten bis nach dem Zweiten Weltkrieg.

Für die jüngere Vergangenheit in der traditonellen deutschsprachigen Blinden- und Sehbehindertenpädagogik ist vor allem die Diskussion und Adaption US-amerikanischer Konzepte kennzeichnend. Schindele und Hudelmayer stehen auf Grund ihrer Kenntnisse der Situation und Debatte in den USA in den 1970er Jahren für die Initiierung der Integrationsdiskussion, Rath für einen sowohl die schulpädagogische als auch die historische und systematische Perspektive einbeziehenden

Diskurs mit amerikanischen, englischen, aber auch skandinavischen Konzepten. Die Sehgeschädigtenpädagogik der DDR hat sich in enger Verbindung zum Diskurs der traditionsreichen osteuropäischen und russischen Typhlopädagogik entwickelt, so dass gegenwärtig ein breites Spektrum des internationalen Diskurses in der deutschen Blinden- und Sehbehindertenpädagogik repräsentiert ist. Diese wiederum hatte auch auf die Diskussion in anderen Ländern Einfluss.

Auf europäischer Ebene gab und gibt es eine Fülle gemeinsamer Forschungs- und Kooperationsprojekte zu den Themen: Hörsehbeeinträchtigung, komplexe Beeinträchtigung (MDVI), Low Vision, Frühförderung, Schule, Lehreraus- und -weiterbildung, um nur einige zu nennen. National wie international werden vor allem die Themen *cerebral bedingte Sehbeeinträchtigung, berufliche Ausbildung auf dem allgemeinen Arbeitsmarkt (supported employment), individuelle Entwicklungs- und Förderungsplanung (IEP)* sowohl in der Frühförderung als auch in der Schule, *personenbezogene Unterstützung, Ausbildung von Professionellen, Qualitätsentwicklung, komplexe Beeinträchtigungen (visual impairments and other exceptionalities), vision-rehabilitation* und *Technologien* diskutiert.

Verschiedene Fachkongresse auf europäischer Ebene verbreitern und vertiefen die Fachdiskussion. Hierbei ist einerseits eine wohltuende Entideologisierung und eine Tendenz zu flexiblen, den individuellen Bedingungen entsprechenden Bildungssystemen festzustellen, andererseits ein gewisser Pragmatismus und eine Vielfalt von koexistierenden Ansätzen und Methoden. Die Horizonterweiterung durch internationale Zusammenarbeit ist erheblich, die Überwindung unterschiedlicher Auffassungen und unterschiedlicher Definitionen eine Herausforderung.

6.3 Forschungsdesiderata

Die Forschungssituation im Feld der Rehabilitation und Pädagogik bei Blindheit und Sehbeeinträchtigung ist ausgesprochen unbefriedigend. Dies hat meines Erachtens vor allem zwei Ursachen: Fehlende Interdisziplinarität und zu geringe Ressourcen für die nichtmedizinischen Bereiche. Durch die Zunahme europäischer Kooperationsprojekte werden die Möglichkeiten zwar erweitert, die so dringend erforderliche Interdisziplinarität jedoch nicht immer hergestellt.

Lediglich an vier Hochschulen in der Bundesrepublik Deutschland und der Hochschule für Heilpädagogik in der Schweiz können die Fach-

die aktuelle Forschungssituation

Hochschulen und Lehrstühle

richtungen Pädagogik bei Blindheit und Pädagogik bei Sehbehinderung studiert werden, in Österreich gibt es Akademielehrgänge und Fort- und Weiterbildungen. Diese Studiengänge sind Lehramtsstudiengänge und leider keine geeignete Rekrutierungsbasis für die Forschung, da die Studierenden nach dem 1. Staatsexamen den Schulvorbereitungsdienst absolvieren müssen, um eine abgeschlossene Ausbildung vorweisen zu können. Da der Bedarf an Lehrerinnen und Lehrern gegenwärtig durch die ausgebildeten Studierenden nicht gedeckt ist und zukünftig eher noch steigen wird, sind Forschung und Universität in finanzieller Hinsicht und aus Laufbahngründen keine attraktive Alternative. So bewegt sich die Zahl der Dissertationen auf einem vergleichsweise niedrigen Niveau, eigenständige drittmittelfinanzierte Forschungsprojekte sind selten zu finden. Diese Situation steht in keinem Verhältnis zum Bedarf an Forschung. Ohne mit der Aufzählung eine Reihenfolge nach Bedeutsamkeit verbinden zu wollen, sollen hier einige Forschungsschwerpunkte genannt werden, mit denen sich eine Pädagogik bei Blindheit und Sehbeeinträchtigung beschäftigen müsste:

● **Altersforschung, Sehverlust im Alter:** Die Forschungen von Wahl sind ein erster, sehr wichtiger Schritt der Erschließung des Themas, gerade die ökopsychologische Ausrichtung seines Ansatzes garantiert die Erfassung komplexer Zusammenhänge (Wahl/Oswald 1996; Wahl/Schulze 2001). Einerseits ist der Hilfe- und Unterstützungsbedarf bei Sehbeeinträchtigung oder Sehverlust im Alter zu ermitteln, andererseits gilt es, zukünftig an die Bedürfnisse dieser Altersgruppe angepasste Unterstützungskonzepte zu entwickeln.

Sehen im Alter Es gibt eine Studie „Sehen im Alter", die die Versorgungsstrukturen und -herausforderungen für Deutschland ermittelt hat (Amelung et al. 2012). Diese bezieht sich allerdings nur auf die augenärztliche Situation und nicht auf Fragen der Aktivitäten und Partizipation. Die Situation sehbeeinträchtigter Menschen in stationären Einrichtungen der Altenhilfe ist bisher (noch) nicht im Fokus der Forschung, als Thema aber sehr relevant (Bender/Schnurnberger 2013).

● **CbS (cerebral bedingte Sehbeeinträchtigungen):** Die Diagnose cerebral bedingte Sehbeeinträchtigung ist in den Ländern des globalen Nordens eine der am häufigsten gestellten Diagnosen bei Sehbeinträchtigungen im Kindesalter (Roman-Lanzy 2007). Die Forschungssituation im Bereich der Neurologie hat zu wichtigen Erkenntnissen über spezifische Formen und Funktionen sowie der Veränderung der visuellen Tätigkeit geführt (Zihl/Priglinger 2002; Zihl et al. 2011; Dutton/Bax 2010). Im Feld der funktionalen Diagnostik (Hyvärinen/

Jacobs 2011; Petz 2013), vor allem aber im Bereich der Pädagogik und Intervention liegt weiterer Forschungsbedarf.

Gegenwärtig wird an der TU Dortmund im Projekt ProVisioN (processing visual information in children) mit Mitteln der Heidehofstiftung einerseits das Spektrum cerebral bedingter Sehbeeinträchtigungen im Kindesalter erforscht. Andererseits werden Unterstützungsmöglichkeiten für Kinder entwickelt und evaluiert (www.pro-vision-dortmund.de).

● **Vision Habilitation** oder **Vision Rehabilitation** ist bei Menschen mit komplexen Beeinträchtigungen und bei Sehbeeinträchtigung im Alter insgesamt zu wenig interdisziplinär erforscht. Das Projekt „Low Vision in Early Intervention in Europe" (Buultjens et al. 2001) hat erste Erhebungen europaweit durchgeführt. Diese Ergebnisse zeigen, dass erheblicher Forschungs- und Weiterbildungsbedarf in Diagnostik wie Rehabilitation besteht.

● **Didaktikforschung unter der Perspektive des gemeinsamen Lernens** ist rudimentär, was den Einbezug der individuellen Kompetenzen und Strategien der Schülerinnen und Schüler anbelangt. Im Bereich der Mathematik, der wahrnehmungsbasierten Didaktik des gemeinsamen Unterrichts (Ahlberg/Csocsán 1997; Csocsán 2001; Csocsán et al. 2002; Hahn 1998; Leuders 2012) und des Sportunterrichts (Thiele 2001) finden sich entwickelte Ansätze. Einen Überblick gibt hier der Bd. 2 Didaktik des Unterrichts mit blinden und hochgradig sehbehinderten Schülerinnen und Schülern (Lang et al. 2011). Der Frage der sogenannten Zweikulturtechniken bei Schülerinnen und Schülern, die sich zwischen Techniken bei Sehbeeinträchtigung und bei Blindheit bewegen, ist kaum empirisch erforscht (Rode 2011).

Das Projekt ISaR (Inclusive services and rehabilitation) ist ein virtuelles Kompetenzzentrum zur Weiterentwicklung der Didaktikdiskussion und zur Bereitstellung von Informationen und Materialien für den gemeinsamen Unterricht von Kindern mit und ohne Sehbeeinträchtigung. Die Plattform hat sich zu einem Diskussionsforum und Ideenpool für inklusiven Unterricht entwickelt (www.isar-projekt.de). **ISaR-Projekt**

In *rehabilitationspsychologischen* und *rehabilitationssoziologischen Fragestellungen* spielt die Gruppe blinder und sehbeeinträchtigter Menschen oft nur eine marginale Rolle. Blindheit rangiert in der Einstellungs-Urteilsforschung konstant auf einem der ersten Plätze, wenn es um die Nichtvorstellbarkeit geht, hier wären differenzierte weitere Forschungen zur Qualität des Vorurteils und seiner Veränderung dringend erforderlich (die Studie von Thimm liegt nahezu 40 Jahre zurück, Thimm 1976). Die Gesundheitssituation blinder Menschen, die

Situation blinder Frauen, deren Lebensentwürfe und -gestaltung, wie auch das Thema Gewalt gegen Menschen mit einer Sehbeeinträchtigung und komplexen Beeinträchtigungen sind zukünftig zu bearbeitende Themen.

Selbstbestimmung   Das Thema *Selbstbestimmung* im Sinne der Selbstbestimmt-Leben-Bewegung (Drolshagen/Rothenberg 1998; MOBILE 2001; Rothenberg 2002; Steiner 2002) und die Forschungen zur „Personenbezogenen Unterstützung und Lebensqualität" (Wansing et al. 2002) sollten in ihrer Relevanz für die Situation von Menschen mit einer Sehbeeinträchtigung überprüft und entsprechende Konzepte, wie zum Beispiel das Assistenz-Konzept (MOBILE 2001), weiter ausgebaut werden (Drolshagen/Rothenberg 2011).

Raumwahrnehmung   Ein in der Fachliteratur zur Blindenpädagogik dominantes Thema, das unter der Perspektive Sehbeeinträchtigung noch zu wenig diskutiert wird, ist die Frage des *Raumverständnisses* und der *Raumaneignung*. Die von Mansfeld 1955 formulierte These: „Erst wenn wir auf unsere Frage: ‚Wie bewältigt ein blinder Mensch den Raum?‘ eine vernünftige Antwort geben können, wird das Blindenbildungswesen auf tragfähigem, auf gesichertem Grunde stehen" (165), ist bis heute nicht zufriedenstellend bearbeitet. Sie scheint gegenwärtig keine prinzipielle Frage mehr zu sein, denn sie wird innerhalb der Literatur zu Orientierung und Mobilität eher selten behandelt. In der Pädagogik bei Blindheit und Sehbeeinträchtigung haben sich vor allem Millar (1994) und Spittler-Massolle (2001) und in jüngster Zeit Saerberg (2006) mit der Raumwahrnehmung beschäftigt. Die Ergebnisse der Überlegungen und Studien und die zunehmende Diskussion um relativistische Raumkonzepte in Geografie, Architektur, Raumplanung und Wahrnehmungsforschung sollten Anlass für Studien zu einer Reformulierung des Raumverständnisses in der Pädagogik bei Blindheit und Sehbeeinträchtigung sein.

Unterrichtsforschung in inklusiven Settings bezüglich der Bedingungen und Vorstellungen der Lehrerinnen und Lehrer sowie *Qualitätsentwicklung und -sicherung* (Degenhardt 1998, 2012; Leuders/Walthes 2004; Hinz/Walthes 2009) sind Themen, die noch nicht befriedigend bearbeitet sind. *Neue Technologien* und die *Adaption neuer Verfahren*, vor allem neuer Softwareentwicklungen, stellen eine ständige Herausforderung an die Rehabilitationsforschung dar und sind in Kooperation mit beteiligten Unternehmen weiterzuentwickeln.

6.4　Übungsaufgabe zu Kapitel 6

Wie könnte Ihres Erachtens die unbefriedigende Forschungssituation **Aufgabe 22**
im Feld der Rehabilitation und Pädagogik bei Blindheit und Sehbeeinträchtigung verändert werden?

Anhang

Glossar

In Klammern ist jeweils die englische Bezeichnung angegeben.

Adaption (adaptation); auch: Adaptation: Anpassung des Auges an Veränderung der Lichtverhältnisse oder der Entfernung des angeschauten Objekts

Akkommodation (accomodation): In Ruhestellung ist das Auge fernakkomodiert, d.h. Objekte in der Ferne können scharf gesehen werden. Je geringer der Abstand der fixierten Objekte, desto mehr muss die Brechkraft der Linse erhöht werden. Dies geschieht durch den Ciliarmuskel, der die Krümmung der Linse regulieren kann.

Amaurose (amaurosis): Lichtscheinlose Blindheit

Amblyopie (amblyopia): Angeborene oder erworbene Schwachsichtigkeit aufgrund einer Entwicklungsstörung des Sehvermögens, z.B. infolge von Schielen oder Linsentrübung

Andragogik (andragogy, adult education): Erwachsenenbildung

Aniridie (aniridia): Fehlen der Regenbogenhaut (Iris)

anteriorisch (anterior): bezügl. des Teils des *visuellen Systems*, der das Auge und die vorderen Sehbahnen bis zum *lateralen Kniehöcker oder* bis zu einem *tectalen* Nukleus einschließt

Antiepileptika (antiepileptics): Medikamente gegen Epilepsie

Area Striata (striate cortex): Erster Teil des *visuellen Kortex* (auch „V1"), der Signale direkt aus dem *lateralen Kniehöcker* erhält und an verschiedene andere Gebiete des *visuellen Cortex* weiterleitet

Auge-Hand-Koordination (eye-hand-coordination): Fähigkeit, die Bewegungen von Hand und Arm im Einklang mit den Informationen zu steuern, die durch das Sehen gewonnen werden

Auflösungsvermögen (resolution): Maß der Fähigkeit, zwei Objekte noch als getrennt wahrzunehmen

Autopoiesis (autopoiesis): griechisch „Selbsterzeugung", auch Autopoiese oder **Selbstorganisation**. Autopoietische Systeme vermögen ihre eigenen Elemente zu reproduzieren und dadurch die eigene Einheit und Kohärenz aufrechtzuerhalten. Sie sind daher selbstreferentiell, d.h. selbstrückbezüglich.

Axon (axon): langer, dünner Fortsatz eines *Neurons*, in dem Aktionspotenziale weitergeleitet werden zu anderen Neuronen

CHARGE-Syndrom/CHARGE-Assoziation: häufigste Ursache für angeborene Hörsehschädigung; Hauptsymptome: Kolobom des Auges (C), Herzfehler (H), Atresie der Choanen (Blockade oder Verengung des Nasenganges) (A), retardierendes (vermindertes) Längenwachstum und Entwicklungsverzögerungen (R), Anomalien der äußeren Geschlechtsorgane (G), Fehlbildung des Ohres (Ear) (E).

Copingstrategie (coping strategy): Strategie des Umgangs und der Bewältigung einer als problematisch empfundenen Situation
Crowding: Trennschwierigkeiten bei nahe beieinander liegenden visuellen Anforderungen

degenerative Netzhautveränderung (retinal degeneration): Fortschreitendes Funktionsloswerden der *Netzhaut*
deiktisch (deictic): hinweisend, zeigend
Dendrit (dendrite): dünne Fortsätze ausgehend vom Zellkörper eines *Neurons*, die an *Synapsen* chemische Signale (Neurotransmitter) von anderen Neuronen aufnehmen und diese in elektrische Aktivität entlang der Zellmembran umwandeln
Diagnostik (assessment): im pädagogisch-psychologischen Bereich: Prozess, in dem die Fähigkeiten und Bedürfnisse einer Person ermittelt werden
Dorsaler Informationsstrom (dorsal stream): Aufwärtsgerichtete Verbindung zwischen *visuellem Cortex und Parietallappen.* Im dorsalen Strom werden die Raumwahrnehmungen, sowohl des egozentrischen wie auch des allozentrischen Raumes, die als Landkarten für das Planen der motorischen Funktionen benutzt werden, weitergeleitet.

egozentrische Position (egocentric position): Position eines Objekts relativ zum Beobachter
Epidemiologie (epidemiology): Wissenschaft von der Entstehung und (räumlichen) Ausbreitung eines Krankheitsbildes innerhalb einer Population
Ergotherapie (occupational therapy): Arbeits- und Beschäftigungstherapie
extrastriat: Struktur des occipitalen Kortex in unmittelbarer Nähe zum primären visuellen Kortex (striate cortex)
exzentrische Fixation (eccentric fixation): *Fixation* auf ein Gebiet der Netzhaut außerhalb der *Makula.* Die Person scheint für den Beobachter an dem Objekt vorbeizusehen, das sie anschaut.

Fernvisus (distance visual acuity): Sehschärfe in der Ferne, bei entspanntem Ciliarmuskel (s. *Akkomodation*)
Fixation (fixation): Ausrichtung der Augen so, dass der Brennpunkt in beiden Augen in der *Fovea* liegt
Förderbedarf (special needs): Bereich, in dem ein Kind besondere Förderung benötigt
Formsehschärfe (form vision): Sehschärfe bei der Erkennung von Formen (z. B. Buchstaben, Zahlen)
Fovea (centralis) (fovea [centralis]): Zentrum der Makula, Stelle des schärfsten Sehens
funktionales Gesichtsfeld (functional visual field): Beschreibung des *Gesichtsfeldes*, bei der nicht nur die Größe, sondern auch die Qualität eine Rolle spielt. Dabei werden auch verschiedene Kontraste, Bewegungssehen und die unterstützende Funktion des Kurzzeitgedächtnisses einbezogen.

Geragogik (senior citizens education): Bildung im Alter
Gesichtsfeld (visual field): Sichtbarer Ausschnitt bei unbewegtem Auge
Gittersehschärfe (grating acuity): Sehschärfe beim Betrachten eines Streifenmusters

Glaukom (glaucoma): auch: grüner Star. Erhöhter Augeninnendruck, durch den Netzhaut und Sehnerv geschädigt werden können

Hell-Dunkel-Adaption (adaptation to light and darkness): Anpassung des Auges an den Wechsel von Lichtverhältnissen
hereditär (hereditary): erblich, ererbt
hermeneutisch (hermeneutic): wissenschaftliche Methode des Verstehens und Erschließens von Texten, Kunstwerken und Musikstücken
Hörsehschädigung: gleichzeitige Schädigung von Sehen und Hören bis hin zu Taubblindheit
Hyperaktivität (attention deficit/hyperactivity disorder): auch: Aufmerksamkeitsdefizitstörung, äußert sich in motorischer Unruhe, Impulsivität, geringem Konzentrationsvermögen
Hyperokular (hyperocular): Hyperokulare sind spezielle Brillen, mit denen eine bis zu 12fache Vergrößerung erreicht wird. Dies wird durch eine sog. Überaddition von bis zu 48 Dioptrien erreicht. Sie sind jedoch nur im Nahbereich einzusetzen.
Hyperopie (hyperopia): Weitsichtigkeit

Inklusion (inclusion): Einbezogensein als gleichberechtigtes Mitglied der Gesellschaft; der Begriff ist weiter gefasst als „Integration".
Interdisziplinarität (interdisciplinarity): Fach- und professionsübergreifende Zusammenarbeit an einem gemeinsamen Projekt

Katarakt (cataract): auch: Linsentrübung, grauer Star; führt zu Sehbehinderung oder Blindheit
kongenital (congenital): angeboren
Konstruktivismus (constructivism): Erkenntnistheorie, die auf der Annahme beruht, dass es keine für Menschen subjektiv erfahrbare objektive Wirklichkeit gibt
Kontrastsensibilität (contrast sensitivity): Fähigkeit zur Wahrnehmung von Leuchtdichteunterschieden
Konvergenz (convergence): Winkel, um den die Augen nach innen gerichtet werden, um ein Objekt in einer bestimmten Entfernung zu fixieren
Kortex (cortex): Großhirnrinde: Evolutionär jüngster Teil des Gehirns. Der Kortex ist beim Menschen der umfangreichste Teil des Gehirns und besteht aus stark gewundenen Zellschichten, die sich oben und seitlich um den Rest des Gehirns legen.
kortikal (cortical): bezügl. des *Kortex*

lateraler Kniehöcker (lateral geniculate nucleus): Kern im Thalamus (Kleinhirn), in das der größte Teil der Axone von der *Netzhaut* und von dem aus Axone in den *visuellen Kortex* führen
Lokomotion (locomotion): Bewegung, Fortbewegung eines Organismus aus eigener Kraft
Lorm-Alphabet (lorm alphabet): Kommunikationsform bei Menschen mit *Hörsehschädigung*. Buchstaben werden durch Tippen und Streichen auf der Handfläche wiedergegeben.

magnozellular (magnocellular): Dicke, magnozellulare Fasern sind dominant in den *tectalen Bahnen*. Sie übermitteln die Bewegungsinformation und schwarzweiß Informationen mit niedrigem Kontrast.

Makula (lutea) (macula (lutea)): Gelber Fleck, Netzhautmitte. Dort befindet sich die dichteste Ansammlung von *Zapfen*, die für das Farben- und Tagessehen verantwortlich sind.

Makuladegeneration (macular degeneration): Fortschreitendes Funktionsloswerden der Makula mit sich entwickelndem *Zentralskotom*

Mehrfachbehinderung (multiple disabilities): Komplexes Bedingungsgefüge verschiedener Schädigungen im motorischen, sensorischen, kognitiven und/oder emotionalen Bereich

Muskeldystrophien: (muscle distrophy) Muskelerkrankungen, in deren Verlauf es zu Muskelschwäche und Muskelschwund kommt

Muskeltonus (muscular tonus): Grundspannung der Muskulatur

Myopie (myopia): Kurzsichtigkeit

Nahvisus (near visual acuity): Sehschärfe in der Nähe, z.B. beim Lesen, Ciliarmuskel angespannt (s. Akkommodation)

Netzhaut (retina): Retina; Photorezeptoren und weitere Nervenzellen auf dem Augenhintergrund, die das auftreffende Licht in elektrische Impulse umwandeln

Neuroleptika (neuroleptic drugs): Psychopharmaka mit antipsychotischer, sedierender und psychomotorisch dämpfender Wirkung

Neurologie (neurology): Wissenschaft vom Aufbau und der Funktion des Nervensystems

Neuropädiater (neuropediatrist): Kinderneurologe

Neurotoxikosen: auf Gifteinwirkungen beruhende Schädigung des Nervensystems

Nystagmus (nystagm): Augenzittern, nicht beeinflussbare, schnelle Bewegungen der Augen

Okulomotorik (oculo-motoric system): Bewegungsapparat der Augen, durch den u.a. *Fixation, Akkommodation und Konvergenz und Folgebewegungen* ermöglicht werden

Ontogenese (ontogenesis): Entwicklung eines Individuums von der Eizelle bis zum Tod

Ophthalmologie (ophthalmology): Augenheilkunde

Oszillation (osc2illation): Schwingung, Schwankung

Pädiatrie (pediatrics): Kinderheilkunde

Parietallappen (parietal lobe): Bereich des *Cortex* oberhalb des primären *visuellen Cortex, Teil* des *dorsalen* Systems

Partizipation (participation): Teilhabe, z.B. am Leben in der Gesellschaft

parvozellular (parvocellular): Dünne parvozellulare Fasern leiten alle Farbinformationen und die schwarzweiß Informationen mit hohem Kontrast weiter. Dieser Typ ist dominant in den *retinocalcarinen Bahnen.*

Pathologie (pathology): Lehre von den Krankheiten und der durch sie bewirkten körperlichen Veränderungen

perinatal (perinatal): den Zeitraum um die Geburt herum betreffend

peripheres Gesichtsfeld (peripheral vision): Bereich des Gesichtsfeldes außerhalb der *Makula*

periventriculäre Leukomalazie (periventricular leucomalacia): auch: PVL. Mit periventrikulärer Leukomalazie (periventrikulär: um die mit Hirnwasser gefüllten Räume gelegen, Leukomalazie: Schädigung der weißen Substanz) bezeichnet man eine Schädigung des Gehirns, die insbesondere bei Frühgeborenen auftritt. Durch eine Sauerstoffmangelsituation kommt es zu einem Absterben von Hirnzellen in dem besonders empfindlichen Bereich, der periventrikulär gelegen ist. Im weiteren Verlauf und vom Ausmaß abhängig bilden sich in diesem Bereich dann Zysten aus. Ebenfalls vom Ausmaß abhängig ist die Auswirkung dieser Schädigung, im Vordergrund stehen Ausfälle der motorischen Funktion. Meist kann man aber erst im Laufe der Entwicklung die Schädigung genau feststellen. Auch das Sehen kann betroffen sein (*cerebral bedingte Sehbeeinträchtigung*).

posteriorisch (posterior): bezügl. des Teils des visuellen Systems, der die hinteren Sehbahnen vom *lateralen Kniehöcker* oder einem *tectalen* Nucleus bis in den *Kortex* einschließt

postnatal (postnatal): nach der Geburt

pränatal (prenatal): vor der Geburt

Prävalenz (prevalence): med.: Anzahl von Erkrankten oder Ereignissen in einer bestimmten Population zu einem bestimmen Zeitpunkt

progrediente Sehschädigung (progressive visual impairment): fortschreitende Sehschädigung

Pulvinar (pulvinar): Über das Pulvinar werden die *tectalen Bahnen* in *visuell-subkortikale Strukturen* weitergeleitet. Über die Funktion des Pulvinars kann man nur durch Interpretation seiner Verbindungen und der Symptomatik bei Läsionen Vermutungen anstellen. Demnach ist das Pulvinar wahrscheinlich ein Integrationskern sensorischer Information (besonders visueller) in assoziative Aufgaben des Gehirns (z.B. Sprache). Dieser Verbindung werden auch *okulomotorische* Funktionen beigemessen.

Refraktionsfehler (refractive error): Fehlerhafte Brechung des Lichts im Auge, so dass keine scharfe Abbildung auf der *Netzhaut* entsteht, z.B. Kurzsichtigkeit

retinocalcarine Bahn (retinocalcarine pathway): Die retinocalcarinen Bahnen führen die Informationen von der Netzhaut bis zur *Area Striata (V1)*.

Retinopathia pigmentosa (retinitis pigmentosa): auch: Retinitis pigmentosa, Abk. RP: rezessiv vererbte Degeneration der *Netzhaut*, führt zu *Gesichtsfeldeinengung* (Flintenröhrengesichtsfeld)

Retinopathia praematurorum (retinopathy of prematurity): Schädigung der *Netzhaut* bei zu früh geborenen Säuglingen, verursacht durch die Sauerstoffgabe im Inkubator (Brutkasten) in Verbindung mit der Unreife der Netzhaut

Sakkade (saccade): Sakkaden sind kleine, ruckartige Bewegungen des Augapfels, die dazu dienen, die *Fovea* nacheinander auf verschiedene Teile des Blickfeldes zu richten, so dass Einzelheiten der betrachteten Szene am deutlichsten unterschieden werden können (z.B. beim Lesen).

schwerbehindert (severely handicapped): gesetzliche Klassifikation von Behinderungen und chronischen Krankheiten. Wer als schwerbehindert gilt, kann bestimmte Vergünstigungen und Unterstützungsmöglichkeiten in Anspruch nehmen, abhängig von Form und Ausprägung der Behinderung.

Sedativa (depressant): Beruhigungsmittel

Sehnerv (optic nerve): Nervus optikus; Nervenbahn, auf der die Nervenimpulse vom Auge (Netzhaut) ins Sehzentrum im hinteren Teil des Gehirns laufen

Sehnervenkreuzung (optic chiasm): Chiasma optikum; Kreuzung der *Sehnerven*

hinter dem Auge. Dabei kreuzen sich die Sehnervfasern, welche die Impulse der inneren (nasenseitigen) *Netzhauthälften* weiterleiten, so dass Impulse vom linken Auge in die rechte Gehirnhälfte laufen und umgekehrt. Die Nervenfasern der äußeren *Netzhauthälften* verlaufen ungekreuzt.

Sehstrahlung (optic radiation): Axone, durch die optische Information vom *lateralen Kniehöcker* in den *visuellen Kortex* geleitet wird

Sinnesvikariat: Annahme, dass bei Ausfall eines Sinnes die anderen Sinneswahrnehmungen deren Aufgabe übernehmen (ältere Annahme)

Spasmus (spasm): unwillkürliche Erhöhung der Muskelspannung

Stäbchen (rods): Sehzellen für das Dämmerungssehen

Statuomotorik (postural function): Motorik im Dienste der Körperhaltung u. Gleichgewichtserhaltung

Stereotypie (stereotypic behaviour): Wiederholen der gleichen Ausdrücke, Bewegungen über längere Zeiträume

Synapse (synapse): kleiner Zwischenraum zwischen *Axon* eines Neurons und *Dendriten* eines anderen Neurons, über den durch Neurotransmitter Informationen weitergegeben werden

Synästhesie (synesthesia): Zusammenwirken aller Sinne, ganzheitliche Wahrnehmung

Tadoma (tadoma): Kommunikationsform bei *Hörsehschädigung*. Gesprochene Sprache wird durch Berührung von Gesicht (v.a. Mund) und Hals des Sprechers wahrgenommen.

tectale Bahn (tectal pathway): Ein Teil der visuellen Information wird durch die sogenannten tectalen Bahnen direkt zur *parietalen Hirnrinde* überführt, allerdings ohne Bildanalyse, stattdessen aber mit einer hohen Effektivität des Bewegungssehens. Diese Bahnen zweigen vor dem *lateralen Kniehöcker* von den *retinocalcarinen* Fasern ab und leiten durch den *Vierhügel (Colliculus superior)* und das *Pulvinar* die Informationen an zahlreiche *subkortikale* und *kortikale* Bereiche weiter.

Temporallappen (temporal lobe): Teil des *Kortex (ventrales* System), der hauptsächlich mit Identifikation und Kategorisierung visueller Objekte beschäftigt ist

Tetraplegie (tetraplegia): Lähmung aller vier Gliedmaßen (Arme und Beine), bei *Cerebralparese*

Transdisziplinarität (transdisciplinarity): *Interdisziplinäre* Zusammenarbeit, in der sich die einzelnen Disziplinen ihre Arbeitsweisen und -ergebnisse wechselseitig transparent machen

Typhlopädagogik (Typhlo-Pedagogy): Teilgebiet der Blindenpädagogik, das sich mit der Gestaltung von Reliefdarstellungen und der Tasterziehung befasst

Usher-Syndrom (usher-syndrome): Erkrankung, bei der eine Kombination von Hör- und Sehbeeinträchtigung (RP) auftritt. Es existieren drei unterschiedliche Formen (Usher I-III)

Ventraler Informationsstrom (ventral stream): Abwärtsgerichtete Verbindung zwischen *visuellem Kortex* und Temporallappen. Im ventralen Strom sind überwiegend die Funktionen des Wiedererkennens: geometrische Formen, Größe, Linienrichtungen, Zahlen, Buchstaben, Gesichtsformen, Gesichtsausdrücke, Objekte und Figur-Grundwahrnehmung, Farben, Bewegung etc.

Visueller Kortex (visual cortex): Teil des *Kortex*, der für die Prozessierung visueller Information zuständig ist

Visuelles System (visual system): Oberbegriff für alle Elemente des Körpers, die mit dem Sehen zu tun haben, vom Auge über die subkortikalen Zentren bis hin zum *Kortex*

Visuomotorik (visual-motoric coordination): Koordination von Sehen und Bewegung

Visuozentrismus: Grundeinstellung, bei der das Sehen in den Mittelpunkt gestellt wird als wichtigste Wahrnehmungsquelle und Grundlage der Welterfahrung. Daraus folgt dann, dass blinde Wahrnehmung als grundsätzlich defizitär verstanden wird.

Visus (visual acuity): Sehschärfe, optisches *Auflösungsvermögen*. Angabe in Prozent oder als Bruchzahl, 1 bzw. 100% bezeichnet „normales Sehvermögen"

Zapfen (cones): Sehzellen für helles Licht und Farben

zentrales Gesichtfeld (central visual field): Gesichtsfeld im Bereich der Makula

Zentralskotom (central scotoma): Gesichtsfeldausfall im Bereich der Makula

zerebral (cerebral): das Gehirn betreffend

zerebrale Sehschädigung (cerebral visual impairment): Sehschädigung, die durch eine Hirnschädigung ausgelöst wird. Die Augen selbst sind nicht betroffen.

Zerebralparese (cerebral palsy): motorische Schwäche ausgelöst durch eine Hirnschädigung, gekennzeichnet durch funktionsinadäquate, unwillkürliche Bewegungsabläufe

Organisationen und Internet-Adressen

Bund zur Förderung Sehbehinderter
www.bfs-ev.de

Selbsthilfe und Elternvereinigungen

Deutscher Blinden- und Sehbehindertenverband e.V.(DBSV)
www.dbsv.org

Deutscher Verein der Blinden und Sehbehinderten in Studium und Beruf e.V. (DVBS)
www.dvbs-online.de

PRO RETINA – Selbsthilfevereinigung von Menschen mit Netzhautdegenerationen
www.pro-retina.de

Blinden- und Sehbehindertenverband Österreich (BSVÖ)
www.blindenverband.at

Albinismus Selbsthilfegruppe
www.albinismus.de

Bundesverband Glaukom-Selbsthilfe e.V.
www.bundesverband-glaukom.de

Schweizerischer Zentralverein für das Blindenwesen (SZB)
www.szb.ch

Integrationskinder – Informations- und Kontaktseite zur Integration sehbehinderter und blinder Kinder
www.integrationskinder.org

Bundesvereinigung der Eltern blinder und sehbehinderter Kinder e.V. (BEBSK e.V.)
www.bebsk.org

Freunde blinder und sehbehinderter Kinder e.V.
www.blindekinder.de

Anderes Sehen e.V. zur Förderung blinder Kinder. Initiative zur Förderung und autonomen Mobilität blinder Kleinkinder. Klicksonar (bildgebende Echoortung)
www.anderes-sehen.de

Fördergemeinschaft für Taubblinde e.V., Bundeselternvertretung Deutschland
www.taubblinde.de/fgt0001.htm

Schule *ISaR – Projekt zur Integration von Schüler/innen mit einer Sehschädigung an Regel- und anderen Sonderschulen.*
Die Website bietet ein umfassendes Informationsangebot u.a. mit didaktischen und methodischen Anregungen, umfassende Literatur- und Materialdatenbanken sowie Links und Adressen zum Thema Blindheit/Sehbehinderung u.v.m.
http://isar-projekt.de

Empfehlungen der Kultusministerkonferenz zur Sonderpädagogischen Förderung
www.kmk.org/bildung-schule/allgemeine-bildung/sonderpaedagogische-foerderung.html

Verein zur Förderung der Blindenbildung (VzFB)
Hilfsmittel, Punktschriftliteratur etc.
www.deutscherhilfsmittelvertrieb.de

Mediengemeinschaft für blinde und sehbehinderte Menschen (Medibus e.V.)
www.medibus.info

Deutsche Zentralbücherei für Blinde zu Leipzig (DZB)
Produktion von Punktschriftbüchern
www.dzb.de

Vereine/Verbände *Verband Sonderpädagogik e.V. (VDS)*
www.verband-sonderpaedagogik.de

Verband der Blinden- und Sehbehindertenpädagogik e.V. (VBS).
www.vbs-gs.de
Adressenverzeichnis aller Frühfördereinrichtungen, Schulen und Ausbildungsstätten.
www.vbs-adressen.de

Bewegung im Dialog e.V. Zentrum für systemische Bewegungstherapie und Kommunikation. Bewegung im Dialog e. V. bietet u.a. Kurse und Wochenenden für Familien mit einem Kind/Jugendlichen mit Sehbeeinträchtigung an.
www.bewegung-im-dialog.de

Seh-Netz e.V. Infoportal für Blinde und Sehbehinderte
www.seh-netz.info

Braille *Braille Bug Site.* Seite der American Foundationforthe Blind (AFB) mit einer Einführung in die Brailleschrift, Spielen und Biografien von Helen Keller und Louis Braille.
www.afb.org/braillebug

Braille on the Internet. Umfassende Linksammlung zum Thema Braille.
www.nyise.org/braille.htm

Seite rund um die Brailleschrift auf Deutsch und Englisch
www.braille.ch

Lea Hyvärinens Homepage. Umfassende Information zum Thema Low Vision im **Low Vision**
Kindesalter (u.a. Assessment und Förderung, Kinder mit Mehrfachbeeinträchti-
gungen und Hörsehschädigung)
www.lea-test.fi

A. Schweizer Low Vision-Stiftung
www.lowvision-stiftung.de

Lighthouse International
www.lighthouse.org

Projekt ProVisIoN (Processing visual information in children) Informationen zum
Thema cerebral bedingte Sehbeeinträchtigungen
www.pro-vision-dortmund.de

Berufsverband der Rehabilitationslehrer/innen für Blinde und Sehbehinderte. Le-   **Orientierung**
benspraktische Fähigkeiten   **und Mobilität,**
www.rehalehrer.de   **Alltagspraktische**
                                                                                      Fertigkeiten

FOKUS e.V. Verein zur Förderung der selbständigen Lebensführung Blinder und
Sehbehinderter
www.fokus-ev.de

IRIS. Institut für Rehabilitation und Integration Sehgeschädigter (IRIS) e.V.
www.iris-hamburg.org

ISIS. Institut für Soziale Integration Sehbehinderter und Blinder e.V.
Balthasarstr. 12, 50670 Köln, E-Mail: Inst.ISIS@t-online.de

RES. Rehabilitationseinrichtung für Sehgeschädigte
www.blista.de/res

BIK: Barrierefrei informieren und kommunizieren
www.bikonline.info/index.php

American Foundation for the Blind (AFB). Verlag mit Büchern und Zeitschrif-   **Internationale Links**
ten zum Thema Blindheit/Sehbehinderung (u.a. Journal of Visual Impairment and
Blindness)
www.afb.org

Association for Education and Rehabilitation of the Blind and Visually Impaired
(AER)
www.aerbvi.org

European Agency for Development in Special Needs Education
http://european-agency.org

International Council for Education of People with Visual Impairment (ICEVI)
www.icevi.org

ICEVI – Europe
www.icevi-europe.org
Harry's Visible Links. Internationale Linksammlung zum Thema Sehschädigung mit mehr als 2000 weltweiten Links
http://home.swipnet.se/macula-lutea/links.html

Scottish Sensory Centre, University of Edingburgh (SSC)
www.ssc.education.ed.ac.uk/

Universitäten   *Humboldt-Universität zu Berlin*
Philosophische Fakultät IV, Institut für Rehabilitationswissenschaften, Abteilung Blinden- und Sehbehindertenpädagogik
www.reha.hu-berlin.de/lehrgebiete/bsp

Technische Universität Dortmund
Fakultät Rehabilitationswissenschaften, Rehabilitation und Pädagogik bei Blindheit und Beeinträchtigung des Sehens
www.blindheit-sehen-wahrnehmung.de

Universität Hamburg
Fachbereich Erziehungswissenschaft, Institut für Behindertenpädagogik, Wahrnehmung und Kommunikation; Blinden- und Sehbehindertenpädagogik
www.epb.uni-hamburg.de/de/Behindertenpaedagogik

Pädagogische Hochschule Heidelberg
Fakultät I, Fachrichtungen Blinden- und Sehbehindertenpädagogik
www.ph-heidelberg.de/blinden-und-sehbehindertenpaedagogik.html

Philipps-Universität Marburg
Fachbereich Erziehungswissenschaften in Kooperation mit der Deutschen Blindenstudienanstalt Marburg, Weiterbildungsmaster „Blinden- und Sehbehindertenpädagogik"
www.uni-marburg.de/fb21/studium/studiengaenge/wb-bsp
Zusatzqualifikation „Sport mit Sehgeschädigten"
www.uni-marburg.de/fb21/sportwiss/lehre/lehramtsstudium/zusatzqualis/zq_sehgesch

Interkantonale Hochschule für Heilpädagogik Zürich
Master Studiengang Schulische Heilpädagogik (u.a. Blinden- und Sehbehindertenpädagogik)
www.hfh.ch/schulische-heilpaedagogik/

Literatur

Adams, P. F.; Marano, M. A. (1995): Current estimates from the National Health Interview Survey. In: Vital and Health Statistics, Series 10, No. 193. Hyattville, MD: National Center for Health Statistics

Adelson, E.; Fraiberg, S. (1974): Gross motor development in infants blind from birth. In: Child Development, 45, 114–126

Ahlberg, A.; Csocsán, E. (1997): Blind children and their experience of numbers. Göteborg Univ., Inst. för Specialpedagogik: Mölndal

Aitken, S.; Buultjens, M. (1992): Vision for Doing: Assessing functional vision of learners who are multiply disabled. Edinburgh: Moray House Publications (vergriffen – Wiederveröffentlichung in Buultjens et al. 2001)

Amelung, V. E.; Bucholtz, N.; Brümmer, A.; Krauth, C. (2012): Sehen im Alter. Versorgungsstrukturen und -herausforderungen in der Augenheilkunde. Berlin: Medizinisch Wissenschaftliche Verlagsgesellschaft

Anderson, H.; Goolishian, H. (1992): Der Klient ist Experte. Ein therapeutischer Ansatz des Nicht-Wissens. In: Zeitschrift für Systemische Therapie, 10, 176–209

Anderson, S.; Boignon, S.; Davis D. K. (1991): The Oregon-Project for visually impaired blind preschool children. Skill inventory and manual. Medford: Jackson Educational Service

Appelhans, P. (1983): Auf dem Weg zu einem flexiblen Bildungssystem für Sehgeschädigte – Berichte aus Forschung und Praxis. In: Verband der Blinden- und Sehbehindertenpädagogen (Hrsg.):

Standortbestimmung und Neuorientierung, 29. Kongress für Sehgeschädigtenpädagogik, 59–63. Hannover: VzfB

Appelhans, P. (1988): Sehgeschädigte in allgemeinen Schulen – Beiträge zur Integrationsdiskussion 10 Jahre nach dem Kongress in Waldkirch. In: Verband der Blinden- und Sehbehindertenpädagogen (Hrsg.): Menschenbildung im Zeitalter der Elektronik. 30. Kongress für Sehgeschädigtenpädagogik, 235–252. Hannover: VzfB

Appelhans, P. (1993): Regelschule – Sonderschule – Alternative Möglichkeiten für sehgeschädigte Kinder und Jugendliche? In: Verband der Blinden- und Sehbehindertenpädagogen (Hrsg.): Ganzheitlich bilden – Zukunft gestalten. Kongressbericht, 31. Kongress für Sehgeschädigtenpädagogik, Marburg 26.–31. Juli 1993, 120–138. Hannover: VzfB

Appelhans, P.; Braband, H.; Düe, W.; Rath, W. (1992): Übergang von der Schule ins Arbeitsleben. Bericht über ein Projekt mit sehgeschädigten jungen Menschen. Hamburg: Hamburger Buchwerkstatt

Appelhans, P.; Düe, W. (2001): Schulische Vorbereitung auf Ausbildung und Beruf für junge Menschen mit Sehschädigung in Schleswig-Holstein. In: Barlsen, J.; Hohmeier, J. (Hrsg.): Neue berufliche Chancen für Menschen mit Behinderung, 257–285. Düsseldorf: Verl. Selbstbestimmtes Leben

Appelhans, P.; Rath, W. (1990): Werkstattgespräch. Beratung und Unterstützung Sehgeschädigter bei Berufswahl und Berufsausbildung. Hamburg: Hamburger Buchwerkstatt

Appelhans-Königer, M. (1997): Blinde Kinder und Jugendliche in Schleswig-Holstein besuchen die zuständige allgemeine Schule am Wohnort. In: Drave, W.; Wissmann, K. (Hrsg.): Der Sprung ins kalte Wasser, 267–297. Würzburg: Edition Bentheim

Ashmead, D. H.; Clifton, R. K.; Perris, E. E. (1987): Precision of auditory localization in human infants. In: Developmental Psychology, 23, 641–667

Austermann, M. (1992): Rückwirkungen von Bemühungen um die schulische Integration behinderter Kinder und Jugendlicher auf „Schule" unter morphologischem Ansatz. Egelsbach, Köln, New York: Hänsel-Hohenhausen

Bach y Rita, P. (1972): Brain Mechanism in Sensory Substitution. New York: Academic Press

Bach y Rita, P. (1993): Weltbilder III: Die Haut als „Bildschirm". In: Balhorn, H.; Brügelmann, H. (Hrsg.): Bedeutungen erfinden – im Kopf mit Schrift und miteinander. Zur individuellen und sozialen Konstruktion von Wirklichkeiten, 24–27. Konstanz: Faude

Bach y Rita, P. (2013): Tongue seen as portal to the brain. Online verfügbar: www.engr.wisc.edu/news/headlines/2001/Mar26.html (02.09.2013)

Badde, G. (1994): ... und aus bist Du? Das Regelspiel als Hilfe für blinde Vor- und Grundschulkinder. Graduierungsarbeit Kath. Fachhochschule NW, Abt. Münster

Baecker, D. (1993): Kybernetik zweiter Ordnung. In: Foerster, H. v.: Wissen und Gewissen: Versuch einer Brücke, 17–24. Frankfurt a. M.: Suhrkamp

Barlsen, J. (1999): MobiliS-Modell: wohnortnahe berufliche Bildung Blinder und Sehbehinderter. Ein Projekt des Bildungszentrums für Blinde und Sehbehinderte Soest. In: Impulse, Informationsblatt der Arbeitsgemeinschaft für Unterstützte Beschäftigung, 14. Online verfügbar: http://bidok.uibk.ac.at/library/imp14-99-mobilis.html

Barlsen, J.; Bungart, J. (1996): Unterstützte Beschäftigung von Menschen mit Behinderung. Zwischenbericht über den Stand der Forschungsarbeiten. Universität Münster

Barlsen, J.; Denninghaus, E.; Oeser-Steinbörner, A. (2001): Wohnortnahe berufliche Bildung und Eingliederung blinder und sehbehinderter Jugendlicher. MobiliS. In: Weichenstellungen. Themenheft der Zeitschrift blind – sehbehindert, 121, 3, 197–202

Barraga, N. C. (1964): Increased visual behavior in low vision children. New York: American Foundation for the Blind

Barraga, N. C. (1976): Visual Handicaps and learning. A developmental approach. Belmont, California: Wadworth

Bateson, G. (1981): Ökologie des Geistes. Frankfurt a. M.: Suhrkamp

Becker, B.; Gradel, A.; Jakob, M.; Pittroff, H. (1998): Bausteine zur Entwicklung der Kommunikation bei mehrfachbehinderten sehgeschädigten Kindern. In: Verband der Blinden- und Sehbehindertenpädagogen (Hrsg.): Lebensperspektiven. Kongressbericht 3.–7. August 1998, 517–433. Hannover: VzfB

Beelmann, A.; Hecker, W. (1998): Entwicklung und Entwicklungsprobleme blinder Kinder. In: Gahbler, M. (Hrsg.) (1998): Spuren in die Zukunft. Lebensperspektiven sehgeschädigter Menschen, 62–87. Nürnberg: Blindenanstalt Nürnberg e.V.

Beermann, U. (1966): Erziehung von Sehbehinderten. Die optische Leistungsfähigkeit als Grundlage der

Erziehung und Bildung von Kindern mit geringem Sehvermögen. Weinheim: Beltz

Behindertengleichstellungsgesetz – BGG (2002): Online verfügbar: www.gesetze-im-internet.de/bgg/index.html (02.09.2013)

Bender, C. (2010): Sehverlust im Alter – (k)ein Thema in Rehabilitation und Pädagogik? In: Schildmann, U. (Hrsg.): Umgang mit Verschiedenheit in der Lebensspanne, 288–296. Bad Heilbrunn: Klinkhardt

Bender, C.; Schnurnberger, M. (2013): „Schlecht sehen und schlecht gehen können unsere Bewohnerinnen und Bewohner alle." Zugänge zur Beobachtung von Vielfalt in stationären Altenhilfeeinrichtungen. In: Verband für Blinden- und Sehbehindertenpädagogik e.V. (Hrsg.): Vielfalt & Qualität: XXXV. Kongress für Blinden- und Sehbehindertenpädagogik in Chemnitz. 30. Juli – 3. August 2012. Würzburg: Edition Bentheim. CD-Rom

Benesch, F. (1971): Die Sehbehindertenschule. Neuburgweier: Schindele

Bergmann, I.; Kern, H. (1998): Praktische Demonstration der visuellen Förderung eines mehrfachbehinderten Kindes auf Basis einer Entwicklungs- und Förderdiagnostik des Sehens. In: Verband der Blinden- und Sehbehindertenpädagogen (Hrsg.): Lebensperspektiven. Kongressbericht, 652–655. Hannover: VzfB

Bernfeld, S. (1925/1967): Sisyphos oder die Grenzen der Erziehung. Frankfurt a. M.: Suhrkamp

Beyer, U.; Bücher, T. (2006): Sehstörungen bei Kindern erkennen und behandeln. Gütersloh: Verlag Bertelsmann-Stiftung

BfA (Bundesanstalt für Arbeit) (Hrsg.) (1997): Berufliche Rehabilitation junger Menschen. Handbuch für Schule, Berufsberatung und Ausbildung. SGBII, Nürnberg

BfA (Bundesanstalt für Arbeit) (Hrsg.) (1998): Berufliche Rehabilitation junger Menschen. Handbuch für Schule, Berufsberatung und Ausbildung. Ergänzung 1998, SGBII, Nürnberg

Bhandari, R.; Narayan, J. (2009): Creating Learning Opportunities: A Step-by-Step Guide to Teaching Students With Vision Impairment and Additional Disabilitites Including Deafblindness. Watertown: Perkins School for the Blind

Bleidick, U. (1983): Pädagogik der Behinderten. Grundzüge einer Theorie der Erziehung behinderter Kinder und Jugendlicher. 4. Auflage, Berlin: Marhold

Blindenanstalt Nürnberg (Hrsg.) (1980): 25 Jahre Sehbehindertenschule Nürnberg. Festschrift zur 25-Jahr-Feier der Sehbehindertenschule Nürnberg

Boldt, W. (1966): Wesen, Stand und Aufgaben der erziehungswissenschaftlichen Forschung im Bereich der Sehbehindertenpädagogik. In: Der Blindenfreund, 86, 129–142, 175–180

Boldt, W. (1993): Fortschritt und Hinschritt. Beiträge zur Sehgeschädigtenpädagogik. Würzburg: Edition Bentheim

Boot, F. H.; Pel, J. J. M.; van der Steen, J.; Evenhuis, H. M. (2010): Cerebral Visual Impairment: Which perceptive visual dysfuctions can be expected in children with brain damage? A systematic review. In: Research in Developmental Disabilities, 31, 1149–1159

Brack, U. (Hrsg.) (1986): Frühdiagnostik und Frühtherapie. Psychologische Behandlung von entwicklungs- und verhaltensgestörten Kindern. Weinheim: PVUBrambring, M. (1989): Methodological and conceptual issues in the construction of a developmental test for blind infants and preschoolers. In: Brambring, M.; Lösel, F.; Skowronek, H. (Hrsg.): Children at risk: Assessment, longitudinal research and intervention, 136–154. Berlin: De Gruyter

Brambring, M. (1994): Frühförderung der Orientierung und Mobilität blinder Kinder. In: Verband der Blinden- und Sehbehindertenpädagogen (VBS), AG Frühförderung (Hrsg.): Frühförderung sehgeschädigter Kinder, 140–144. Hannover: VzfB

Brambring, M. (1999): Entwicklungsbeobachtung und -förderung blinder Klein- und Vorschulkinder. Würzburg: Edition Bentheim

Brambring, M.; Tröster, H. (1994): The validity problem and the instruction problem in the assessment of cognitive development in blind infants and preschoolers. In: Journal of Visual Impairment and Blindness, 88, 9–18

Broadbent, D. E. (1973): In Defense of Empirical Psychology. London: Methuen

Bronfenbrenner, U. (1981): Ökologie der menschlichen Entwicklung. Stuttgart: Klett-Cotta

BMASK (Bundesministerium für Arbeit, Soziales und Konsumentenschutz) (2009): Übereinkommen über die Rechte von Menschen mit Behinderungen (Übersetzung). Online verfügbar: www.bmask. gv.at/cms/site/attachments/2/5/8/ CH2218/CMS1314697554749/ konv_txt_dt_bgbl.pdf (03.09.2013)

BMAS (Bundesministerium für Arbeit und Soziales) (2013): Teilhabebericht der Bundesregierung über die Lebenslagen von Menschen mit Beeinträchtigungen. Teilhabe – Beeinträchtigung – Behinderung. Online verfügbar: www.bmas.de/ SharedDocs/Downloads/DE/PDF-Meldungen/2013-07-31-teilhabebericht.pdf?__blob=publicationFile (21.10.2013)

Buultjens, M.; Fuchs, E.; Hyvärinen, L.; Laemers, F.; Leonhardt, M.; Walthes, R. (Hrsg.) (2001): Low Vision in Early Intervention in Europe. CD-ROM. Dortmund: Univ. Dortmund

Campenhausen, Ch. V. (1993): Die Sinne des Menschen. Einführung in die Psychophysik der Wahrnehmung. Stuttgart, New York: Thieme

Carlson, S.; Hyvärinen, L.; Raninen, A. (1986): Persistent behavioural blindness after early visual deprivation and after active visual rehabilitation: a case report. In: Britisch Journal of Ophthalmology, 70, 607–611

Cattaneo, Z.; Vecchi, T. (2011): Blind Vision. The Neuroscience of Visual Impairment. Cambridge: MIT Press

Christen, H.; Handefeld, F. (1994): Die neuronalen Ceroidlipofuszinosen. In: Hautnah/Pädiatrie 6, 212–222

Ciompi, L. (1988): Außenwelt, Innenwelt. Die Entstehung von Zeit, Raum und psychischen Strukturen. Göttingen: Vandenhoeck& Ruprecht

Ciompi, L. (1999): Die emotionalen Grundlagen des Denkens. Entwurf einer fraktalen Affektlogik. 2. Auflage, Göttingen: Vandenhoeck& Ruprecht

Corn, A. L.; Koenig, A. J. (1996): Perspectives on Low Vision. In: Corn, A. L.; Koenig, A. J. (Ed.): Foundations of Low Vision. Clinical and Functional Perspectives, 3–25. New York: AFB-Press

Cory, P. (2000): Elementary Rehabilitation for Seniors Who Lose Sight in Late Life. In: Wahl, H. W.; Schulze, H. E. (Hrsg.): On the Special Needs of Blind and Low Vision Seniors. Research and Practice Concepts, 161–168. Amsterdam: IOS-Press

Cowan, Ch.; Shepler, R. (2000a): Activities and Games for teaching children to use monocular telescopes. In: D'Andrea, F. M.; Farrenkopf, C. (Hrsg.): Looking to learn. Promoting literacy for students with low vision, 137–166. New York: AFB-Press

Cowan, Ch.; Shepler, R. (2000b): Activities and Games for teaching children to use magnifiers. In: D'Andrea, F. M.; Farrenkopf, C. (Hrsg.): Looking to learn. Promoting literacy for students with low vision, 167–188. New York: AFB-Press

Coxeter, H. S. M; Emmer, M.; Penrose, R.; Teuber, M. L. (1986): M.C. Escher. Art and Science.North-Holland, Amsterdam, New York, Oxford, Tokyo: North Holland

Csocsán, E.; Hogelfeld, E.; Terbrack, J. (2001): Mathematik mit sehbehinderten Kindern. In: Krug, F. K. unter Mitarb. v. Csocsán, E.: Didaktik für den Unterricht mit sehbehinderten Schülern, 290–317. München, Basel: Ernst Reinhardt

Csocsán, E.; Klingenberg, O.; Koskinen, K.-L.; Sjöstedt, S. (2002): Maths „seen" with other eyes – A blind child in the classroom – teacher's guide in mathematics. Esbo: Schildts

Cutsforth, T. (1951): The blind in school and society. New York: AFB-Press

D'Andrea, F. M. (2000): Activities and Games for teaching children to use a CCTV. In: D'Andrea, F. M.; Farrenkopf, C. (Hrsg.): Looking to learn. Promoting literacy for students with low vision, 189–214. New York: AFB-Press

D'Andrea, F. M.; Farrenkopf, C. (Hrsg.) (2000): Looking to learn. Promoting literacy for students with low vision. New York: AFB-Press

Damasio, A. R. (1997) Descarte's Irrtum. Fühlen, Denken und das menschliche Gehirn. München: dtv

Damasio, A. R. (2000): Ich fühle, also bin ich. Die Entschlüsselung des Bewusstseins. München: List

Daniel, U. (1997): Clio unter Kulturschock. Zu den aktuellen Debatten der Geschichtswissenschaften (Teil I & II). In: Geschichte in Wissenschaft und Unterricht, 48, 195–218, 259–278

de Condillac, E. B. (1754/1983): Abhandlungen über Empfindungen. Hrsg. von Lothar Kreimendahl. Hamburg: Felix Meiner

Degenhardt, R. (1990): Zur Entwicklung der Raumerkenntnis blinder Vorschulkinder. In: Paul u. Charlotte Kniese Stiftung (Hrsg.): Frühförderung sehgeschädigter Kinder – Tagungsreferate der AG Frühförderung im VBS, 10. Fortbildungstagung (1989) in Trier, 11. Fortbildungstagung (1990) in Salzau, 87–95. Hannover: VzfB

Degenhardt, S. (1999): Darstellung von Lebensperspektiven: Rollenmuster sehgeschädigter Menschen in Spielfilmen. In: Warzecha, B. (Hrsg.): Medien und gesellschaftliche Stigmatisierungsprozesse, 57–87. Hamburg: Lit

Degenhardt, S. (2003): Pädagogische Intervention bei Beeinträchtigungen der Visuellen Wahrnehmung. In: Leonhardt, A.; Wember, F. B. (Hrsg.): Behinderungen als pädagogisches Problem, 379–401. Weinheim, Basel: Beltz

Degenhardt, S. (2012): Der Weg zur Inklusiven Schule – Momentaufnahmen von Brückenschlägen und Grabenkämpfen und von Ansprüchen an die inklusive Beschulung blinder und sehbehinderter Kinder und Jugendlicher. In: blind – sehbehindert: Zeitschrift für das Blinden- und Sehbehindertenbildungswesen, 132, 165–167

Degenhardt, S.; Henriksen, C. (2009): Was macht die Bildung von Menschen mit mehrfachen Behinderungen zu einer sehgeschädigtenpädagogischen Bildung? In:

Vierteljahresschrift für Heilpädagogik und ihre Nachbargebiete VHN, 78, 212–226

Degenhardt, S.; Kalina, U.; Rytlewski, D. (1996): Der Einsatz des Computers bei blinden und sehbehinderten Schülern – Überblick, Stand und Perspektiven: Ergebnisse aus dem Modellversuch „Interaktive Informationstechniken für Sehgeschädigte in der informationstechnischen Bildung" (IRIS). Hamburg: Hamburger Bücherwerkstatt

Degenhardt, S.; Rath, W. (Hrsg.) (2001): Blinden- und Sehbehindertenpädagogik. Bd. 2 der „Studientexte zur Geschichte der Blindenpädagogik". Neuwied: Luchterhand

Degenhardt, S. u. a. (1998): Daten zur Angebotsqualität blindenpädagogischer Förderung (AQUA-Studie). Ergebnisse einer Erhebung im Bereich Schule durch die Arbeitsgruppe Qualitätssicherung (AQUA) im Auftrag des Verbandes der Blinden- und Sehbehindertenpädagogik e.V. Berlin: Verlag für Wissenschaft und Bildung

Dell, P. F. (1986): Klinische Erkenntnis. Zu den Grundlagen systemischer Therapie. Dortmund: Modernes Lernen

Demmel, H. (1995): Durch Nacht zum Licht. Geschichte des Bayerischen Blindenbundes. München: Bayerischer Blindenbund

Demmel, H. (2006): Die Entstehung der Blindenselbsthilfe. In: Drave, W.; Mehrl, H. (Hrsg.): 200 Jahre Blindenbildung in Deutschland 1806–2006, 71–82. Würzburg: Edition Bentheim

Denninghaus, E. (2012): Luftschlösser und Lebensperspektiven. Bericht über die 17. Soester Fachtagung zur beruflichen und sozialen Teilhabe blinder und sehbehinderter Menschen. In: blind sehbehindert, 99–100

DBSV (Deutscher Blinden- und Sehbehindertenverband e. V.) (Hrsg.) (2000): Fit im Beruf. Berlin: Mercedes Druck

DBSV (Deutscher Blinden- und Sehbehindertenverband e. V.) (2011): Stellungnahme zum Referentenentwurf des Nationalen Aktionsplans. Online verfügbar: www.dbsv.org/dbsv/aufgaben-und-themen/behindertenrechtskonvention/brk-wegweiser-fuer-die-selbsthilfe/stellungnahme-nap/ (10.09.2013)

DSW (Deutsches Studentenwerk) (2012): beeinträchtigt studieren. Datenerhebung zur Situation Studierender mit Behinderung und chronischer Krankheit 2011. Online verfügbar: www.studentenwerke.de/pdf/beeintraechtigt_studieren_datenerhebung_01062012.pdf (12.09.2013)

Dijk, J. v.; Nelson, C. (2001): Child-guided strategies for assessing children who arc deafblind or have multiple disabilities (CD-ROM). Aapnootmuis: The Netherlands

Dik, M. (2006): Babys und Kleinkinder mit visuellem Funktionsverlust. Ratgeber für Eltern von blinden und sehbeeinträchtigten Kleinkindern. Eemnes: Robert Weijdert (NL)

Dobslaw, G. (1993): „Da kann ich nur das Wort sagen": Eine vergleichende Analyse der Kategorisierungsleistungen und der Inhalte der Wortbedeutungen über Objekte bei blinden und sehenden Kindern. Münster, New York: Waxmann

Downs, R. M.; Stea, D. (1982): Kognitive Karten. Die Welt in unseren Köpfen. New York: Harper &Row

Drave, W. (1996): „Hier riecht's nach Mozart und nach Tosca". Blinde Menschen erzählen ihr Leben. Würzburg: Edition Bentheim

Drave, W.; Mehls, H. (Hrsg.) (2006): 200 Jahre Blindenbildung in Deutschland 1806–2006. Würzburg: Edition Bentheim

Drave, W.; Rumpler, F.; Wachtel, P. (2000): Empfehlung zur sonderpädagogischen Förderung. Allgemeine Grundlagen und Förderschwerpunkte (KMK). Würzburg: Edition Bentheim

Drolshagen, B.; Klein, R. (2009): Berufliche Selbstständigkeit – Eine Möglichkeit zur Teilhabe am Arbeitsleben für sehgeschädigte Menschen. In: Verband der Blinden- und Sehbehindertenpädagogen und -pädagoginnen e.V. (Hrsg.): Teilhabe gestalten. Kongressbericht. Würzburg

Drolshagen, B.; Klein, R.; Rothenberg, B.; Tillmann, A. (2002): Eine Hochschule für Alle. Würzburg: Edition Bentheim

Drolshagen, B.; Rothenberg, B. (1998): Selbstbestimmt leben als Lebensperspektive sehgeschädigter Menschen – eine Herausforderung auch für die Sehgeschädigtenpädagogik. In: VBS (Hrsg.): Lebensperspektiven. Kongressbericht 3.–7. August 1998, 249–271. Hannover: VzfB

Drolshagen, B.; Rothenberg, B. (2011): UniversAbility – Hochschulen für Alle. Konsequenzen für eine inklusive Lehramtsausbildung. In: Lütje-Klose et al. (Hrsg.): Inklusion in Bildungsinstitutionen. Eine Herausforderung an die Heil- und Sonderpädagogik, 177–183. Bad Heilbrunn: Klinkhardt

Dutton, G. (2001): Cerebral Visual Impairment. In: Buultjens, M.; Fuchs, E.; Hyvärinen, L.; Laemers, F.; Leonhardt, M.; Walthes, R. (Hrsg.): Low Vision in Early Intervention in Europe. CD-ROM, Dortmund: Univ. Dortmund

Dutton, G.; Ballantyne, J.; Boyd, G.; Bradham, M.; Day, R. E.; McCulloch, D. L.; Mackie, R.; Phillips, S.; Saunders, K. (1996): Cortical Visual Dysfunction in children: A Clinical Study. In: Eye: Scientific Journal of the Royal College of Ophthalmologists, 10, 302–309

Dutton, G.; Bax, M. (Hrsg.) (2010): Visual impairment in children due to damage to the brain. London: Mac Keith Press, 217–223

Dutton, G.; Day, R. E.; McCulloch, D. L. (1999): Who is a visually impaired child? A model is needed to adress this question for children with cerebral visual impairment. In: Developmental Medicine and Child Neurology: officialy designated journal of the American Academy of Cerebral Palsy, 41, 212–213

Düren, Th. (1986): Pädagogische Frühförderung Sehgeschädigter. Geschichte und derzeitige Situation. In: Frühförderung interdisziplinär, 5, 49–60

Eliot, L. (2001): Was geht da drinnen vor? Die Gehirnentwicklung in den ersten fünf Lebensjahren. Berlin: Berlin Verlag

Engel, A. K. (1996): Prinzipien der Wahrnehmung: Das visuelle System. In: Roth, G.; Prinz, W. (Hrsg.): Kopf-Arbeit, Gehirnfunktion und kognitive Leistungen, 181–207. Heidelberg, Berlin, Oxford: Springer

Engel, A. K.; König, P. (1998): Das neurobiologische Wahrnehmungsparadigma. Eine kritische Bestandsaufnahme. In: Gold, P., Engel, A. K.: Der Mensch in der Perspektive der Kognitionswissenschaften, 156–194. Frankfurt a. M.: Suhrkamp

Engelhardt, D. v., Schipperges, H. (1980): Die inneren Verbindungen zwischen Philosophie und Medizin im 20. Jahrhundert. Darmstadt: Wiss. Buchgesellschaft

Ernst, B. (1998): Das verzauberte Auge. Unmögliche Objekte und mehrdeutige Figuren. Köln: Taschen

Farell, G. (1958): The Blind in Asia. New York: American Foundation for Overseas Blind

Faye, E. (Hrsg.)(1984): Clinical Low Vision. Boston, Mass., 2. Auflage: Little Brown

Fazzi, E.; Signorini, S. G.; Bova, S. M.; La Piana, R.; Ondei, P.; Bertone, C.; Misefari, W.; Bianchi, P. E. (2007): Spectrum of Visual Disorders in Children with Cerebral Visual Impairment. In: Journal of Child Neurology, 22, 294–301

Fedrizzi, E.; Inverno, B.; Bruzzone, M. G. et al. (1996): MRI features of cerebral lesions and cognitive functions in preterm spastic diplegic children. Pediatric Neurology 15, 207–212

Ferell, K. A. (1985): Reach Out and Teach. Meeting the Training Needs of Parents of Visually and Multiply Handicapped Young Children. Parent Handbook/Reachbook/Teacher`s Manual. New York: AFB-Press

Ferell, K. A. (1998): Project PRISM: A longitudinal study of development patterns of children who are visually impaired (Final report, CFDA 84.023, Grant Ho23C10188). University of Colorado, Division of Special Education: Greeley

Ferell, K. A. (2000): Growth and Development of Young Children. In: Holbrook, M. C., Koenig, A. J. (Hrsg.): Foundations of Education. Second edition. Volume I: History and Theory of Teaching Children and Youths with Visual Impairments, 111–134. New York: AFB-Press

Ferell, K. A. (2011): Reach out and Teach. 2ndedition. New York: AFB Press

Fischer, H. (1995): Entwicklung der visuellen Wahrnehmung. Weinheim: Beltz

Fischer, J. (1978): Mobilitätstraining für Sehbehinderte. In: Verband der Blinden- und Sehbehindertenpädagogen (Hrsg.): 28. Kongress für Sehgeschädigtenpädagogik, Waldkirch 1978, Kongressbericht, 446–452. Hannover: VzfB

Flodmark, O.; Jacobson, L. (2010): Pathogenesis and imaging of disorders affecting the visual brain. In: Dutton, G. N.; Bax, M. (Hrsg.): Visual impairment in children due to damage to the brain, 50–67. London: Mac Keith Press

Foerster, H. v. (1993): Wissen und Gewissen. Versuch einer Brücke. Frankfurt a. M.: Suhrkamp

Foerster, H. v.; Pörksen, B. (1998): Wahrheit ist die Erfindung eines Lügners – Gespräche für Skeptiker. Heidelberg: Carl Auer Systeme

Fokus e.V./Isis e.V. (Hrsg.) (1995): Orientierungs- und Mobilitätsprobleme sehbehinderter Schüler. Referate und Materialien für die Fortbildung vom 11.–13.5.1995

Fornefeld, B. (Hrsg.) (2008): Menschen mit Komplexer Behinderung. Selbstverständnis und Aufgaben der Behindertenpädagogik. München, Basel: Ernst Reinhardt

Freitag, C. (1998): Die Gestaltung des Augen-Blicks. In: Fuchs, E., Zeschitz, M. (Hrsg.): Fleckerlteppiche und Frühförderung. 20 Jahre Frühförderung mehrfachbehinderter, sehbehinderter und blinder Kinder in Bayern, 55–63. Würzburg: Edition Bentheim

Freitag, Chr.; Petz, V.; Walthes, R. (2013): Gemeinsam sehen wir weiter … Eine Adaption des Visuellen Profils für frühpädagogische Berufe. In: Frühförderung interdisziplinär, 33, 140–157

Freitag, Chr.; Petz, V.; Walthes, R. (2013a): Das sieht doch jeder …. Über die Bedeutung der Sehüberprüfung im Bereich der Unterstützten Kommunikation. In: ISAAC (Hrsg.): UK Kreativ. Wege der unterstützten Kommunikation. Tagungsreader, 221–232

Fromm, W. (1993): Verbindung von Tasten, Sprechen und Denken – ein Weg zum Erkennen tastbarer Abbildungen. In: Verband der Blinden- und Sehbehindertenpädagogen (Hrsg.): Ganzheitlich bilden – Zukunft gestalten. Kongressbericht, 31. Kongress für Sehgeschädigtenpädagogik, Marburg, 26.–31. Juli 1993. Hannover: VzfB

Fromm, W.; Degenhardt, R. und Autorenkollektiv (1990): Rehabilitationspädagogik für Sehgeschädigte. Berlin, 2. Auflage: Volk u. Gesundheit

Fuchs, E.; Zeschitz, M. (Hrsg.) (1998): Fleckerlteppiche und Frühförderung. 20 Jahre Frühförderung mehrfachbehinderter, sehbehinderter und blinder Kinder in Bayern. Würzburg: Edition Bentheim

Garbe, H. (1959): Grundlinien einer Theorie der Blindenpädagogik. Diss. Göttingen

Georgi, K. A. (1857): Anleitung zur zweckmäßigen Behandlung blinder Kinder im Kreise ihrer Familien von frühester Kindheit an bis zu ihrer Aufnahme in die Blindenanstalt. Dresden

Georgieff, K.; Friedrich, G. (1993): Soziale Beziehungen Späterblindeter – eine Pilotstudie. In: Heilpädagogische Forschung XIX, 3, 1993, 135–142

Gibson, J. J. (1982): Wahrnehmung und Umwelt. Der ökologische Ansatz in der visuellen Wahrnehmung. München: Urban und Schwarzenberg

Glasersfeld, E. v. (1988): Einführung in den radikalen Konstruktivismus. In: Watzlawick, P. (Hrsg.): Die erfundene Wirklichkeit, 16–38. München, Zürich: Piper

Glasersfeld, E. v. (1997): Wege des Wissens. Konstruktivistische Erkundungen durch unser Denken. Heidelberg: Carl Auer Systeme

Goergen, E. (1995): Die pädagogisch-therapeutische Frühförderung blinder, hochgradig sehbehinderter, mehrfachbehinderter Kleinkinder am Beispiel einer Modell-Institution in Italien. In: blind – sehbehindert, Zeitschrift für das Sehgeschädigtenbildungswesen, 115, 244–247

Goffman, E. (1975): Stigma. Über Techniken der Bewältigung beschädigter Identität. Frankfurt a. M.: Suhrkamp

Goldstein, B. E. (2008): Wahrnehmungspsychologie. 7. Auflage. Heidelberg: Springer

Golledge, R. G. (1991): Tactual Strip Maps as Navigational Aids. In: Journal of Visual Impairment and Blindness, 85, 296–301

Grimm, J.; Grimm, W. (1860): Deutsches Wörterbuch. Zweiter Band. Leipzig: Hirzel

Gruber, H.; Hammer, A. (2000): Ich sehe anders. Medizinische, psychologische und pädagogische Grundlagen von Blindheit und Sehbehinderung bei Kindern. Würzburg: Edition Bentheim

Häußler, M.; Wacker, E.; Wetzler, R. (1996): Lebenssituation von Menschen mit Behinderung in privaten Haushalten. Bericht zu einer bundesweiten Untersuchung im Forschungsprojekt „Möglichkeiten und Grenzen selbständiger Lebensführung". Baden-Baden: Nomos

Hagner, D.; Dileo, W. (1993): Working together: workplace culture, supported employment, and people with disabilities. Cambridge: Brookline Books

Hahn, V. F. (1998): Handlungsorientierung als didaktischer Kern der Anschauung im Mathematikunterricht mit blinden Kindern – ein Theorie-Praxis-Exempel. In: Verband der Blinden- und Sehbehindertenpädagogen (Hrsg.): Lebensperspektiven. Kongressbericht 3.–7. August 1998, 336–345. Hannover: VzfB

Haken, H. (1996): Principles of Brain Functioning. A Synergetic Approach to Brain Activity, Behavior and Cognition.Berlin: Springer

Haken, H.; Haken-Krell, M. (1994): Erfolgsgeheimnisse der Wahrnehmung. Synergetik als Schlüssel zum Gehirn. Frankfurt a. M.: Ullstein

Hatwell, Y. (1985): Piagetianreasoningandthe blind. New York: AFB Press

Haveman, M.; SchrojensteinLantman-de Valk, H.; Maaskant, M.; Kessels, A.; Urglings, H.; Sturmans, F. (1994): The need for assessment of sensory functioning in ageing people with mental handicap. In: Journal of Intellectual Disability Research, 38, 289–298

Hecker, W. (1998): Entwicklungsunterschiede zwischen früh- und reifgeborenen blinden Kleinkindern. Ein Vergleich der Entwicklung und Verhaltensbesonderheiten im ersten bis dritten Lebensjahr. Regensburg: Verlag Roderer

Held, R. (1986): Plastizität sensorischmotorischer Systeme. In: Ritter, M. (Hrsg.): Wahrnehmung und visuelles System. Heidelberg: Spektrum der Wissenschaft (Erstveröffentlichung 1965)

Heller, S. (1888): Die psychologische Grundlegung der Blindenpädagogik. In: Verhandlungen des VI. Blindenlehrer-Kongresses zu Köln am Rhein, 6, 97–122

Heyl, W.; Wahl, H.-W. (2009): Psychosoziale Unterstützung von älteren Menschen mit Sehschädigung und ihren Angehörigen. In: Verband der Blinden- und Sehbehindertenpädagogen und -pädagoginnen e.V. (Hrsg.): Teilhabe gestalten, Kongressbericht, XXXIV. Kongress. Würzburg: Edition Bentheim. CD-Rom

Hildebrand-Nilshon, M. (2000): Prinzipien und Grenzen der Kommunikationsförderung im Kontext besonderer Lebensbedingungen. In: Leyendecker, Ch.; Horstmann, T. (Hrsg.): Große Pläne für kleine Leute. Grundlagen, Konzepte und Praxis der Frühförderung, 231–250. München, Basel: Ernst Reinhardt

Hiller, G.; Trost, R.; Weiß, H. (Hrsg.) (2008): Der diagnostische Blick. (Sonder-) Pädagogische Diagnostik und ihre Wirkungen. Laupheim: Armin Haas

Himmelsbach, I. (2009): Altern zwischen Kompetenz und Defizit. Berlin: VS Research

Hinz, A. (2002): Von der Integration zur Inklusion – terminologisches Spiel oder konzeptionelle Weiterentwicklung? In: Zeitschrift für Heilpädagogik, 53, 354–361

Hinz, R.; Walthes, R. (2009): Heterogenität in der Grundschule – den pädagogischen Alltag erfolgreich bewältigen. Weinheim: Beltz

Hinz, R.; Walthes, R. (Hrsg.) (2011): Verschiedenheit als Diskurs. Tübingen: Francke

Hoffman, D. D. (2000): Visuelle Intelligenz. Wie die Welt im Kopf entsteht. Stuttgart: Klett-Cotta

Holzapfel, S.; Frebel, H.; Hyvärinen, L.; Walthes, R. (2008): Visual acuity values of children with motor disabilities: different tests, different results. In: Proceedings of the 9th International Conference on Low Vision, Quebec, Canada, July 7–11

Hubel, D. (1989): Auge und Gehirn. Neurobiologie des Sehens. Heidelberg: Spektrum

Hubel, D. H.; Wiesel, T. N. (1959): Receptive Fields Of Single Neurones In The Cat's Striate Cortex. In: Journal of Physiology, 148, 574–591

Hudelmayer, D. (1975): Die Erziehung Blinder. In: Deutscher Bildungsrat (Hrsg.): Sonderpädagogik 5. (Gutachten und Studien der Bildungskommission 52), 17–737. Stuttgart: Klett

Hudelmayer, D. (1978): Integration in die Regelschule – eine Möglichkeit der Erziehung auch für blinde und sehbehinderte Kinder und Jugendliche in der Bundesrepublik Deutschland. In: Verband der Blinden- und Sehbehindertenpädagogen (Hrsg.): 28. Kongress für Sehgeschädigtenpädagogik, Waldkirch 1978, Kongressbericht, 85–112. Hannover: VzfB

Hurrelmann, K. (2001): Einführung in die Sozialisationstheorie. Über den Zusammenhang von Sozialstruktur und Persönlichkeit. Weinheim, Basel, 7. Auflage: Beltz

Husserl, E. (1976): Ideen zu einer reinen Phänomenologie und phänomenologischen Philosophie. Den Haag: Martinus Nijhoff

Hyvärinen, L. (1998): Untersuchung des Sehvermögens bei mehrfachbehinderten Kindern. Höhere visuelle Funktionen. Eine Vorlesung am 17. Juni 1998 in Tübingen. Online verfügbar: www.lea-test.fi (02.09.2013)

Hyvärinen, L. (2001): Instruction Manual for Vision Testing Products. La Salle: Precision Vision

Hyvärinen, L. (2002): Sehen im Kindesalter. Möglichkeiten und Grenzen der Diagnostik. Vortrag vom 30. Januar 2002 in Dortmund. Online verfügbar: www.lea-test.fi (02.09.2013)

Hyvärinen, L. (2002a): Assessment of Low Vision for Educational Purposes and Early Intervention (Part I–III). Online verfügbar: www.lea-test.fi/en/assessme/educearl/index. html (02.09.2013)

Hyvärinen, L. (2002b): Communication. Assessment of Vision of Deaf-Blind Persons (Part I–III), Online verfügbar: www.lea-test.fi/en/deaf/index.html (02.09.2013)

Hyvärinen, L. (2002c): Das funktionale Sehen in der Frühbetreuung und im Spezialunterricht der sehgeschädigten Kinder. Online verfügbar: www. lea-test.fi/de/sehuberp/waldkirc. html (02.09.2013)

Hyvärinen, L. (2009): Assessment of Visual Processing Disorders in Children with Other Disabilities. In: Neuro-Ophthalmology, 33, 158–161

Hyvärinen, L. (2013): Die Wege der visuellen Informationen und das Profil der Visuellen Funktionsfähigkeit. In: Frühförderung interdiszplinär, 32, 139–149

Hyvärinen, L.; Heikinnen, E.; Eronen, U.; Kiviranta, T.; Virkkunen, L.; Jokinen, K.; Rontti, J.; Lehtomäki, P. (2008): Variation in visual acuity values of children with cerebral palsy. Abstract VISION

Hyvärinen, L.; Jacob, N. (2011): What and How Does This Child See? Assessment of Visual Functioning for Development and Learning. Helsinki: Vistest Ltd.

Irblich, D. (2004): Gewalt ist, wenn man's trotzdem macht. Über fachlich legitimierte Gewalt in der Arbeit mit behinderten Kindern. In: Geistige Behinderung, 43, 15–35

IQWiG (Hrsg.) (2008): Früherkennungsuntersuchung von Sehstörungen bei Kindern bis zur Vollendung des 6. Lebensjahres – Abschlussbericht S 05–02; Online verfügbar: www.iqwig.de/download/S05-02_ Abschlussbericht_Sehscreening_ bei_Kindern.pdf (21.10.2013)

Jose, R. T. (Hrsg.) (1983): Understanding Low Vision. New York: AFB-Press

Jose, R. T. (1992): Low Vision Services. In: Orr, A. L. (Hrsg.): Vision and aging: Crossroads for service delivery, 209–232. New York: AFB-Press

Junod, A. M. (1966): Der Sehschwache – seine Behinderung und Probleme. In: Pro Infirmis, 1, 16–20

Kamper, D. (1995): Das Auge, der Schwachsinn der Zukunft. In: Brandes, U.; Amelunxen, H. v. (Hrsg.): Sehsucht, über die Veränderung der visuellen Welt, 204–209. Göttingen: Steidl

Käsmann-Kellner, B.; Seitz, B. (2012): Ausgewählte Aspekte der Kinderophthalmologie für Nichtkinderophthalmologen. In: Der Ophthalmologe, 109, 171–192

Kerkhoff, G. (2012): Multimodale Raumwahrnehmung und multimodaler Neglect. Neue Entwicklungen und mögliche Wege zur wirksamen Therapie. In: Neurologie & Rehabilitation, 17, 91–92

Kern, H. (1996): Eine „Entwicklungs- und Förderdiagnostik des Sehens für mehrfachbehinderte Menschen – EFS". Möglichkeiten von Diagnostik und Förderung. In: Klostermann, B. (Hrsg.): Hand in Hand. Unterricht, Erziehung, Förderung und Therapie mit mehrfachbehindertsehgeschädigten Kindern, 289–306. Würzburg: Edition Bentheim

Kern, H. (1998): Entwicklungs- und Förderdiagnostik des Sehens für mehrfachbehinderte Menschen (EFS) – ein Förderkonzept. In: Verband der Blinden- und Sehbehindertenpädagogen e.V., Arbeitsgemeinschaft Frühförderung sehgeschädigter Kinder (Hrsg.): Messen und Beobachten – Bewerten und Handeln, 121–140. Würzburg: Edition Bentheim

Kish, D. C. (1995): Evaluation of an Echo-Mobility Program for Young Blind People [Master's thesis]. San Bernardino (California): Department of Psychology, California State University

Klaes, R. (1998): Bewegungserziehung in der Frühförderung sehgeschädigter Kinder. In: Verband der Blinden- und Sehbehindertenpädagogen (Hrsg.): Lebensperspektiven. Kongressbericht 3.–7. August 1998, 115–121. Hannover: VzfB

Klaes, R. (2000): Systemische Bewegungstherapie in der Kinder- und Jugendpsychiatrie. Tübingen. Manuskript

Klaes, R.; Walthes, R. (1994): Zur Gegenstandskonstruktion der Untersuchung. In: Walthes, R.; Cachay, K.; Gabler, H.; Klaes, R. (1994): Gehen, Gehen, Schritt für Schritt... Zur Situation von Familien mit einem blinden, mehrfachbehinderten oder sehbehinderten Kind. Frankfurt: Campus

Klaes, R.; Walthes, R. (1996): Bewegungsorientierte Frühförderung mit Familien – das Tübinger Konzept. In: Janssen, E.; v. Lüpke, II. (Hrsg.): Von der Behandlung der Krankheit zur Sorge um Gesundheit. Entwicklungsförderung im Dialog, 113–130. Frankfurt, Heidelberg: Paritätisches Bildungswerk

Klaes, R.; Walthes, R. (1997): Große Entwürfe für kleine Leute. In: Arbeitsstelle Frühförderung Bayern (Hrsg.): Kind sein, und behindert. Bericht vom Münchener Symposium Frühförderung 1998, 210–228. München: Arbeitsstelle Frühförderung Bayern

Klaes, R.; Walthes, R. (1998): Ich seh etwas, was Du nicht siehst – Messen, Beobachten, Bewerten und Handeln. In: Arbeitsgemeinschaft Frühförderung sehgeschädigter Kinder im VBS (Hrsg.): Messen und Beobachten – Bewerten und Handeln. Referate der 15. Fortbildungstagung in Loccum 1997, 11–36. Hannover: VzfB

Klaes, R.; Walthes, R. (2002): Störungen stören. In: Doering, W.; Doering, W.

(Hrsg.): Störe meine Kreise nicht... Von störenden und gestörten Menschen, 21–43. Dortmund: Borgmann

Klaes, R.; Walthes, R. (2013): Bewegung im Dialog. Bewegung als Wegweiser für die Selbstorganisation der Weltaneignung eines Menschen und als Kommunikationsform steht im Zentrum dieses Konzepts. In: Frühförderung interdisziplinär, 32, 175–178

Klee, K. (1998): Soziale Kompetenz und Orientierung und Mobilität. In: blind – sehbehindert, Zeitschrift für das Sehgeschädigtenbildungswesen, 118, 23–31

Klee, K. (1998a): 28 Jahre Orientierung und Mobilität – Wo stehen wir? Wo wollen wir hin? Wie gelangen wir dorthin? In: Verband der Blinden- und Sehbehindertenpädagogen (Hrsg.): Lebensperspektiven. Kongressbericht 3.–7. August 1998, 1009–1021. Hannover: VzfB

Klein, J. W. (1819/1991): Lehrbuch zum Unterrichte der Blinden. Faksimile-Ausgaben der Sehgeschädigtenpädagogik. Nachdruck der Ausgabe Strauß: Wien, Faksimile – Ausgaben der Sehgeschädigtenpädagogik. Würzburg 1991: Edition Bentheim

KMK (Sekretariat der Ständigen Konferenz der Kultusminister in der Bundesrepublik Deutschland) (1994): Empfehlungen zur sonderpädagogischen Förderung in den Schulen in der Bundesrepublik Deutschland. Online verfügbar: www.kmk.org/fileadmin/veroeffentlichungen_beschluesse/1994/1994_05_06-Empfehl-Sonderpaedagogische-Foerderung.pdf (10.09.2013)

KMK (Sekretariat der Ständigen Konferenz der Kultusminister in der Bundesrepublik Deutschland) (1998): Empfehlungen zum Förderschwerpunkt Sehen. Beschluß der Kultusministerkonferenz vom 20.3.1998. Online verfügbar: www.kmk.org/

fileadmin/pdf/PresseUndAktuelles/2000/sehen.pdf (02.09.2013)

KMK (Sekretariat der Ständigen Konferenz der Kultusminister der Länder in der Bundesrepublik Deutschland) (2011): Inklusive Bildung von Kindern und Jugendlichen mit Behinderungen in Schulen. (Beschluss) Online verfügbar: www.kmk.org/fileadmin/veroeffentlichungen_beschluesse/2011/2011_10_20-Inklusive-Bildung.pdf (10.09.2013)

KMK (Sekretariat der Ständigen Konferenz der Kultusminister der Länder in der Bundesrepublik Deutschland, IVC/Statistik) (2012): Sonderpädagogische Förderung in allgemeinen Schulen (ohne Förderschulen) 2011/2012. Online verfügbar: www.kmk.org/fileadmin/pdf/Statistik/Aus_SoPae_Int_2011.pdf (03.09.2013)

KMK (Sekretariat der Ständigen Konferenz der Kultusminister der Länder in der Bundesrepublik Deutschland, IVC/Statistik) (2012): Sonderpädagogische Förderung in Förderschulen (Sonderschulen) 2011/2012. Online verfügbar: www.kmk.org/fileadmin/pdf/Statistik/Aus_Sopae_2011.pdf, (03.09.2013)

Knie, J. (1839): Anleitung zur zweckmäßigen Behandlung blinder Kinder für deren erste Jugendbildung und Erziehung in ihren Familien, in öffentlichen Volksschulen und durch zu ertheilende Privat-Unterweisung. Berlin: Nikolai

Kohler, I. (1951): Über Aufbau und Wandlungen der Wahrnehmungswelt: insbesondere über bedingte Emfindungen. Wien: Österreichische Akademie der Wissenschaften

Kohler, I. (1974): Die Zusammenarbeit der Sinne und das allgemeine Adaptionsproblem. In: Metzger, W. (Hrsg.): Handbuch der Psychologie Bd. 1.1, 616–652. Göttingen: Hogrefe

Kohlschütter, A. (2001): Juvenile neuronale Ceroidlipofuszinose (juvenile NCL), medizinische Gesichtspunkte. In: Schlegel, H.: NCL. Zur Lebenssituation von blinden Kindern und Heranwachsenden mit einer unheilbaren Abbauerkrankung. Beiträge aus Pädagogik, Therapie und Medizin, 29–42. Hannover: VzfB

Krägeloh-Mann, I. (2001): Klassifikation, Epidemiologie, Pathogenese und Klinik. In: Heinen, F.; Bartens, W. (Hrsg.): Das Kind und die Spastik. Bern, Göttingen, Toronto, Seattle: Huber

Kremer, A. (1933): Über den Einfluß des Blindseins auf das So-Sein des blinden Menschen. Verein zur Fürsorge für die Blinden der Rheinprovinz: Düren

Krieglstein, G.; Jonescu-Cuypers, Ch. (1999): Atlas der Augenheilkunde. Berlin: Springer

Krug, F. K. (2001): Psychomotorik und deren besondere Relevanz für sehbehinderte Kinder. In: Krug, F. K. unter Mitarb. v. Csocsán, E.: Didaktik für den Unterricht mit sehbehinderten Schülern, 27–72. München, Basel: Ernst Reinhardt

Küchle, H. J.; Busse, H.; Küchle, M. (1994): Taschenbuch der Augenheilkunde. Bern: Hans Huber

Kuyk, T.; Liu, L.; Elliot, J.; Fuhr, P. (2010): Visual Search-Training and Obstacle Avoidance in Adults with Visual Impairments. In: Journal of Visual Impairment and Blindness, 104, 215–227

Laemers, F. (2001): Integration von Schülerinnen und Schülern mit einer Sehschädigung an Regelschulen. – Ein Projekt der Universität Dortmund, Fakultät Rehabilitationswissenschaften. In: blind – sehbehindert. Zeitschrift für das Sehgeschädigtenbildungswesen, 121, 120–124

Länger, C. (2002): Im Spiegel von Blindheit. Eine Kultursoziologie des Sehsinns. Stuttgart: Lucius & Lucius

Lang, M., Hintermair, M., Sarimski, K. (2012): Belastung von Eltern behinderter Kleinkinder – eine vergleichende Studie an Frühförderstellen für geistig behinderte, hörgeschädigte und blinde bzw. sehbehinderte Kinder. Vierteljahresschrift für Heilpädagogik und ihre Nachbargebiete (VHN), 81, 112-123

Lang, M.; Hofer, U.; Beyer, F. (2008): Didaktik des Unterrichts mit blinden und hochgradig sehbehinderten Schülerinnen und Schülern. Bd. 1 Grundlagen. Stuttgart: Kohlhammer

Lang, M.; Hofer, U.; Beyer, F. (2010): Didaktik des Unterrichts mit blinden und hochgradig sehbehinderten Schülerinnen und Schülern. Bd. 2 Fachdidaktiken. Stuttgart: Kohlhammer

Landschaftsverband Rheinland. Rheinische Hauptfürsorgestelle (1995): Blinde und Arbeit. Eine Untersuchung zur beruflichen Integration Blinder im Rheinland. Köln: Rheinland-Verlag

Lauwereyns, J. (2012): Brain and the Gaze – on the Active Boundaries of Vision. Cambridge: MIT Press

Lee, M.; Mac William, L. (1994): Movement, gesture and sign. London: Royal National Institute for the Blind

Lee, M.; Mac William, L. (2008): Learning together. A creative approach to learning for children with multiple disabilities and a visual impairment. London: Royal National Institute for the Blind

Lemke-Werner, G.; Pittroff, H. (2009): Taubblindheit. Hörsehbehinderung. Ein Überblick. Würzburg: Edition Bentheim

Lenz, A. (2002): Empowerment und Ressourcenaktivierung – Perspektiven für die psychosoziale Praxis.

In: Lenz, A.; Stark, W. (Hrsg.): Empowerment. Neue Perspektiven für die psychosoziale Praxis und Organisation, 15–53. Tübingen: DGVT-Verlag

Leonhardt, A. (2010): Einführung in die Hörgeschädigtenpädagogik. 3. Aufl. München, Basel: Ernst Reinhardt

Leuders, J. (2012): Förderung der Zahlbegriffsentwicklung bei sehenden und blinden Kindern. Empirische Grundlagen und didaktische Konzepte. Wiesbaden: Vieweg + Teubner

Leuders, J.; Walthes, R. (2004): Was ist guter integrativer Unterricht? In: Verband der Blinden- und Sehbehindertenpädagogen und -pädagoginnen e.V. (Hrsg.): Qualitäten. Rehabilitation und Pädagogik bei Blindheit und Sehbehinderung. Kongressbericht zum XXXIII. Kongress der Blinden- und Sehbehindertenpädagogen, 138–147. Würzburg: Edition Bentheim

Leyendecker, Ch.; Horstmann, T. (Hrsg.) (2002): Große Pläne für kleine Leute. Grundlagen, Konzepte und Praxis der Frühförderung. München, Basel: Ernst Reinhardt

Liechti, M. (1988): Blindsein in der modernen Medienkultur. In: Verband der Blinden- und Sehbehindertenpädagogen (Hrsg.): Menschenbildung im Zeitalter der Elektronik, Kongressbericht, 30. Kongress für Sehgeschädigtenpädagogik, Baar/Zug 25.–29. Juli 1988, 261–273. Hannover: VzfB

Locke, J. (1690): Versuch über den menschlichen Verstand. Bd. I und II. Hamburg 1981 (4. Auflage), 1988 (33. Auflage): Meiner

Luhmann, N. (1992): Die Wissenschaft der Gesellschaft. Frankfurt a. M.: Suhrkamp

Luhmann, N. (1992a): System und Absicht der Erziehung. In: Luhmann, N.; Schorr, E. (Hrsg.): Zwischen Absicht und Person. Fragen an die Pädagogik, 102–104. Frankfurt a. M.: Suhrkamp

Luhmann, N.; Fuchs, P. (1989): Reden und Schweigen. Frankfurt a. M.: Suhrkamp

Luhmann, N.; Schorr, K. E. (1990): Zwischen Anfang und Ende. Fragen an die Pädagogik. Frankfurt a. M.: Suhrkamp

Lurija, A. R. (1993): Romantische Wissenschaft. Forschungen im Grenzbezirk von Seele und Gehirn. Hamburg: Rowohlt

Lyotard, J. F. (1986): Das postmoderne Wissen. Graz, Wien: Böhlau Edition Passagen

Macho, T. H. (Hrsg.) (1996): Wittgenstein. Sammlung. München: Diederichs

Mackenzie, C. (1959): Employment of the Blind in emergent Countries. New York: American Foundation for the Overseas Blind

Mansfeld, F. (1955): Wie bewältigt ein blinder Mensch den Raum? In: Der Blindenfreund, 75, 164–189

Mar, H. (1992): Deaf-blindness. Some cases and challenges. In: California Deaf-Blind Services Resources, 4, 1–3

Maturana, H. R. (1994): Was ist Erkennen? München, Zürich: Piper

Maturana, H. R. (1997): Biologische Grundlagen von Moral und Ethik. In: Vierteljahresschrift für Heilpädagogik und ihre Nachbargebiete, 66, 2, 206–224

Maturana, H. R. (1998): Biologie der Realität. Frankfurt a. M.: Suhrkamp

Maturana, H. R.; Varela, F. J. (1987): Der Baum der Erkenntnis. München: Scherz

McClelland, J. F.; Parkes, J.; Hill, N.; Jackson, A. J.; Saunders, K.J. (2006): Accomodative Dysfunction in Children with Cerebral Palsy: A Population-Based Study. In: Investigative Opththalmology and Visual Science, 47, 1824–2830

Mell, A. (Hrsg.) (1899/1900): Enzyklopädisches Handbuch des Blindenwesens. Wien, Leipzig Bd. I, Bd. II: Pichler

Merleau-Ponty, M. (1966): Phänomenologie der Wahrnehmung. Berlin: De Gruyter

Mersi, F. (1985a): Konzepte der Erziehung Sehgeschädigter. In: Rath, W.; Hudelmayer, D. (Hrsg.): Handbuch der Sonderpädagogik II: Pädagogik der Blinden und Sehbehinderten, 49–62. Berlin: Marhold

Mersi, F. (1985b): Geschichte der Erziehung Sehbehinderter. In: Rath, W.; Hudelmayer, D. (Hrsg.): Handbuch der Sonderpädagogik II: Pädagogik der Blinden und Sehbehinderten, 36–46. Berlin: Marhold

Mersi, F. (1985c): Spezielle Probleme einer angemessenen pädagogischen Förderung hochgradig sehbehinderter Kinder und Jugendlicher. In: Handbuch der Sonderpädagogik II: Pädagogik der Blinden und Sehbehinderten, 260–274. Berlin: Marhold

Mersi, F. (1988): Von einer arbeitsethisch motivierten zu einer ästhetisch orientierten Erziehung Sehgeschädigter: Ein wünschenswerter Paradigmenwechsel? In: Verband der Blinden- und Sehbehindertenpädagogen (Hrsg.): Menschenbildung im Zeitalter der Elektronik, Kongressbericht, 30. Kongress für Sehgeschädigtenpädagogik, Baar/Zug 25.–29. Juli 1988, 212–218. Hannover: VzfB

Metz, P. (1989): Lebenspraktische Fertigkeiten am Scheideweg? Ein Plädoyer für Spezialisten und Spezialwissen in den Internaten für Sehgeschädigte. In: blind-sehbehindert. Zeitschrift für das Sehgeschädigten-Bildungswesen, 109, 207–213

Michaelis, R. (2002): Interdisziplinäre Beiträge der Kinderneurologie zur Frühförderung. In: Leyendecker, Ch., Horstmann, T. (Hrsg.): Große Pläne für kleine Leute. Grundlagen, Konzepte und Praxis der Frühförderung, 24–30. München, Basel: Ernst Reinhardt

Milani-Comparetti, A. (1997): Von der Medizin der Krankheit zu einer Medizin der Gesundheit. In: Janssen, E.; Lüpke, H. v.: Von der Behandlung der Krankheit zur Sorge um die Gesundheit. Entwicklungsförderung im Dialog, 16–27. Heidelberg

Milani-Comparetti, A.; Roser, L. O. (1982): Förderung der Normalität und Gesundheit in der Rehabilitation. Voraussetzung für die reale Anpassung behinderter Menschen. In: Wunder, M.; Sierck, U. (Hrsg.): Sie nennen es Fürsorge: Behinderte zwischen Vernichtung und Widerstand, 77–88. Frankfurt a. M.

Miles-Paul, O. (1992): Selbstbestimmung Behinderter. Ein neues Denken erobert die Behindertenpolitik. In: Pro Infirmis, 51, 5/6, 9–13

Millar, S. (1994): Understanding and representing space. Theory and evidence from studies with blind and sighted children. Oxford: Clarendon Press

Milner, A. D.; Goodale, M. A. (2006): The visual brain in action. Oxford: Oxford University Press

MOBILE – Selbstbestimmtes Leben Behinderter e.V. (Hrsg.) (2001): Selbstbestimmt Leben mit persönlicher Assistenz. Ein Schulungskonzept für AssistenznehmerInnen. München: AG SPAK Bücher

Moldenhawer, J. (1873): Über die praktischen Resultate der Blindenerziehung. In: Der erste europäische Blindenlehrer-Congress in Wien, 38–46. Wien

Mundhenk, S. (2010): Die Schleswiger Sehkiste zur Beobachtung des funktionalen Sehens von Kindern und

Jugendlichen unter der Fragestellung von CVI. Eine Material- und Ideensammlung für den pädagogischen Alltag. 2. Auflage. Würzburg: Edition Bentheim

Nafstad, A.; Rodbroe, I. (1999): Cocreating communication. Perspectives on diagnostic education for individuals who are congenitally deafblind and individuals whose impairments may have similar effects. Dronninglund: Forl. Nord-Press

Nater, P. (1985): Ätiologisch-genetische Aspekte der Mehrfachbeeinträchtigung „Lernbeeinträchtigung/Sehbeeinträchtigung" und allgemeinpädagogische Implikationen (Teil I). In: blind – sehbehindert, Zeitschrift für das Sehgeschädigtenbildungswesen, 105, 56–68

Nater, P. (1986): Ätiologisch-genetische Aspekte der Mehrfachbeeinträchtigung „Lernbeeinträchtigung/Sehbeeinträchtigung" und allgemeinpädagogische Implikationen (Teil II & III). In: blind – sehbehindert, Zeitschrift für das Sehgeschädigtenbildungswesen, 106, 85–93, 186–200

Nef-Landolt, R. (1990): Sehen durch Bewegung – Bewegung durch Sehen. In: Paul u. Charlotte Kniese Stiftung (Hrsg.): Frühförderung sehgeschädigter Kinder – Tagungsreferate der AG Frühförderung im VBS, 10. Fortbildungstagung (1989) in Trier, 11. Fortbildungstagung (1990) in Salzau, 125–141. Hannover: VzfB

Nef-Landolt, R. (1992): Beobachtung von visuellem Verhalten in den ersten Lebensjahren. In: Paul und Charlotte Kniese-Stiftung (Hrsg.): Arbeitsgemeinschaft Frühförderung. Frühförderung sehgeschädigter Kinder. Tagungsreferate. 12. Fortbildungstagung in Wien 1992, 58–79. Hannover: VzfB

Nef-Landolt, R. (1993): Low-Vision: Ein Teilaspekt zur Verbesserung der Kommunikation. In: Verband der Blinden- und Sehbehindertenpädagogen (Hrsg.): Ganzheitlich bilden – Zukunft gestalten, Kongressbericht, 31. Kongress für Sehgeschädigtenpädagogik, Marburg 26.–30. Juli 1993, 581–591. Hannover: VzfB

Nelson, K. B.; Lynch, J. K. (2004): Stroke in newborn infants. In: Lancet Neurology, 3, 150–158

Nguyen, N. X.; Stockum, A.; Hahn, G. A.; Trauzettel-Klosinski, S. (2011): Training to improve reading speed in patients with juvenile macular dystrophy: a randomized study comparing two training methods. In: Acta Ophthalmologica, 89, e82-e88

Nielsen, L. (2000): Der FIELA-Förderplan. Würzburg: Edition Bentheim

Niemann, S.; Jacob, N. (2000): Helping Children Who Are Blind. Family and community support for children with vision problems. Berkeley, California: The Hesperian Foundation

Nirje, B. (1974): Das Normalisierungsprinzip und seine Auswirkungen in der fürsorgerischen Betreuung. In: Kugel, B. R.; Wolfensberger, W. (Hrsg.): Geistige Behinderung – Eingliederung oder Bewahrung? 33–46. Stuttgart

Nirje, B. (1994): Das Normalisierungsprinzip – 25 Jahre danach. Vierteljahresschrift für Heilpädagogik und ihre Nachbargebiete, 63, 12–32

Noë, A.; Thompson, E. (2002): Vision and Mind. Selected readings in the Philosophy of Perception. Cambridge: MIT Press Norris, M.; Spaulding, P.J., Brodie, F.H. (1957): Blindness in children. Chicago: University of Chicago Press

O'Regan, J. K.; Noë, A. (2001): A sensorimotor account of vision and visual consciousness. In: Behavioural and Brain Sciences, 24, 939–1031

Österreichische UNESCO-Kommission (1994): Pädagogik für besondere

Bedürfnisse. Die Salamanca Erklärung und der Aktionsrahmen zur Pädagogik für besondere Bedürfnisse. Linz: Domino.

Pablasek, M. (1867): Die Fürsorge für die Blinden von der Wiege bis zum Grabe. Wien: Beck

Palágyi, M. (1924): Naturphilosophische Vorlesungen. Über die Grundprobleme des Bewusstseins und des Lebens. Leipzig, 2. Auflage: Johann Ambrosius Barth

Palmowski, W.; Heuwinkel, M. (2000): Normal bin ich nicht behindert! Wirklichkeitskonstruktionen bei Menschen, die behindert werden. Unterschiede, die Welten machen. Dortmund: Borgmann

Papoušek, H.; Papoušek, M. (1990): Intuitive elterliche Früherziehung in der vorsprachlichen Kommunikation. Teil II: Früherkennung von Störungen und therapeutische Ansätze. In: Sozialpädiatrie, 12, 579–583

Pease, L. (2000): Creating a communicating environment. In: Aitken, S. et al.: Teaching children who are deafblind, 35–82. London: David Fulton

Pérez-Pereira, M.; Conti-Ramsden, G. (1999): Language development and social interaction in blind children. Hove: Psychology Press

Petz, V. (2013): Das visuelle Funktionsprofil. Konzeption eines Verfahrens zur Ermittlung kindlicher Sehbedingungen auf Basis der Internationalen Klassifikation der Funktionsfähigkeit, Behinderung und Gesundheit bei Kindern und Jugendlichen (ICF-CY). Dissertation Technische Universität Dortmund. Online verfügbar: http://hdl.handle.net/2003/30409 (15.08.2013)

Petzelt, A. (1931): Vom Problem der Blindheit. Erfurt: Stenger

Pfau, N.; Kusch, S.; Kern, A.O.; Beske, F. (2000): Epidemiologie und sozioökonomische Bedeutung von Blindheit und hochgradiger Sehbehinderung in Deutschland. Würzburg: Triltsch

Pielasch, H.; Jaedicke, M. (1971): Geschichte des Blindenwesens in Deutschland und in der DDR. Leipzig: Deutsche Zentralbücherei für Blinde zu Leipzig

Pittroff, H. (2000): Bezugsobjekte in der Förderung von Kindern und Jugendlichen ohne Lautsprache. In: Fischer, E. (Hrsg.): Pädagogik bei Kindern und Jugendlichen mit mehrfachen Behinderungen. Dortmund: Borgmann

Pittroff, H. (2008): Interventionen bei hörsehbehindert / taubblind geborenen Kindern und Jugendlichen. In: Nußbeck, S.; Biermann, A.; Adam, H. (Hrsg.): Sonderpädagogik der geistigen Entwicklung, 33–46. Göttingen, Bern, Wien: Hogrefe

Pluhar, Ch. (1989): Betty Hirsch: weiblich, jüdisch, blind – dreifach chancenlos? In: blind – sehbehindert, Zeitschrift für das Sehgeschädigtenbildungswesen, 109 (Teil 1–4)

Pluhar, Ch.; Rath, W. (1985): Ästhetische Erziehung. In: Rath, W., Hudelmayer, D. (Hrsg.): Handbuch der Sonderpädagogik II: Pädagogik der Blinden und Sehbehinderten, 239–255. Berlin: Marhold

Prengel, A. (1993): Pädagogik der Vielfalt. Verschiedenheit und Gleichberechtigung in Interkultureller, Feministischer und Integrativer Pädagogik. Opladen: Leske + Budrich

Pretis, M. (1999): Krisenintervention in der Interdisziplinären Frühförderung und Familienbegleitung. In: Frühförderung interdisziplinär, 18, 145–155

Pretis, M. (2005): Frühförderung planen, durchführen, evaluieren. Beiträge zur Frühförderung interdisziplinär Bd. 8. München, Basel: Ernst Reinhardt

Prigogine, I. (1995): Die Gesetze des Chaos. Frankfurt a. M., New York: Campus

Rappaport, J.; Seidman, E. (Eds) (2000): Handbook of Community Psychology. New York: Plenum/ Kluwer

Rath, W. (1975): Probleme der Mehrfachbehinderung bei blinden und sehbehinderten Schülern. In: Hartmann, N. (Hrsg.): Beiträge zur Pädagogik der Mehrfachbehinderten. Bd. 1, Neuburgweier: Schindele

Rath, W. (1983): Blindenpädagogik. In: Solarová, S. (Hrsg.): Geschichte der Sonderpädagogik, 49–83. Stuttgart: Kohlhammer

Rath, W. (1985): Geschichte der Erziehung Blinder. In: Rath, W.; Hudelmayer, D. (Hrsg.): Handbuch der Sonderpädagogik II: Pädagogik der Blinden und Sehbehinderten, 21–35. Berlin: Marhold

Rath, W. (1985a): Mehrfachbehinderte Sehgeschädigte. In: Rath, W.; Hudelmayer, D. (Hrsg.): Handbuch der Sonderpädagogik II: Pädagogik der Blinden und Sehbehinderten, 382–405. Berlin: Marhold

Rath, W. (1986): Der neue Terminus: Low Vision. In: Sonderpädagogik, 16, 189–190

Rath, W. (1987): Sehbehindertenpädagogik. Stuttgart: Kohlhammer

Rath, W. (1990): Gegenwärtige Situation und Entwicklungstendenzen der pädagogischen Förderung blinder und sehbehinderter Kinder und Jugendlicher in den USA. Was wir von drüben lernen können. In: Schuck, K. D. (Hrsg.): Beiträge zur Integrativen Pädagogik. Weiterentwicklung des Konzepts gemeinsamen Lernens Behinderter und Nichtbehinderter, 61–75. Hamburg: Hamburger Buchwerkstatt

Rath, W. (1999): Blindheit und Sehbehinderungen. In: Borchert, J.

(Hrsg.): Handbuch der Sonderpädagogischen Psychologie, 104–113. Göttingen: Hogrefe

Rath, W. (2002): Blindheit und Sehbehinderung. Online verfügbar: http://195.185.214.164/reha/rehabuch/frames/blind.htm (10.10.2002)

Rath, W.; Drewes, F. (2006): Zu den frühen Jahren preußisch-deutscher Blindenbildung. In: Drave, W.; Mehrl, H. (Hrsg.): 200 Jahre Blindenbildung in Deutschland 1806–2006, 25–42. Würzburg: edition bentheim

Rath, W.; Gaekel, Chr. (1998): Sehverlust im Alter. In: Verband der Blinden- und Sehbehindertenpädagogen (Hrsg.): Lebensperspektiven. Kongressbericht 3.–7. August 1998, 1060–1072. Hannover: VzfB

Rath, W.; Hudelmayer, D. (Hrsg.) (1985): Handbuch der Sonderpädagogik II: Pädagogik der Blinden und Sehbehinderten. Berlin: Marhold

Reim, M. (1989) Augenheilkunde. Stuttgart, 2. Auflage: Enke

Rentschler, I.; Madelung, E.; Fauser, P. (2003): Bilder im Kopf. Texte zum imaginativen Lernen. Seelze-Velber: Kallmeyer

Ritter, M. (Hrsg.) (1986): Wahrnehmung und visuelles System. Heidelberg: Spektrum der Wissenschaft

Rizzolatti, G.; Fadiga L.; Gallese, V.; Fogassi, L. (1996): Premotor cortex and the recognition of motor actions. In: Cognitive Brain Research, 3, 131–141

Rizzolatti, G.; Sinigalia (2008): Empathie und Spiegelneurone. Die biologische Basis des Mitgefühls. Frankfurt a. M.: Suhrkamp

Rode, K. (2011): Braille as an Alternative Reading and Writing Medium for Teenagers with Visual Impairment – Possiblities for Organising Lessons Considering the Research on Socialisation. In: World Congress Braille 21. Innovations in Braille in the 21st Centruy, 328–333. Leipzig. Online verfügbar: www. isar-international.com/_files/didaktikpool_83_20130309195604.pdf (21.10.2013)

Roderfeld, S. M. (1999): Unterstützte Beschäftigung. Neue Konzepte zur beruflichen Integration blinder Menschen. Staatsexamensarbeit, Dortmund

Roderfeld, S. M. (2003): Kognitive Raummodelle bei Sehschädigung – Entwicklung eines taktilen Routenkartendesigns auf der Grundlage persönlicher Geographien, Dortmund

Roman-Lanzy, C. (2007): Cortical Visual Impairment: An Approach to Assessment and Intervention. New York: AFB Press

Roth, G. (1994): Das Gehirn und seine Wirklichkeit: kognitive Neurobiologie und ihre philosophischen Konsequenzen. Frankfurt a. M.: Suhrkamp

Roth, G. (2001): Fühlen, Denken, Handeln: wie das Gehirn unser Verhalten steuert. Frankfurt a. M.: Suhrkamp

Rothenberg, B. (2002): Power of the People – Power in the People – Power to the People. Selbstbestimmt leben und Konsequenzen für die Fachlichkeit. In: Lenz, A.; Stark, W. (Hrsg.): Empowerment. Neue Perspektiven für psychosoziale Praxis und Organisation. Fortschritte der Gemeindepsychologie und Gesundheitsförderung Bd. 10, 173–191. Tübingen: DGVT-Verlag

Rowland, C.; Schweigert, P. D.; Prickett, J. G. (1999): Communication Systems, Devices and Modes. In: Huebner, K. (Hrsg.): Hand in Hand. Essentials of Communication and Orientation and Mobility for your Students who are Deaf-Blind, 219–260. New York: AFB-Press

Rumpler, F. (2001): Statistik folgt den KMK-Empfehlungen – oder: Zahlen zum Staunen. In: Zeitschrift für Heilpädagogik, 52, 478–480

Sacks, O. (1995): Eine Anthropologin auf dem Mars. SiebenparadoxeGeschichten. Hamburg: Rowohlt

Sadato, N.; Pascual-Leone, A.; Grafman, J.; Ibanez, V.; Deiber, M. P.; Dold, G.; Hallett, M. (1996): Activation of the primary visual cortex by Braille reading in blind subjects. In: Nature, 380, 526

Saerberg, S. (2006): Geradeaus ist einfach immer geradeaus. Eine lebensweltliche Ethnographie blinder Raumorientierung. Konstanz: UVK

Sarimski, K.; Hintermair, M.; Lang, M. (2013): Familienorientierte Frühförderung von Kindern mit Behinderung. München: Ernst Reinhardt

Schäfer, D. (2001): Gemeinsam Zukunft gestalten – Rahmenbedingungen für die berufliche Bildung blinder und sehbehinderter Jugendlicher. In: blind – sehbehindert. Zeitschrift für das Sehgeschädigtenbildungswesen, 121, 168 173

Schäfer, W.-D.; Drave, W.; Reißmüller, E. (1983): Erste Ergebnisse einer Augenreihenuntersuchung an 24000 Schülern in Unterfranken. In: Verband der Blinden- und Sehbehindertenpädagogen (Hrsg.): Standortbestimmung und Neuorientierung, 29. Kongress für Sehgeschädigtenpädagogik, 152–155. Hannover: VzfB

Schauerte, H. (1972): Didaktik und Sehschädigung. Diss. Dortmund

Schiepek, G. (Hrsg.) (1987): Systeme erkennen Systeme. Individuelle, soziale und methodische Bedingungen systemischer Diagnostik. München: Psychologie Verlags Union

Schindele, R. (Hrsg.) (1977): Unterricht und Erziehung Behinderter in Regelschulen. Rheinstetten: Schindele

Schindele, R. (1985): Didaktik des Unterrichts bei Sehgeschädigten. In: Rath, W., Hudelmayer, D. (Hrsg.): Handbuch der Sonderpädagogik II: Pädagogik der Blinden und Sehbehinderten, 91–123. Berlin: Marhold

Schlegel, H. (Hrsg.) (2001): NCL. Zur Lebenssituation von blinden Kindern und Heranwachsenden mit einer unheilbaren Abbauerkrankung. Beitrag aus Pädagogik, Therapie und Medizin. Hannover: VzfB

Schmoll, D.; Kuhlmann, A. (2005): Symptom und Phänomen. Phänomenologische Zugänge zu kranken Menschen. Freiburg: Karl Alber

Schnurnberger, M. (1996): Bewegte Bilder – Bilder bewegen. In: Fauser, P.; Madelung, E. (Hrsg.): Vorstellungen bilden, 11–26. Velber: Friedrich

Schnurnberger, M. (2002): Über das Einhandeln von Störungen und das Aushandeln von Lösungen. In: Doering, W.; Doering, W. (Hrsg.): Störe meine Kreise nicht… Von störenden und gestörten Menschen, 117–139. Dortmund: Borgmann

Schröder, H. (1996): Berufliche Integration von Blinden und hochgradig Sehbehinderten. In: Die neue Sonderschule, 41, 296–302

Schuber, M. (1986): Begründung des deutschen Blindenbildungswesens. Entstehung und Entwicklung des deutschen Blindenbildungswesens in der ersten Hälfte des 19. Jahrhunderts. Frankfurt a. M.: Lang

Schürmann, E. (2008): Sehen als Praxis. Ethisch-ästhetische Studien zum Verhältnis von Sicht und Einsicht. Frankfurt a. M.: Suhrkamp

Schütz, A.; Luckmann, T. (1979): Strukturen der Lebenswelt. Frankfurt a. M.: Suhrkamp

Schweitzer, J.; Nicolai, E.; Hirschenberger, N. (2005): Wenn Krankenhäuser Stimmen hören. Lernprozesse in psychiatrischen Organisationen. Göttingen: Vandenhoeck & Ruprecht

Senden, M. v. (1931): Raum- und Gestaltauffassung bei operierten Blindgeborenen vor und nach der Operation. Leipzig: Barth

Singer, W. (Hrsg.) (1994): Gehirn und Bewußtsein. Heidelberg: Spektrum der Wissenschaft

Singer, W. (2002): Der Beobachter im Gehirn. Essays zur Hirnforschung. Frankfurt a. M.: Suhrkamp

Singer, W.; Engel, A. K.; Kreiter, A. K.; Munk, M. H. J.; Neuenschwander, S.; Roelfsma, P. R. (1997): Neuronal assemblies: necessity, signatureanddetectability. In: Trends in Cognitive Sciences, 1, 7, 252–261

Smith, A. J.; O'Donnell, L. M. (1992): Beyond arm's reach. Enhancing Distance Vision. Philadelphia: Pennsylvania College of Optometry Press

Sohns, A. (2000): Frühförderung entwicklungsauffälliger Kinder in Deutschland. Handbuch der fachlichen und organisatorischen Grundlagen. Weinheim, Basel: Beltz

Solarová, S. (1975): Mehrfachbehinderte – Ursachen, Erscheinungsformen und Auswirkungen. In: Deutscher Bildungsrat (Hrsg.): Sonderpädagogik 5 (Gutachten und Studien der Bildungskommission 52), 225–272. Stuttgart: Klett

Solarová, S. (1983a): Sehbehindertenpädagogik. In: Solarová, S. (Hrsg.): Geschichte der Sonderpädagogik, 332–361. Stuttgart: Kohlhammer

Solarová, S. (Hrsg.) (1983b): Geschichte der Sonderpädagogik. Stuttgart: Kohlhammer

Sozialgesetzbuch IX (SGB IX)(2001): Online verfügbar: www.gesetze-im-internet.de/sgb_9/ (02.09.2013)

Sozialgesetzbuch IX (SGB IX) § 38a (2009): Unterstützte Beschäftigung. Online verfügbar: www.gesetze-im-internet.de/sgb_9/__38a.html (10.09.2013)

Speck, O. (1996): Erziehung und Achtung vor dem Anderen. Zur moralischen Dimension von Erziehung. München, Basel: Ernst Reinhardt

Speck, O.; Warnke, A. (1983): Frühförderung mit den Eltern. München, Basel: Ernst Reinhardt

Spittler-Massolle, H.-P. (1998): Blindheit in der sehenden Welt – ein Anachronismus oder eine subversive Kraft? In: Verband der Blinden- und Sehbehindertenpädagogen (Hrsg.): Lebensperspektiven. Kongressbericht 3.–7. August 1998, 199–216. Hannover: VzfB

Spittler-Massolle, H.-P. (2001): Blindheit und blindenpädagogischer Blick. Der Brief über die Blinden zum Gebrauch für die Sehenden von Denis Diderot und seine Bedeutung für den Begriff von Blindheit in der Gegenwart. Frankfurt a. M.: Lang

Stadler, M.; Kruse, P. (1990): Über Wirklichkeitskriterien. In: Riegas, V. (Hrsg.): Zur Biologie der Kognition. Ein Gespräch mit Humberto R. Maturana und Beiträge zur Diskussion seines Werkes, 133–158. Frankfurt a. M.: Suhrkamp

Statistisches Bundesamt (2013): Bevölkerung und Erwerbstätigkeit. Bevölkerungsfortschreibung der Volkszählung 1987 (Westen) bzw. 1990 (Osten). Fachserie 1, Reihe 1.3, 2011. Wiesbaden. Online verfügbar: www.destatis.de/DE/Publikationen/Thematisch/Bevoelkerung/Bevoelkerungsstand/Bevoelkerungsfortschreibung2010130117004.pdf?__blob=publicationFile (02.09.2013)

Statistisches Bundesamt (2013): Sozialleistungen. Schwerbehinderte Menschen 2011. Fachserie 13, Reihe 5.1, 2011. Wiesbaden. Online verfügbar: www.destatis.de/DE/Publikationen/Thematisch/Gesundheit/BehinderteMenschen/Schwerbehinderte2130510119004.pdf?__blob=publicationFile (02.09.2013)

Steiner, G. (2002): Selbstbestimmt leben und Assistenz. Konsequenzen politischer Behindertenselbsthilfe. In: Lenz, A.; Stark, W. (Hrsg.): Empowerment. Neue Perspektiven für psychosoziale Praxis und Organisation. Fortschritte der Gemeindepsychologie und Gesundheitsförderung Bd. 10, 155–172. Tübingen: DGVT Verlag

Stern, D. (1992): Die Lebenserfahrung des Säuglings. Stuttgart: Klett Cotta

Strothmann, M.; Zeschitz, M. (1997): Vom Curriculum zur individuellen Förderung des Sehens mehrfachbehinderter sehgeschädigter Kinder im Lebensbezug. In: Fuchs, E.; Neugebauer, H. (Hrsg.): Frühe rechtzeitige Förderung, 95–102. Würzburg: Edition Bentheim

Sudhoff, H. (1981): Ikonographische Untersuchungen zur „Blindenheilung" und zum „Blindensturz". Ein Beitrag zu Pieter Bruegels Neapler Gemälde von 1568. Dissertation Universität Bonn

Taylor, N. M.; Jakobson, L. S.; Maurer, D.; Lewis, T. L. (2009): Differential vulnerability of global motion, global form, and biological motion processing in full-term and preterm children. In: Neuropsychologia, 47, 2766–2778

Tebartz van Elst, L. (2007): Alles so schön bunt hier. Gehirn-Scans sagen viel weniger aus, als in sie hineininterpretiert wird. In: Zeit Online 34/2007, 30. Online verfügbar: www.zeit.de/2007/34/M-Seele-Imaging (02.09.2013)

Tersteegen, A. (1995): Entwicklung des Selbstverständnisses der Sehbehindertenpädagogik seit 1945 – dargestellt am Beispiel der Bundesrepublik Deutschland. Diss. Dortmund

Thiele, M. (2001): Bewegung, Spiel und Sport im gemeinsamen Unterricht von sehgeschädigten und normalsichtigen Schülerinnen und Schülern. Handreichungen der Staatlichen Schule für Sehgeschädigte Schleswig zum gemeinsamen

Sportunterricht. Würzburg: Edition Bentheim

Thimm, W. (1976): Einstellungen zu Behinderten und Möglichkeiten der Änderung von Einstellungen. In: Rehabilitation, 15, 1–11

Thimm, W. (1983): Standortbestimmung und Neuorientierung: Freizeit und Alltagsbereich. In: Verband der Blinden- und Sehbehindertenpädagogen (Hrsg.): Standortbestimmung und Neuorientierung, 29. Kongress für Sehgeschädigtenpädagogik, 34–37. Hannover: VzfB

Thimm, W. (1990): Das Blindness-System und die Weisen (1964–1989). In: Düe, W.; Pluhar, Chr. (Hrsg.): Selbstbestimmung und Offenheit. Eine Festschrift für W. Rath zum 60. Geburtstag, 61–77. Hamburg: Hamburger Buchwerkstatt

Thurmair, M. (1998): Früherkennung und Frühförderung: 25 Jahre Empfehlungen des Deutschen Bildungsrates – und was ist daraus geworden? In: Gemeinsam leben – Zeitschrift für integrative Erziehung, 6, 57–61

Tielsch, J. M. (2000): The Epidemiology of Vision Impairment. In: Silverstone, B.; Lang, M. A.; Rosenthal, B. P.; Faye, E. E. (Hrsg.): The Lighthouse Handbook of Vision Impairment and Vision Rehabilitation. Vol. 1, 5–17. New York: Oxford University Press

Tielsch, J. M.; Sommer, A.; Katz, J.; Quigley, H. A.; Ezrine, A.; Baltimore Eye Survey Research Group (1991): Socioeconomic status and visual impairment among urban Americans. In: Archives ophthalmology, 109, 637–641

Tolstoi, L. (1987): Der Blinde und die Milch. In: Deutscher Blindenverband (Hrsg.): Jahrbuch für Blindenfreunde, 59. Bonn

Touwen, B. C. L. (1993): How normal is variable, or how variable is normal? In: Early Human Development, 34, 1–12

Trauzettel-Klosinski, S.; Tornow, R.-P. (1996): Fixation behaviour and reading ability in macular scotoma. Neuroopthalmologie 16/4, 241–253

Tröster, H.; Brambring, M. (1992): Die Auswirkung der Blindheit auf die motorische Entwicklung im ersten Lebensjahr. Zeitschrift für Entwicklungspsychologie und Pädagogische Psychologie, 24, 201–231

Tröster, H.; Hecker, W.; Brambring, M. (1994): Die motorische Entwicklung blinder Kinder. Ergebnisse der Bielefelder Längsschnittuntersuchung. In: Heilpädagogische Forschung, 20, 3, 89–98

Ungerleider, L.; Mishkin, M. (1982): Two cortical visual systems. In: Ingle, D. J.; Goodale, M. A.; Mansfield, R. J. W. (Hrsg.): Analysis of Visual Behavior, 549–586. Cambridge: MIT Press

UN (United Nations) (2006): Convention on the Rights of Person with Disabilities. Online verfügbar: www.un.org/disabilities/convention/conventionfull.shtml (03.09.2013)

Varela, F. J. (1985): Der kreative Zirkel. Skizzen zur Naturgeschichte der Rückbezüglichkeit. In: Watzlawick, P. (Hrsg.): Die erfundene Wirklichkeit. Wie wissen wir, was wir zu wissen glauben? Beiträge zum Konstruktivismus. 2. Auflage, 294–309. München, Zürich: Piper

Varela, F. J. (1990): Kognitionswissenschaft, Kognitionstechnik. Eine Skizze aktueller Perspektiven. Frankfurt a. M.: Suhrkamp

Varela, F. J. (1994): Ethisches Können. Frankfurt a. M., New York: Campus

Varela, F. J. (1996): Neurophenomenology: A Methodological Remedy for the Hard Problem. In: Journal of Consciousness Studies, 3, 330–350

Varela, F. J.; Thompson, E.; Rosch, E. (1992): Der mittlere Weg der Erkenntnis. Der Brückenschlag zwischen wissenschaftlicher Theorie und menschlicher Erfahrung. München: Scherz

Verein zur Förderung der Blindenbildung (2001): Hilfsmittelkatalog, Oktober 2001. Online verfügbar: www.deutscherhilfsmittelvertrieb.de (05.08.2013)

Volpe, J. J. (2003): Cerebral white matter injury of the premature infant – More common than you think. In: Pediatrics, 113, 176–180

Wacker, E. (2013): Versorgung und Inklusion behinderter Menschen in lokalen Strukturen. In: Luthe, W. (Hrsg.): Kommunale Gesundheitslandschaften, 243–261. Wiesbaden: Springer

Wacker, E.; Wetzler, R.; Metzler, H. (1998): Leben im Heim. Angebotsstrukturen und Chancen selbständiger Lebensführung in Wohneinrichtungen der Behindertenhilfe. Bericht zu einer bundesweiten Untersuchung im Forschungsprojekt „Möglichkeiten und Grenzen selbständiger Lebensführung in Einrichtungen". Baden-Baden: Nomos

Wahl, H.-W. (1997): Ältere Menschen mit Sehbeeinträchtigung. Eine empirische Untersuchung zur Person-Umwelt-Transaktion. Frankfurt a. M.: Peter Lang

Wahl, H.-W.; Heyl, V.; Schilling, D. (2012): Robustness of Personality and Affect Relations Under Chronic Conditions: The Case of Age-Related Vision and Hearing Impairment. In: The Journals of Gerontology, Series B: Psychological Sciences and Social Sciences, 67, 687–696. Online verfügbar: http://psychsocgerontology.oxfordjournals.org/content/67/6/687.full.pdf+html (21.10.2013)

Wahl, H.-W., Oswald, F. (1996): Schwere Seheinbußen im Alter aus psychologischer Sicht: Belastungs- und Bewältigungsmöglichkeiten. In: Tesch-Römer, C.; Wahl, H.-W. (Hrsg.): Seh- und Höreinbußen älterer Menschen. Herausforderungen in Medizin, Psychologie und Rehabilitation. Darmstadt: Steinkopff

Wahl, H.-W., Oswald, F., Zimprich, D. (1999): Every day competence in visually impaired older adults: A case for person-environment perspectives. The Gerontologist, 39, 140–149

Wahl, H.-W.; Schulze, H. E. (Hrsg.) (2001): On the special needs of blind and low vision seniors. Research and practice concepts. Amsterdam: IOS-Press

Waidner, G. (1992): Probleme der Arbeits- und Berufsförderung blinder Jugendlicher – Perspektiven der Veränderung. In: blind – sehbehindert, 28–33, 75–83

Walthes, R. (1991): Bewegung als Gestaltungsprinzip. Grundzüge einer bewegungsorientierten Frühpädagogik. In: Trost, R.; Walthes, R. (Hrsg.): Frühe Hilfen für entwicklungsgefährdete Kinder. Wege und Möglichkeiten der Frühförderung aus interdisziplinärer Sicht, 35–53. Frankfurt a. M: Campus

Walthes, R. (1997a): Behinderung aus konstruktivistischer Sicht – dargestellt am Beispiel der Tübinger Untersuchung zur Situation von Familien mit einem Kind mit Sehschädigung. In: Neumann, J. (Hrgs.): Behinderung. Von der Vielfalt eines Begriffs und dem Umgang damit. 2. Auflage, 89–104. Tübingen: Attempto

Walthes, R. (1997b): 150 Jahre Blindenbildung – zwischen Anfang und Ende? – Überlegungen zur Blinden- und Sehbehindertenpädagogik heute. In: Landschaftsverband Westfalen Lippe (Hrsg.): 150 Jahre

Blindenbildung in Soest 1847–1997, 20–31. Soest: Festschrift

Walthes, R. (1998): Einsichten – Überlegungen zu Wahrnehmung und Vorstellungen und ihre pädagogischen Konsequenzen für den gemeinsamen Unterricht. In: Pielage, H. (Hrsg.): Sehgeschädigte Kinder in allgemeinen Schulen – heute ein Regelfall? 54–68. Hannover: VzfB

Walthes, R. (2000): Förderschwerpunkt Sehen, visuelle Wahrnehmung und Umgehen-Können mit einer Sehschädigung. In: Drave, W.; Rumpler, F.; Wachtel, P. (Hrsg.): Empfehlungen zur sonderpädagogischen Förderung. Allgemeine Grundlagen und Förderschwerpunkte (KMK), 207–219. Würzburg: Edition Bentheim

Walthes, R. (2002): Störungen zwischen Dir und mir. Grenzen des Verstehens, Horizont der Verständigung. In: Doering, W.; Doering, W. (Hrsg.): Störe meine Kreise nicht ... Von störenden und gestörten Menschen, 77–91. Dortmund: Borgmann

Walthes, R. (2003): Symptomatik, Ätiologie, und Diagnostik bei Beeinträchtigungen der visuellen Wahrnehmung. In: Leonhardt, A.; Wember, F. B. (Hrsg.): Behinderungen als pädagogisches Problem, 351–378. Weinheim, Basel: Beltz

Walthes, R. (2005): Kinder mit zerebralen Sehschädigungen – eine Herausforderung an die Disziplinarität der Sonderpädagogik? In: Vierteljahresschrift für Heilpädagogik und ihre Nachbargebiete, 74, 3, 207–217

Walthes, R. (2006): Sind 200 Jahre genug? Oder: Welche Zukunftsperspektive hat das System. In: 200 Jahre Blindenbildung in Deutschland 1806–2006, 245–250. Würzburg: Edition Bentheim

Walthes, R. (2010): Zerebral bedingte Sehstörungen. In: Dederich, M.; Jantzen, W.; Walthes, R.: Sinne, Körper, Bewegung. Enzyklopädi-

sches Handbuch der Behindertenpädagogik. Bd. 9, 269–272. Stuttgart: Kohlhammer

Walthes, R. (2011): Vielfalt wahrnehmen mit Verschiedenheit umgehen. In: Hinz, R.; Walthes, R. (Hrsg.) (2011): Verschiedenheit als Diskurs. Tübingen: Francke

Walthes, R. (2013): Sehen – Anderssehen – Nichtsehen? In: Frühförderung interdisziplinär, 32, 131–138

Walthes, R.; Klaes, R. (1994): Gehen, gehen, Schritt für Schritt ... Untersuchung zur Situation von Familien mit einem blinden, mehrfachbehinderten oder sehbehinderten Kind. Frankfurt: Campus

Wanecek, O. (1925): Die Methode des Tastsehens und spezielle Sehübungen beim Unterrichte Sehschwacher. Eos, 40–43

Wanecek, O. (1969): Geschichte der Blindenpädagogik. Berlin: Marhold

Wansing, G.; Hölscher, P.; Wacker, E. (2002): Persönliches Budget. Teilhabe durch personenbezogene Unterstützung. In: impulse. Fachzeitschrift der Bundesarbeitsgemeinschaft für Unterstützte Beschäftigung, 22, 4–11

Warren, D.H. (1984): Blindness and Early Childhood Development. 2. Auflage, New York: AFB-Press

Warren, D. H. (1994): Blindness and Children. An Individual Differences Approach. Cambridge: Cambridge Univ. Press

Warren, D. H. (2000): Developmental Perspectives. In: Silverstone, B.; Lang, M. A.; Rosenthal, B. P.; Faye, E. E. (Hrsg.): The Lighthouse Handbook of Vision Impairment and Vision Rehabilitation, Vol. 1, 325–337. New York: Oxford University Press

Wehler, H. U. (1988): Aus der Geschichte lernen? München: Beck

Weinläder, H. (1994): Zur gegenwärtigen Situation des Unterrichts in Orientierung und Mobilität an den

Einrichtungen für Blinde und Sehbehinderte. In: blind – sehbehindert. Zeitschrift für das Sehgeschädigtenbildungswesen, 114, 228–240

Weiskrantz, L. (1986): Blindsight. A case study and implications.Oxford: Oxford University Press

Weiskrantz, L. (2009): Blindsight. Oxford: University Press

Welsch, W. (1997): Unsere postmoderne Moderne. Weinheim: Akademischer Verlag

WHO (World Health Organization) (1996): Low Vision Care for the Elderly. Genf, PBL 96/57

WHO (World Health Organization) (2001): International classification of functioning, disability and health (ICF). Online verfügbar: www3.who.int/icf/icftemplate.cfm (28.9.2002)

WHO (World Health Organization) (2005): International classification of functioning, disability and health (ICF). Online verfügbar unter: www.dimdi.de/dynamic/de/klassi/icf/kodesuche/onlinefassungen/icfhtml2005/component-b.htm (02.09.2013)

WHO (Weltgesundheitsorganisation) (2011): Internationale Klassifikation der Funktionsfähigkeit, Behinderung und Gesundheit bei Kindern und Jugendlichen (ICF-CY). Übersetzt und herausgegeben von Judith Hollenweger und Olaf Kraus de Camargo unter Mitarbeit des Deutschen Instituts für Medizinische Dokumentation und Information (DIMDI). Bern: Hans Huber

WHO (World Health Organization) (2012): Global data on visual impairment 2010. Online verfügbar: www.who.int/blindness/GLOBALDATA-FINALforweb.pdf (21.10.2013)

Wolfensberger, W. (1980): A brief overview of the principale of normalization. In: Flynn, R. J.; Nitsch, K. E.:

Normalization, social integration, and community services, 7–30. Baltimore: Univ. Park Press

Zeki, S. M. (1992): Das geistige Abbild der Welt. In: Singer, W. (Hrsg.): Gehirn und Bewusstsein, 32–41. Heidelberg: Spektrum der Wissenschaft

Zeschitz, M. (1998): Die Situation der Frühförderung sehgeschädigter Kinder in Deutschland 1998. In: Verband der Blinden- und Sehbehindertenpädagogen (Hrsg.): Lebensperspektiven. XXXII. Kongress der Blinden- und Sehbehindertenpädagogen, 68–75. Hannover: VzfB

Zeune, A. (1821): Belisar – Über den Unterricht der Blinden. Berlin: Blindenanstalt

Zihl, J.; Mendius, K.; Schuett, S.; Priglinger, S. (2011): Sehstörungen bei Kindern. Visuoperzeptive und visuokognitive Störungen bei Kindern mit CVI. 2. Auflage. Wien, New York: Springer

Zihl, J.; Münzel, K. (2005): Wahrnehmungsstörungen: Klassifikation und Diagnostik. In: Perez, M., Baumann, U. (Hrsg.): Lehrbuch Klinische Psychologie – Psychotherapie, 606–639. Bern: Verlag Hans Huber

Zihl, J.; Priglinger, S. (2002): Sehstörungen bei Kindern. Diagnostik und Frühförderung. Wien, New York: Springer

Zihl, J.; Zihl, J. A.; Schuett, S. (2011): Entwicklungspsychologie des Sehens. In: Frühförderung interdisziplinär, 4, 213–223

Sachregister